全国高等教育师范类通识课程教材

教师言语技能

史　洁　刘晓利　编著

中国轻工业出版社

图书在版编目（CIP）数据

教师言语技能/史洁，刘晓利编著．—北京：中国轻工业出版社，2017.12

全国高等教育师范类通识课程教材

ISBN 978-7-5184-1811-4

Ⅰ.①教…　Ⅱ.①史…②刘…　Ⅲ.①教师—语言艺术—高等师范院校—教材　Ⅳ.①G42

中国版本图书馆 CIP 数据核字（2017）第 322069 号

责任编辑：王　淳　　责任终审：孟寿萱　　封面设计：锋尚设计
版式设计：天宏教育　　责任校对：吴大鹏　　责任监印：张　可

出版发行：中国轻工业出版社（北京东长安街 6 号，邮编：100740）
印　　刷：北京君升印刷有限公司
经　　销：各地新华书店
版　　次：2017 年12月第 1 版第 1 次印刷
开　　本：720×1000　1/16　印张：18.5
字　　数：380 千字
书　　号：ISBN 978-7-5184-1811-4　定价：39.80 元
邮购电话：010－65241695
发行电话：010－85119835　传真：85113293
网　　址：http://www.chlip.com.cn
Email：club@chlip.com.cn
如发现图书残缺请与我社邮购联系调换
171496J1X101HBW

前　言

教育是一门古老的学科，从其诞生之初，就对社会的发展和人的教化起着重要作用；同时，教育又是年轻的、充满活力的，它需要紧跟时代的潮流、社会的发展，才能不断发挥作用。当前，信息技术的发展、教育观念的转变、教育理念的更新无不影响着教育教学活动。而在教育教学活动中，教师的言语技能是教师必备的一项基本技能，因此，在这样的大环境下，提高教师言语技能是非常必要的。

一、现代信息技术对教师言语技能的挑战

现代信息技术的迅速发展，极大地改变着人们的生产生活方式，影响着我们生活的方方面面。在信息化浪潮中，多媒体技术、通信技术、网络信息技术等已渗透到教育教学的各个领域。现代信息技术的运用，改变着教育教学的环境、过程、方式、方法等，同时也给教师带来了很大的挑战。

首先，多媒体教学要求教师具有良好的临场反应和言语表达能力。PPT将教学内容和教学环节都确定下来，教师在授课过程中，很难根据学生的反应和课堂的真实情况来修改教学内容，调整授课环节。其次，多媒体的强大功能，在一定程度上代替了教师在传统课堂中的作用。多媒体通过声光色等的组合，将课堂内容变得更加丰富多彩、立体生动。那么教师在课堂中的独特作用又体现在哪里？最后，信息技术不仅改变着课堂教学的方式方法，而且也改变着教学的环境，打破课堂教学的时空限制。随着信息技术的不断发展，“微课”“慕课”“翻转课堂”等教学模式的出现，打破了传统课堂的时空限制。这种改变，相应要求教师更加注重提高言语技能。

信息技术对教育领域的影响，对教师来说既是挑战也是机遇。不论是多媒体的广泛运用，还是“微课”“慕课”“翻转课堂”的兴起，都对教师言语技能提出了更高的要求。

二、教育思想观念的转变

《语文课程标准》指出“教学应在师生平等对话的过程中进行”“教学是学生、教师、文本之间的对话过程”。教学从本质上说是一种“沟通”与“合作”的活动，因此教学可以被理解成一种言语性沟通或言语性活动，其中，“对话”是教学活动的重要特点。“对话教学”最本质的特征和最直接的要求就是现代教学将在对话中实现民主与平等、沟通与合作、创造与生成。

在课堂教学中，教师应从学生的角度出发，通过自己的教学言语来启发学生思考，使学生与教师共享意义，真正实现对话。这是对教师提出的新要求。

教育理念的更新，学生主体的凸显，在这样的背景下，教师如何提高言语技能，如何有效发挥作用，是我们不得不思考的问题。

三、教师言语失范

“学高为师，身正为范。”一名合格的教师不仅要有一定的知识储备，而且其行为还要符合社会规范。教师是人类灵魂的工程师，教师的一言一行都应该成为学生的模范。我国著名语文教师斯霞就表示：“教师的语言应成为学生的楷模。”不符合规范的教师言语，不仅损害了教师自身的形象，而且也在悄悄地改变着学生的言语和行为规范。《论语》中说：“其身正，不令而行；其身不正，虽令不从。”教师只有用符合规范的言语来教育学生，才能让学生在一言一行中规范自己的言语行为，使之达到社会规范的要求。教师只有自己达到了规范的言语行为，才有资格去要求学生，而且只有挚爱、坦诚、宽容、体贴的教育方式，才是卓有成效的育人之道。然而在实际的教育教学活动中，很多教师在言语道德方面存在着很大的问题，这也让我们意识到提高教师言语技能和水平的迫切性。

不论是客观的教学理念的更新，还是现代信息技术的发展，抑或是教师自身言语失范问题的存在，都在不同程度上对教师的言语技能提出了更高的要求。基于以上三个方面的原因，我们感到编写一本实用的教师言语技能用书是迫切的，也是必要的。因此，提高教师言语技能，不仅是时代对教师的要求，也是教师自身专业发展的要求。

本书“抛砖引玉”“知识仓库”“沙场点兵”三个模块的设置，对应着“感性认识”“知识提升”“强化训练”，使读者能够比较高效地进行言语技能的训练。相信本书的内容能够带给各位读者不一样的阅读体验。最后感谢山东师范大学对本书的出版给予的资助。

作者

2017 年 10 月

附：体例说明

本书以实用性强、操作性强为特色，为高校师范类学生、新手教师和卓越型教师的培训提供参考用书。本书没有高深的理论，没有艰涩的言语，只是以生动的案例、通俗的语言为读者提供一个知识学习和技能训练的平台。

本书由“抛砖引玉”“知识仓库”“沙场点兵”三个模块组成，在某些章节适当地增加了“资料超链接”模块，以拓展读者的知识面。使用丰富多彩的案例，为读者创设真实的情境，便于技能训练。下面将详细介绍本书的这三个模块。

“抛砖引玉”模块的设置是想通过一些有趣的、切合本节内容的案例来作为“引子”，引起读者的兴趣；设置一到两个问题以及对案例进行简单的评析，引起读者的思考。本模块所选用的案例都是与本节重点内容相关的，这样可以使读者通过丰富多彩的案例对本节的主要内容有一个初步的、感性的认识。以本书第二章第二节的语音为例，对声母的训练没有直接给读者呈现有关声母的语言学知识，而是通过绕口令的方式，让读者在读绕口令的过程中，来找出声母，找出自己对哪些声母的发音是有困难的。绕口令的设置，可以激起读者朗读的兴趣，锻炼其朗读能力，同时可以暴露读者的发音问题，使读者有针对性地进行训练。另外，每个案例下面会有简短的文字，或是提示，或是点评，使读者可以在阅读案例时，更加有针对性。

“抛砖引玉”模块样本：

首先请大家先读一读下面的绕口令，找一找每则绕口令中，声母相同的字。

（一）巴老爷芭蕉树

巴老爷有八十八棵芭蕉树，
来了八十八个把式
要在巴老爷八十八棵芭蕉树下住。
巴老爷拔了八十八棵芭蕉树，
不让八十八个把式在八十八棵芭蕉树下住。

> 八十八个把式烧了八十八棵芭蕉树，
> 巴老爷在八十八棵树边哭。
>
> 这则绕口令中，训练的重点是声母“b”，大家需要重点关注“巴”“八”“芭”“把”“拔”这五个字，因为它们不仅声母相同，而且还是同音字。“巴老爷”“八十八”和“芭蕉树”“把式”“拔”这五个词请大家多读几遍。

“抛砖引玉”模块的设置，不仅仅是引起读者兴趣，更主要的是暴露读者的问题，引起读者思考，以便有针对性地训练。如上面样本所呈现的，读者在读完本模块的所有绕口令时，就会对自己出现的问题感到疑惑，这时就会有强烈的求知欲，想解决自己出现的问题，这样就自然而然地过渡到“知识仓库”模块。

“知识仓库”模块，主要是对本节重点内容的归纳和总结，是在“抛砖引玉”模块上进行的理性升华，以解决读者在“抛砖引玉”模块出现的问题。因为有“抛砖引玉”模块对读者兴趣的激发，对读者问题的暴露，所以读者在学习这一模块的知识时，就会更加具有主动性，也能更有针对性地学习知识。

“知识仓库”模块样本：

> 普通话声母是指一个音节开头的辅音。比如说 pǔtōng（普通）两个音节的声母分别是 p、t。普通话中辅音共 22 个，其中 21 个做声母。另外，还有一个只作韵尾的 ng。21 个声母可以按照发音部位和发音方法进行分类。
>
> （一）发音部位
>
> 所谓发音部位，是指发音时气流受到阻碍的位置。普通话 21 个声母按发音部位可分为七类。
>
> 1．双唇音
>
> 双唇音由双唇接触造成阻碍而发出的音。共有 b、p、m 三个。
>
> 2．唇齿音
>
> 唇齿音由下唇向上齿靠拢接触上齿造成阻碍而发出的音，只有 f 一个。

“知识仓库”模块的设置，在三个模块中起到了一个承上启下的作用，它增加了读者的知识储备，使读者在“抛砖引玉”模块的感性认识得到理性提升，这样将感性认识和理性认知结合起来，能使读者更好地理解所学内容，有针对性地进行技能训练。“知识仓库”不仅上承“抛砖引玉”模块，而且还下启“沙场点兵”模块的技能训练。

“沙场点兵”模块是在读者对“抛砖引玉”模块有了感性认识，对“知识仓库”模块的知识有了掌握的基础上，针对知识难点和技能重点而设置的。“沙场点兵”模块主要着眼于读者相关言语技能的具体训练。这一模块的练习题的设置，可操作性强，能很好地锻炼读者相关的言语技能。在本书第二章第二节的声母部分，“沙场点兵”模块针对声母发音中的一些难点，进行练习题设置。如“平翘舌声母”的练习部分，对于“z、c、s”和“zh、ch、sh”的区分通过“对比练习”“连用练习”“绕口令练习”“诗词练习”层层加深。练习题不仅形式多样，而且还具有针对性。

“沙场点兵”模块样本：

（二）有位中学老师讲授鲁迅先生的小说《孔乙己》之后，是这样断课的：

鲁迅先生在小说《孔乙己》中塑造了孔乙己的形象，并通过孔乙己的悲剧，批判了科举制度对知识分子的迫害。而下一篇课文《范进中举》，同样反映了这一主题。那么，试比较一下，鲁迅笔下的孔乙己和吴敬梓笔下的范进，人物境遇有什么异同？人物性格有什么异同？写作上各有什么特点？

假设你现在是给学生讲授韩愈的《师说》，下节课你将讲授荀子的《劝学》，请你在讲完《师说》之后的断课语中，仿照上面断课的方式把两篇文章作一种巧妙的衔接。

本书“抛砖引玉”“知识仓库”“沙场点兵”三个模块的设置，对应着“感性认识”“知识提升”“强化训练”，使读者能够比较高效地进行言语技能的训练。希望本书的内容能够带给各位读者不一样的阅读体验。

目　　录

第一章 言语概说

第一节 言语与语言

在日常生活中，我们每个人都离不开言语。与其说我们生活在世界上，不如说我们生活在言语中。人类通过言语去认识世界、洞察人生、了解自身。我们不敢想象，假如人类没有了言语，生活将会变成什么样子，世界将会变成什么样子。那么言语到底是什么，它有哪些特点，它与语言又有什么样的联系与区别呢?

一、言语的定义

抛砖引玉

下面是不同学者对“言语”的界定，你能根据下面的这几种定义，说说你对言语的理解吗?你觉得“言语”和“语言”之间有什么关系呢?

(1) 高名凯和石安石编译的《语言学概论》对“言语”是这样界定的:

言语不同于语言……言语就是谈话（或写作）和所谈的话（包括写下来的话）。例如我们运用汉语去谈（或写作）的行为和我们使用汉语说（或写）出来的一句一句话（甚至可以大到一段演说，一篇文章，一本著作），就是言语，话都是由某种言语的词按照这种语言的语法规则组合起来的。

(2) 王德春曾在《语言学概论》中对言语进行了定义:

言语就是在特定的言语环境中为完成特定的交际任务对语言的使用。

(3) 英国学者哈特曼和斯托克编著的《语言及语言学辞典》则对言语的定义是这样的:

言语，产生某一语言的一连串有意义的语言过程和结果，也指和手势相对的口语，有时也用来做言语和言语行为的统称。

(4)《中国中学教学百科全书·教育卷》对言语作了这样的界定:

言语是人们用语言进行交际的过程。包括言语表达和言语理解两方面。

知识仓库

通过以上不同学者对言语的定义，我们可以归纳出言语主要包含两个方面的意思：

（1）使用语言的过程本身，也就是人们利用语言这一工具所进行的言语活动。如我们在生活中所进行的交谈、演讲、写作等活动，都是言语活动。

（2）使用语言的结果，也就是人们在言语活动中所产生的言语作品（说出的话、写出的文章）的总和。如鲁迅先生的作品、校长在开学典礼上的发言稿、朋友之间的对话等，这些都是言语的结果。

二、言语的特点

事物的特点总是要在跟其他事物的对比中才能更加明显。对于言语的特点，我们将它跟语言作对比，通过几个例子来归纳其特点。

抛砖引玉

（1）请阅读下面两首词，你能说一说这两首词在语言风格上有什么不同吗？

念奴娇·赤壁怀古

苏轼

大江东去，浪淘尽，千古风流人物。故垒西边，人道是，三国周郎赤壁。乱石穿空，惊涛拍岸，卷起千堆雪。江山如画，一时多少豪杰！

遥想公瑾当年，小乔初嫁了，雄姿英发。羽扇纶巾，谈笑间，樯橹灰飞烟灭。故国神游，多情应笑我，早生华发。人生如梦，一樽还酹江月。

醉花阴

李清照

薄雾浓云愁永昼。瑞脑消金兽。佳节又重阳，玉枕纱橱，半夜凉初透。

东篱把酒黄昏后。有暗香盈袖。莫道不销魂，帘卷西风，人比黄花瘦。

上面这两首词分别是苏轼和李清照的作品。苏词借古抒怀，雄浑苍凉、大气磅礴、笔力遒劲、境界宏阔，将写景、咏史、抒情融为一体，给人以撼魂荡魄的艺术力量，曾被誉为“古今绝唱”。李词明白如话，没有晦涩难懂之处，表达的感情却十分深沉细腻，畅达与深沉相结合，这正是李清照词风的一个重要特点。通过读这两首词，可以明显感受到这两首词不同的语言风格，他们的作品都深深地打上了个人的烙印，具有个人风格。

（2）某外国人苦学汉语十年，到中国参加汉语考试，他遇到下面这样一道难题，你能帮助他解释一下“意思”的意思吗？

首先来看看《现代汉语词典》对“意思”的六种解释：

1. 语言文字等的意义、思想内容，2. 意见、愿望，3. 指礼品所代表的心意，4. 指表示一点心意，5. 某种趋势或苗头，6. 情趣、趣味。

试题如下：

题目：请解释下文中每个“意思”的意思。

阿呆给领导送红包时，两人的对话颇有意思。

领导：你这是什么意思？

阿呆：没什么意思，意思意思。

领导：你这就不够意思了。

阿呆：小意思，小意思。

领导：你这人真有意思。

阿呆：其实也没有别的意思。

领导：那我就不好意思了。

阿呆：是我不好意思。

领导：你肯定有什么意思。

阿呆：真的没有什么意思。

领导：既然没有什么意思，那你是什么意思？

阿呆：其实，我的意思就是想意思意思。

领导：你既然是想意思意思，那就是有什么意思。

阿呆：我就是想意思意思。但是，真的没有什么别的意思。

领导笑了：呵呵。我对你有点意思了。

阿呆心想：嘻嘻。我就是这个意思。

外国人看完这道题目之后就崩溃了，说道：“这些‘意思’不都是一个‘意思’吗？”最后他放弃了这道题。这只是一个笑话，但是我们从中也能看出汉语的博大精深，以及它在实际运用中的灵活性。

从以上两个例子我们可以看出，“意思”在《现代汉语词典》中的解释是比较简单的，“意思”本身的词性也不复杂，通常作为名词。不过在试题的例子中，“意思”的含义是非常复杂的，也就是说语言本身是抽象的，规则也是有限的，而语言在具体运用中也就是言语，则是生动与鲜活的。

（3）看一看下面这些词语，你在日常生活中会经常使用它们吗？你能说一说在你熟悉的领域或者行业当中，有哪些使用频率较高的词语？

正数、负数——数学领域　　　　胚层、胚盘——生物领域

电荷、电压——物理领域　　　　化合、分解——化学领域

血型、内科——医学领域　　同一、对立——哲学领域
课时、德育——教育领域　　消费、交换——经济领域
青衣、花旦——戏曲领域　　车刀、刨刀——工业领域

上面所举的这些词语，虽然是共同属于全体社会成员的，人人都可以随意使用，但是它们在某些特定领域会高频率地出现。语言具有全民性，这是由语言作为人类最重要的交际工具这一社会职能本身决定的。语言没有阶级性，一视同仁地为社会全体成员服务。但是言语却不具有全民性，从上面的这些词语中我们也可以看出来，言语在不同阶层、年龄、性别等群体中，使用频率和内涵是不同的。如网络用语在年轻人的群体中使用较多，而在老年人的群体中，使用的频率相对来说会低很多。

通过“抛砖引玉”模块所举的这些例子，你能总结一下言语有哪些特点吗？你还能举出其他例子来说明吗？

知识仓库

谈及言语，一定要提的人就是被称为“现代语言学之父”的瑞士语言学家弗迪南德·德·索绪尔，他曾区分了语言和言语。“语言和言语活动不能混为一谈；它只是言语活动的一个确定的部分，而且当然是一个主要的部分。它既是言语机能的社会产物，又是社会集团为了使个人有可能行使这机能所采用的一整套必不可少的规约。整个来看，言语活动是多方面的、性质复杂的，同时跨着物理、生理和心理几个领域，它还属于个人的领域和社会的领域，我们没法把它归入任何一个人文事实的范畴，因为不知道怎样去理出它的统一体。相反，语言本身就是一个整体、一个分类的原则。我们一旦在言语活动的事实中给以首要的地位，就在一个不容许作其他任何分类的整体中引入一种自然的秩序。”①

他认为语言是一种社会现象，是社会强加于全体社会成员的一种特殊的规约，一种必须遵守的规范，它具有稳定性和长期性等特点。语言作为社会的产物，是人们相互了解的工具，但不从属于使用者；相反，个人反倒以现成的形式来吸收它，并付出巨大的努力来精通这个系统。言语就不同了，言语是个人的现象或活动，是“个人的意志和行为”，个人通过言语活动表达自己的思想（思维、情感、体验等）达到实现交际的目的，因此具有不稳定性和暂时性的特点。前者是“有限手段”，后者是“无限手段”。②

---

① 高名凯：《普通语言学教程》，商务印书馆 1980 年版。

② 吉春亚：《新理念与语文教学设计》，方志出版社 2004 年版，第 3 页。

李幼燕先生曾对语言和言语的区别作过系统的归纳[1]：

语言	言语
社会性（集体性）	个人性（意志性）
同时性（空间性）	历时性（时间性）
结构性	事件性
形式性	实质性
齐一性	多样性
内在性	外在性
系统性	过程性
规则性	事实性
公共性	个别性
潜在性	实在性
静态性	动态性

通过这个模块的例子，我们可以总结出语言和言语的区别与联系。

言语和语言的区别是非常明显的：言语是个人的，语言是社会的；言语是具体的，语言是抽象的；言语是群体性的，语言是全民性的。

言语和语言的联系也是非常密切的：语言制约着言语，指导人们进行言语实践；语言存在于言语之中，存在于人们的交际过程之中，存在于言语行为和言语作品之中。语言不能够脱离言语，言语也不能脱离语言，它们是不可分离的。

沙场点兵

一、请判断下面这个人的说法对吗？说说你的理由。

有人认为：英语比汉语容易学，因为英文只有26个字母，很容易学；而汉语中有成千上万的汉字，有些汉字字音相同、字形相近，有些汉字笔画繁多。所以说，汉语是世界上最难学的语言。

二、请根据语言和言语的不同含义，分析下面三个句子中“言”的含义。

（1）人有人言，兽有兽语。

（2）桃李不言，下自成蹊。

（3）约法三章，有言在先。

---

① 李幼燕：《理论符号导论》，中国社会科学出版社1993年版，第119页。

三、请阅读下面的句子，说一说“桌子”的语言意义是什么，在具体语境下的言语意义又是什么。

(1) 桌子上有一摊水，你没有看见，随手要将书放在桌子上，你妈妈喊了一句“桌子”!

(2) 你在修理家具，螺丝刀不在手边，于是请家人帮忙拿，家人问：“在什么地方?”你回答说：“桌子。”

(3) 一个人急匆匆地往教室走，没有看见门口有一张桌子，马上就要撞上了，你喊了一声“桌子”!

四、在法律、新闻、医疗卫生、广告、旅游等社会领域，选择你感兴趣的一个领域进行考察，看这一领域的言语有哪些特点。

第二节　言语与思维

列宁曾经引用过德国哲学家叔本华的一句话：“谁想得清楚，谁就说得清楚。”这句话非常通俗明白地说明了思维与言语的关系。“想得清楚”其实就是指思维，“说得清楚”实质上就是言语表达。你“想什么”才能“表达什么”，你所“表达的东西”其实就是你“想的东西”。如果一件事情你从来就没有想过，那你就根本无法去表达它；如果你想让别人了解你在“想什么、怎么想的”，那你就需要借助言语表达出来。那么言语与思维之间到底是怎么一种关系？我们如何既能“想得清楚”又能“表达清楚”呢？

抛砖引玉

一、请阅读下面的文字片段，你能找出文段的行文结构吗？你能通过文字，找出作者的行文思路吗？

(1) 自明清以来，大众对于国史最熟悉的段落，大概是“三国”，这主要得力于罗贯中所写的史传文学《三国演义》。《三国演义》“据实直陈，非属臆造”，但题材取舍、人物描写、故事演绎则广纳传说和野史素材，并借助艺术虚构。在受众那里，《三国演义》经常被当做三国信史，故清代史家章学诚称其“七分实事，三分虚构，以至观者往往为之惑乱”。这种“惑乱”，就是信史与史传文学两者间的矛盾性给读者带来的困惑。“文”与“史”固然不可分家，但又不能混淆，也不能相互取代。一旦以“文”代“史”，便会导致“惑乱”。

此文段是一个分——总结构，作者首先是以《三国演义》为例，说明信史和史传文学两者之间的矛盾性会给读者带来困惑，由此引出对“文”“史”

关系的论述，即不能以“文”代“史”。作者通过这段文字将其论证思路展现出来。

(2) 文学走进互联网，获得了一个崭新的平民化开放视野；网络上自由、兼容和共享的虚拟空间，打破了精英写作对文学话语权的垄断，为愿意上网创作的网民提供了“人人都能当作家”的机会。这种“新民间文学”，标志着文学话语权向民间回归。尽管如此，网络写作仍然不能与“人民写作”相提并论，因为文学的“人民写作”并不取决于传媒的公共性和参与的广泛性，而取决于这种文学的人民性价值取向和为广大民众喜闻乐见的审美品格。

这个文段的整体结构是一个转折结构，文段中“尽管如此”将文段表达的意思分为两个部分，作者首先肯定了文学走进互联网标志着文学话语权向民间回归，然后以“尽管如此”转折，强调“网络写作不能与人民写作相提并论”，并分析了原因。

二、请阅读温庭筠《更漏子·玉炉香》的原文和译文，比较这两种言语形式背后不同的思维方式。

玉炉香，	Jade incense burner’s fragrance,
红蜡泪，	Red candle’s tears,
偏照画堂秋思。	Unevenly light the decorated chamber’s sadness.
眉翠薄，	Eyebrows’ black thin,
鬓云残，	Tresses’ clouds fallen:
夜长衾枕寒。	Night long, coverlet and pillow cold.
梧桐树，	Wutong trees,
三更雨，	Third watch rain,
不道离情正苦。	Care not for separation’s sorrow’s utter bitterness.
一叶叶，	Single leaf by leaf,
一声声，	Single sound by sound,
空阶滴到明。	On the empty steps dripping until dawn.

知识仓库

一、思维与语言的关系

1. 语言是思维的工具

思维与语言有着密切的关系。语言的发展是一种社会现象，是人类发展的必然产物。思维同样是人类发展的重要标志之一，是一种心理过程。心理学家认为，语言不仅是人们交流思想的手段，而且是正常人进行思维的工具。日常说话太平常，太习惯，脱口而出，仿佛感觉不到使用语言时进行的思维过程。请回想一下，你在初学外语，还没有使用外语思维进行表达的习惯时，当你用外语表达时就得先用母语把意思想好，然后再译成外语说出来。这样说出来的外语就会不流畅、不纯正。可见，思维是以语言为工具进行思考活动的。总之，不管是使用母语还是使用外语，一个人在思维的时候，总得运用一种语言。所以，我们的思维是以语言为工具进行活动的。

2. 思维推动语言的发展

人类的思维发展，经过了直接行为思维、具体形象思维、抽象逻辑思维等几个主要的阶段，而语言的发展正是这几个阶段的直接反映。词意表达、词语的形成、语法构造等，都在不同程度上受思维形式发展的制约。任何人都不可能在婴儿时期就会使用逻辑思维的形式去表达，同样逻辑思维的内容也不可能使用婴儿时期的未成语句的单词来表现。任何人的思维过程或思维形式，制约着他的具体的语言表达方式和内容。

思维与语言是人类进化和发展过程中共同的必然结果，没有思维，就不会有语言的产生和发展；没有语言，思维就失去了具体的内涵。在人类自身的成长和发展过程中，思维和语言发挥着极为重要的作用。思维和语言的正常发展，促进着人类的正常发展。对人类的思维和语言的研究，有助于人类的进一步发展。

二、思维与言语的关系

1. 言语是思维的外化

思维是一种心理活动过程，是看不见、摸不着的。那我们怎样知道一个人想了什么，是怎样想的呢？思维的过程和结果需要通过言语表现出来。思维的内容如果不表达出来，他人是很难了解的。在交往过程中，言语交流是人们最方便和最有效的方式。没有言语的表达方式，思维就没有实际意义。思维借助言语进行表述，言语所表述的内容就是思维的内容。

2. 思维影响言语表达

言语的质量取决于思维的质量。思维的内容是通过言语表达出来的，但表达出来的内容是由思维内容和形式决定的。想不到的事情自然不能表达出来，对同一件事情的表达会有不同的形式，他人的理解也会多种多样。人们创造新词汇也是思维对言语影响的表现。随着对客观事物认识的不断深化，越来越多的新现象都要求用新的词汇来表述。另外，由于经历、文化层次、所处环境、使用的语种等的不同，其思维的内容和形式是有区别的，自然影响着人们选用不同的言语表达形式。

三、常见的思维方式

思维方式是指人们通过思维活动为了实现特定思维目的而凭借的途径、手段或办法，也就是思维过程中所运用的工具和手段。言语表达和思维的关系紧密相连，因此我们有必要了解思维的常见形式。

1. 形象思维

形象思维主要是指人们在认识世界的过程中，对事物表象进行取舍时所形成的解决问题的思维方式。形象思维在对客观形象体系的感受、储存的基础上，结合主观的认识和情感进行识别，并用一定的形式、手段和工具创造和描述这一形象。形象思维具有形象性、情感性、直观性和想象性的特点，但是形象思维并不是对已有形象的再现，它更致力于追求对已有形象的加工，从而获得新形象的输出。例如，作家塑造一个典型的文学人物形象，画家创作一幅图画，都要在头脑里先构思出这个人物或这幅图画的画面，然后在此基础上，进行想象加工，创造出有作家或者画家自己特色的新形象。

2. 抽象思维

抽象思维是人们在认识活动中运用概念、判断、推理等思维形式，对客观现实进行间接的、概括的反映过程，属于理性认识阶段。抽象思维作为一种重要的思维类型，具有概括性、间接性、超然性的特点，是在分析事物时抽取事物最本质的特性而形成概念，并运用概念进行推理、判断的思维活动。抽象思维与形象思维不同，它不是以人们感觉到或想象到的事物为起点，而是以概念为起点进行思维，进而再由抽象概念上升到具体概念。只有到了这个阶段，丰富多彩、生动具体的事物才能得到再现。只有穿透到事物的背后，暂时撇开偶然的、具体的、繁杂的、零散的事物的表象，在抽象的地方去抽取事物的本质和共性，形成概念，然后才具备进一步推理、判断的能力。

3. 逆向思维

逆向思维也叫求异思维，它是对司空见惯的似乎已成定论的事物和观点反过来思考的一种思维方式。逆向思维敢于“反其道而思之”，让思维从对立面出发，用对立的、看上去似乎不可能的办法解决问题，其主要特点是普遍性、批判性和新颖性。比如司马光砸缸就是一个运用逆向思维的例子。有人落水，常规的思维模式是“救人离水”，而司马光面对紧急险情，运用了逆向思维，果断地用石头把缸砸破，“让水离人”，救了小伙伴性命。

4. 发散思维

发散思维，又称辐射思维、放射思维、扩散思维，是指大脑在思维时呈现的一种扩散状态的思维模式，它表现为思维视野广阔，呈现出多维发散状。如通过“一题多解”、“一事多写”、“一物多用”等方式，可以培养发散思维能力。不少心理学家认为，发散思维是创造性思维最主要的特点，是测定创造力的主要标志之一。如果说一件事情是“树”的主干，那么它的枝桠、叶子、根茎等就是思维迁移的结果，迁移类比能力越强，树干所获得的营养就越多，自然枝桠、叶子、根茎等就越茂盛。这里的营养就是人本身在生活中积聚的见识和认知，这种积淀越深厚，迁移出来的深层认知就越深刻，视野也就越广阔。

四、言语对思维的要求①

成语“锦心绣口”“文思泉涌”中的“口”与“心”、“文”与“思”的关系，就是言语与思维的关系。一个人思维清晰，说话便条理分明；思维混乱，说话便语无伦次、颠三倒四。思维被认为是言语的灵魂。言语表达对思维品质的要求，几乎涉及思维的一切形式。以下我们从以下四个方面谈谈言语对思维品质的要求。

1. 良好的观察力

观察力对言语的作用，表现在两个方面。一是积累方面。观察具有熟悉和了解事物的特征，帮助说话人摄取说话资料的作用。观察是联系外部世界与人心灵的窗口。人间万象、湖光山色，就是借助观察这个窗口进入人的大脑，被加工改造成人的思想和言论资源的。说话人通过观察，将事物的颜色、形状、大小等性质提出并存储于大脑中。当说话人在表达过程中需要这些材料时，大脑就会将它们提取出来。二是判断决策方面。观察是帮助人们知晓说话的情境，选择、调整说话策略的重要手段。所谓“眼观六路”，就是指观察的重要性。人们就是通过一说二看三想来判断自己所处的形势，选择自己应采取的说话策略的。“察言观色”就是指一个人在说话办事时，通过对外界的观察，来进行判断和决定自己的言语和行为。

2. 良好的记忆力

言语对记忆的要求，也表现在两个方面。一是短时记忆。言语要求一个人能够边听边说，对听懂、听悟的内容做短暂保留，以供反应、应答之用。这里的“记”，虽然也可以是笔录，但主要是听记。记住别人说话的要点或使用过的观点、材料，以便做出有针对性的回应。如在辩论赛中，对参赛人员短时记忆能力的要求就会很高，他们必须尽可能多地记住对方的话，供自己反驳时使用。二是持久记忆。主要表现在说话资料积累，言语

① 赖华强、杨国强主编：《教师口才艺术》，暨南大学出版社2005年版，第36—37页。

非常强调资料占有。资料占有越充分，说起话来越容易做到信手拈来。这就要求平时做“有心人”，注意将那些有利于增强言语表达魅力的谈资，包括有用的典故、逸闻趣事、经典的言辞或语汇等等，有心储存起来，以备遣用。

3. 良好的形象思维能力

形象思维在言语中的作用不仅在叙述时要引人入胜、跌宕起伏；描绘时要绘声绘色、栩栩如生；而且在议论说理时需要深入浅出，通俗活泼。通过形象思维，能把抽象的问题具体化，复杂的问题简单化。如当爱因斯坦提出相对论时，有人不能理解这高深的理论，就向爱因斯坦提问，爱因斯坦回答道：“当你站在火炉前的时候，你会觉得很热，而且到一定程度，你就会感觉时间过得相当慢，恨不得马上离开。但是当你站在一个美女面前的时候，你也可能会觉得发热，但是到一定时间后，你会觉得时间过得很快，舍不得离开。”爱因斯坦对相对论的解释，通过形象思维，举重若轻地使人明白什么是相对论。

4. 良好的抽象思维能力

抽象思维能力也可以称为逻辑思维能力。我们可以毫不夸张地说，逻辑思维能力是言语表现力的核心。很多人说话具有不可抗拒的说服力，一个重要的原因就是他们将自己的观点和材料“放进”了一个很好的“逻辑框架”，使之产生了不可辩驳的逻辑力量。言语对一个人抽象思维力的要求，主要表现在以下几个方面。首先，言语需要一个人的思维具有概括性。思维具有概括性，就可以保证一个人的话语内容具有全面性、统一性，不会丢三落四、前后不一致或散漫、重复、琐碎。其次，言语需要一个人的思维具有条理性。思维的条理性，要求保证言语内容的一致性、连贯性和层次性，避免语无伦次或颠三倒四。再次，言语需要一个人的思维具有严密性。思维的严密性就是表达时概念要明确，判断要严密，推理要合乎逻辑，意思明白，不混淆观点，不转移论题。

沙场点兵

一、思维的条理性练习

介绍一个生活小常识、讲一个故事或阐明一个事理，请合理安排讲话的条理。

二、思维的敏捷性练习

快速归类练习。在最短的时间内说出我国十个著名旅游景点；和同伴比赛，说一说“一”字开头的成语。

三、思维的灵活性练习

虚拟不同的语境，就以下命题作灵活多样的表述：

（1）金钱不是万能的。

（2）好的开始是成功的一半。

（3）天才出于勤奋。

四、思维的深刻性练习

以“……的忧思”或“从……现象所想到的”为题，选取现实生活中一些值得忧虑的带有普遍性的问题，作深度分析或评述。

第三节　教师言语

许多优秀的教师，他们的谆谆教导、音容笑貌给学生留下了终生难忘的美好印象。之所以留下深刻印象，除了教师个人的魅力之外，教师的言语也是一个重要因素。例如，上海特级教师于漪的许多学生都说：“听于老师的课，简直是一种艺术享受。”魏书生老师的学生也说：“魏老师每堂课都给我们打开一扇新的通向世界、通向未来的窗口。”这些评价，均可以说明教师言语的作用和魅力。

那么教师言语到底是什么？教师言语仅仅是指教师的口头言语吗？它又有哪些特点？下面就让我们一起来了解吧！

一、教师言语的含义

抛砖引玉

（1）下面展示的是一位语文教师在教学《视死如归》一课时，对于“山峦”一词具体含义的教学。

师：同学们都预习过了，“山峦”一词怎样解释？

生：小而尖的山；连绵的山（学生提出字典有两种意思）。

师：一本字典上有两种解释，怎么办呢？

生：两个解释合起来。

师：噢，合起来。小而尖的山就是小而尖的山，连着的山就是连着的山，这怎么能合起来呀？如果我们在字典里查到一个字或词有两种以上不同解释，根据什么去判定选哪一个呢？大家想出了什么办法就大胆讲！

生：根据课文的意思去判定。

师：讲得好，要根据课文的意思去判定。那么，“山峦”这个词是在课文中哪句话出现的？

生：王若飞整了整衣领，迎着深秋的晚风，望着周围的山峦。

师：对啦！周围的山峦，周——围——的山峦，大家再想一想，该用哪种解释？

生：连着的山。

师：对了。小而尖的山为什么不对呢？我们还是到课文中去找答案吧。这一课说的是哪座山？

生：大青山。

师：我们再看看，课文中是如何比喻这座山的？

生：巨人似的大青山。

师：巨人似的大青山是小而尖的山吗？

生：不是小而尖的山，只能说它是连绵的山。

师：同学们以后碰到这种情况就知道怎样选用字典的解释了，那就是根据课文的意思去判定。

教师用简洁的言语，把握了表达时的“引而不发”，将学生带进问题中，而且非常注重创造良好的思考环境，把学生带入“困而学之”的环境中，激发学生的求解欲望，让学生在思考中获得新知。富于艺术技巧的提问，让学生学得主动、积极。

（2）当你遇到下面这样的情况，你会怎么办？严厉的批评能有效解决问题吗？

某小学校长清早在校园里发现整洁漂亮的草坪上扔着几张烂纸，走近一看原来是淘气的学生丢的纸飞机。在晨会上校长并没有像探长办案一样追查此事，也没有像开批判会一样对这种现象大动肝火，而是非常委婉地说道：“今天，我在咱们校园的草坪上发现了几架失事的小飞机，不知道飞机的驾驶员怎么样了？我很关心你们的情况。如果你们方便的话，请你们以后把飞机停放在合适的位置好吗！”散会后，几个学生立刻冲出队列，把草坪上的纸飞机捡了出来。

这位校长的婉言既警醒了学生，又呵护了学生的心灵。比较一下，这个案例中校长的言语与案例（1）教师讲解“山峦”时的言语在使用场合上有什么不同？

（3）下面的案例选自鲁迅先生的《藤野先生》一文，藤野先生是鲁迅先生在日本求学时，对他影响很深的一位老师。

过了一星期，大约是星期六，他使助手来叫我了。到达研究室，见他坐在人骨和许多单独的头骨中间——他其时正在研究着头骨，后来有一篇论文在本校的杂志上发表出来。

“我的讲义，你能抄下来么?”他问。

“可以抄一点。”

“拿来我看!”

我交出所抄的讲义去，他收下了，第二三天便还我，并且说，此后每一星期要送给他看一回。我拿下来打开看时，很吃了一惊，同时也感到一种不安和感激。原来我的讲义已经从头到末，都用红笔添改过了，不但增加了许多脱漏的地方，连文法的错误，也都一一订正。这样一直继续到教完了他所担任的功课：骨学、血管学、神经学。

在这个案例中，藤野先生与鲁迅先生的交流除了口头的对话之外，还有哪种形式，你能把它找出来吗?

（4）语文特级教师支玉恒老师教授小学三年级《画杨桃》一课时，先让学生自己读课文，读完后自由表达自己的想法，也可以提问题。有两个学生提到了“和颜悦色”和“严肃”这两个词的意思。片段实录如下：

师：这两个词正好怎么样啊?

生：相反。

师：你过来。（让学生上台）这位同学要讲“和颜悦色”，咱们看看他是不是和颜悦色呢?你和颜悦色给大家看看。

生：我不太会。

师：哈！面无表情。笑一个，你对大家微笑。抬起头来，别不敢看大家。（学生笑了）这回有点和颜悦色了。你过来，（让另一学生上台）你不是要讲“严肃”吗?根本就不用讲，你给严肃一下，好，你会做这个表情，这就说明你懂了。但有点悲哀。（众笑）把眼抬高，敢于看大家，（学生依言而行）这次可以不可以呀?

生：可以。

在这个课堂实录的片段里，教师在进行教学时，不仅仅运用口头言语进行教学，还结合着动作表情，你认为这也属于言语吗?

通过以上四个例子，你能用自己的话说一说你对教师言语的理解吗?你认为教师言语有哪些类型，又有哪些特点呢?

知识仓库

教师的言语技能是教师的基本职业技能之一。言语是教师完成教学任务的主要信息媒介，是师生信息交流的主要手段和途径。对教师来说，言语技能是教育教学能力的重要组成部分，不仅影响着自己主导作用的有效发挥，还影响着学生的学习效果；不仅关系到知识的传授、学生智慧的启迪和能力的培养，而且还会影响学生非智力因素的培养和发展。教师言语是完成教学任务、提高教学效率的重要因素。

教师言语主要有三种类型：教师口头言语、教师书面言语、教师体态言语。其中教师口头言语又包括教师教学言语和教师教育言语。教学言语是教师用正确的语音、语义，合乎语法逻辑结构的口头语言，对教科书内容、问题等进行叙述、说明的行为方式。教育言语就是教师对学生进行思想品德教育、规范学生行为所表现出来的良好的口语能力与口语水平。教育言语既可以与知识、技能的传授相交融，也可以与说理相结合。书面言语，是指用文字记录下来供“看”的言语，它在口语的基础上形成，使听说的语言符号变为“看”的语言符号。教师书面言语是教师以文字的形式记录下来的言语，板书、评语、教案等都是教师的书面言语。教师体态言语是教师用身体动作来表达情感、交流信息、说明意向的沟通手段，包括姿态、手势、面部表情和其他非语言手段，如点头、摇头、挥手、微笑等。

二、教师言语的特点

抛砖引玉

请阅读下面的教育教学片段，将每一组的案例进行对比，试着总结一下教师言语的特点。

（一）从下面的两则结课语中你能找出两位教师说的意思相同的话吗？他们为什么会说这样的话呢？

（1）这是某位初中政治老师在讲授《品味生活：情趣与兴趣》时，最后的结课语：

师：现在大家已经了解了什么是情趣，那我现在想问问大家，像刚才同学乙说的，打游戏、看电视算情趣吗？

生：……

师：其实是算的，但是，情趣是有雅俗之分。由于时间关系，这节课就先讲到这里，下节课让我们来了解一下情趣的雅与俗。

（2）这是另外一位老师在参加授课比赛，讲授朱自清先生的《春》一课时，最后的结课语：

这里运用到了我们前面说到的鉴赏写景散文的四大法宝，分别是哪四个呢？把握修辞手法、关注描写角度、锤炼关键字、抓住主要特征。

好的，本来是要趁热打铁，但是今天的课堂时间有限，我们就不当堂练习了。不过，光说不练假把式，当堂练习做不了，我们就做课后作业吧，那就是运用今天的鉴赏方法，赏析《春》中的“春草图”，100 字以内就够了。其实，鉴赏写景文段的方法还有很多，今天由于时间关系我们就先讲到这里。详细的我们下节课再来学习。

通过上面两则结课语，我们发现老师们在最后结课的时候都说了“由于时间关系，我们今天就先讲到这里”这句话。对于这句话，你是不是很熟悉，或者是你的老师说过，或者是你在授课的时候说过。那么，教师言语跟我们平时的言语相比，受什么因素限制呢?

（二）下面我们来看两个小案例，一个是教师的课堂授课，一个是林海音《爸爸的花儿落了》一文中，父女两个人的日常对话。

（1）60 张被红领巾映衬着的脸，60 双渴求知识的眼睛。

“在‘我’的眼里，成渝是什么样子呢?”我提出问题后，朗读课文的有关语句，故意略去原文中表神态的语词。不一会儿，一阵细细的讨论声传开来，打破了课堂的安静。我心里一动，是喜悦？是兴奋？我品尝到一种导演看见演员进戏时的喜悦，农民预期丰收时的兴奋。

随着朗读结束，同学们面面相觑，睁大的眼睛里流露出“惊愕”与“犹豫”的神情。

“我读错了吗?”我及时向同学们送去鼓励。

“你漏掉‘傻呵呵地’。”

“还漏掉了‘忽闪忽闪地’。”

“还有，漏掉了……”

“哦，你们的耳朵真厉害!”诚恳的称赞使学生们不禁会心一笑。

成渝，聪明、机灵、活泼、可爱的工地小主人的形象，活脱脱地来到了我们的课堂里。猛然间，我仿佛发现课堂里竟有几个“挺着胸脯的”“闪着眼睛的”“舔着嘴唇的”充满自豪感的小主人。

（2）林海音《爸爸的花儿落了》：

爸爸哑着嗓子，拉起我的手笑笑说：“我怎么能够去?”

但是我说：“爸爸，你不去，我很害怕。你在台底下，我上台说话就不发慌了。”

“英子，不要怕，无论什么困难的事，只要硬着头皮去做，就闯过去了。”

“那么爸爸不也可以硬着头皮从床上起来到我们学校去吗?”

爸爸看着我，摇摇头，不说话了。他把脸转向墙那边，举起他的手，看那上面的指甲。然后，他又转过脸来叮嘱我：

“明天要早起，收拾好就到学校去，这是你在小学的最后一天了，可不能迟到!”

“我知道，爸爸。”

“没有爸爸，你更要自己管自己，并且管弟弟和妹妹，你已经大了，是不是?”

“是。”我虽然这么答应了，但是觉得爸爸讲的话很使我不舒服，自从六年前的那一次，我何曾再迟到过?

第一个案例中，我们可以看到教师和学生的对话，不是一对一的对话，而是老师与学生群体的对话，是一对多的对话。第二个案例是日常生活中的对话，大多数情况下是一对一的对话，或者一对二，当然也会存在一对多的群体言语活动，一般是演讲、做报告等，但是这是一种单向的一对多，是以演讲者或者报告人为主的言语活动。

(三) 请对比教师的课堂言语与人们日常言语有什么不同。

(1) 这是一位教师在教学鲁迅先生《祝福》一文时的导入语:

大雪漫天，狂风怒号，爆竹声声。在现代文学人物画廊里，艰难地走出一位衣衫褴褛、面容憔悴、神色悲哀、白发蓬松、目光呆滞的四十岁上下的女人。那又瘦又长的左手提着一个装着只破碗的竹篮，干枯的右手拄着一支下端开裂的长竹竿。她，就是祥林嫂——鲁迅著名小说《祝福》中的主人公，一个惨遭封建宗法思想和封建礼教迫害的旧中国农村劳动妇女的典型形象。今天我们就来学习鲁迅先生 1924 年 3 月 25 日发表在《东方杂志》上的小说——《祝福》。

(2) 下面是两段依据录音转写的文字材料。

这是一位北京女工谈她找到失散多年的亲人的情景:

后来到屋子里吧，我就看见旁边坐着一个女的吧，挺瘦的，那就是我妹妹。我妹妹站起来吧，哭呀，人家都告诉我，你的妹妹哭了半天了，哭得眼睛红着呢。

这是北京郊区一位农民在进行新旧社会对比时的录音:

我呀，从呀，旧社会过来的，在，日本时期呀，我们吃的那个什么? 吃的那个混合面。

阅读完《祝福》的导入语，我们发现整段文字都是围绕祥林嫂来介绍的，内容集中，目的明确，就是为了引出课文《祝福》，并且教师的言语比较书面化。案例 (2) 中日常对话，用词比较随意，语气词较多，交谈内容也不一定始终围绕一个话题，比较广泛。

通过上面的例子，你能总结一下教师言语的主要特点吗?

知识仓库[①]

一、言语时空的特定性

教学言语是教师在课堂这个特定的场合中进行的，因此教师的教学在空间上有了一定的限制。根据学生注意力的保持时间，一节课的时长一般为40到45分钟。空间的限制和时间的规定使教师言语有了时空上的特定性。教师教学的主要场所是在教室这个封闭的空间。大部分教师上课的活动空间是三尺讲台，教师可以根据需要走下讲台，走到学生中去。但是，如果不恰当地“融入学生”，势必会带来多方面的负面影响。比如站到教室过道上讲课，会背对一部分学生，这样肯定会减少甚至忽视与这部分学生的交流。学生因此也会放松思想，不利于他们积极思考。在这段有限的时间内，如何完成一节课的教学计划，达到相应的教学目标，需要教师做好充足的准备与整体把握。既不能因一个教学环节、教学步骤而拖延、耽搁，也不能为赶进度而忽略学生一味灌输。可见，时空方面的限制性对教学言语的运用有重要的制约作用。鉴于此，教师一堂课所使用的言语，既要简洁明确以适应时间上的限制，又要注意实施言语行为的具体位置，以应对空间上的约束性。

二、言语对象的集体性

言语交际，是至少在两个人之间的、以语言为媒介、以人际交往为目的的交际活动，是人们传递信息、交流思想、调节情感的社会行为。课堂教学无疑也是一种言语交际，它是教师与学生之间的言语交际。但是课堂中的言语交际不同于日常交际的一点是，作为教师，其交际对象是学生，且学生不是单个的个体，而是具有一定数量的学生，他们组成了一个群体。一般而言，教师与学生之间的交际是一对多的情况。从交际对象的角度看，课堂教学中的交际活动不同于日常的言语交际。在日常交际中，交际双方基本处于一个对等状态（除演讲、新闻发布会等例外情况），即交际主体和交际客体之间在数量上不会有太大的悬殊。而课堂教学却不同，交际主客体在数量上有悬殊。也就是说在通常情况下，教师与学生之间的交流不是一对一的，而是一对多的形式。这种一对多的交际形式反映在言语上要求教师掌握好话语尺度。教师既不能面对个别学生夸夸其谈而忽略了大部分学生，也不能整堂课都是面向集体而少了与个别学生之间的交流。在讲解教学内容时，教师要注意言语的广泛性，使每个在场的学生收到相应的教学信息。在提问时，可以针对个别学生的回答情况做出调整，可以评价学生的对错，并在一轮提问之后立即

① 郝媛媛：《试论教学言语的特点》，《中共太原市委党校学报》2011年第3期，第70—71页。

回到面向全体学生的位置上。此时，教师既可以点评所提问学生的回答情况，也可以继续提问或开始下一环节的教学。针对课堂言语交际中交际对象的集体性，可提出相应措施，既不“顾此失彼”，又不“单打独斗”。教师在教学中应时刻牢记这两点，实现有效教学。

三、言语内容的正式性

教学是传授知识、培养学生技能、陶冶学生情操、规范学生思想道德品质的过程，它不同于我们日常的言语交际。日常的言语交际场合一般不正式，其随意性突出。而课堂言语交际却不同，课堂是一个严肃的、正式的场合。教师言语内容的正式性是相较我们平日交际的随意性而言的，要求教师在衣着打扮、言谈举止上都要与平时不同，更为重要的是要体现在言语上。不能过多使用较为随意的口语，而要以较正式的书面语为主；在语气语调上也要体现出正式性，教师不能用平时日常生活中随意的语气语调来授课。若违背上述几点，定会违背课堂的庄重性，从而间接影响学生对有效信息的接收。但正式性并不意味着学生、教师整堂课都十分严肃，不苟言笑，营造沉闷的课堂教学气氛。同时教师授课内容要正规，不能过分抛开主题而言他。这也就要求教师的言语内容要有集中性，不能像日常言语交际那样，随意漫谈。因为教师言语的交际时间是有限制的，教师必须在有限的时间内传达出一定容量的内容；另外，课堂本身就是以传递知识为目的的，教师要牢记这个目的，所讲内容必须围绕一节课的教学目标进行。就某一教学内容做适度扩展，对于扩大学生眼界、开阔学生视野、活跃课堂气氛来说是可以的，但要把握尺度，否则只管自己大谈人生、社会，势必会影响教学内容的正式性。

沙场点兵

一、请根据下面给出的文段内容，按照相关要求进行教学设计，小组合作实施授课，然后针对教学言语进行自评和互评。

（1）下面是朱自清的《荷塘月色》一文的节选，请根据呈现内容，重点引导学生感受月色下荷塘的美。

曲曲折折的荷塘上面，弥望的是田田的叶子。叶子出水很高，像亭亭的舞女的裙。层层的叶子中间，零星地点缀着些白花，有袅娜地开着的，有羞涩地打着朵儿的；正如一粒粒的明珠，又如碧天里的星星，又如刚出浴的美人。微风过处，送来缕缕清香，仿佛远处高楼上渺茫的歌声似的。这时候叶子与花也有一丝的颤动，像闪电般，霎时传过荷塘的那边去了。叶子本是肩并肩密密地挨着，这便宛然有了一道凝碧的波痕。叶子底下是脉脉的流水，遮住了，不能见一些颜色；而叶子却更见风致了。

(2) 下面是归有光《项脊轩志》的选段，请设计二十分钟的授课内容，注意言语内容的正式性。

妪，先大母婢也，乳二世，先妣抚之甚厚。室西连于中闺，先妣尝一至。妪每谓余曰："某所，而母立于兹。"妪又曰："汝姊在吾怀，呱呱而泣；娘以指叩门扉曰：'儿寒乎？欲食乎？'吾从板外相为应答。"语未毕，余泣，妪亦泣。余自束发，读书轩中，一日，大母过余曰："吾儿，久不见若影，何竟日默默在此，大类女郎也？"比去，以手阖门，自语曰："吾家读书久不效，儿之成，则可待乎！"顷之，持一象笏至，曰："此吾祖太常公宣德间执此以朝，他日汝当用之！"瞻顾遗迹，如在昨日，令人长号不自禁。

二、自省训练

回忆，审视自己在教育教学中的言语失误，并就其中的典型失误进行分析，写成小短文，与同伴进行交流。

第二章　教师口头言语——普通话

第一节　普通话是教师的职业语言

一、普通话概说

抛砖引玉

下面先让我们通过国家出台的几则法律法规来了解一下普通话作为民族共同语的发展历程。

（1）1956 年 2 月国务院发出《关于推广普通话的指示》，这标志我国推广普通话的工作正式全面启动。

（2）1982 年 11 月第五届全国人大第五次会议通过的《中华人民共和国宪法》写进了“国家推广全国通用的普通话”的条文，把推广普通话作为我国的一项基本国策，从而使推广普通话有了国家根本大法的保障，也使推广普通话成为国家的意志和任务。

（3）1986 年 1 月，国家语言文字工作委员会和国家教育委员会在北京召开全国语言文字工作会议。这次会议把推广普通话同做好现代汉语规范化工作列为语言文字工作的第一项任务，提出在 20 世纪使普通话成为教学用语、工作用语、宣传用语、交际用语的目标。

（4）《中华人民共和国国家通用语言文字法》第十九条规定：“凡以普通话作为工作语言的岗位，其工作人员应当具备说普通话的能力。以普通话作为工作语言的播音员、节目主持人和影视话剧演员、教师、国家机关工作人员的普通话水平，应当分别达到国家规定的等级标准；对尚未达到国家规定的普通话等级标准的，分别情况进行培训。”

每年 9 月份的第三个星期是全国推广普通话宣传周，从 1998 年开始，我国开始第一届全国推广普通话宣传周的活动。下面是几届宣传周的主题：

第七届全国推普周主题：“普通话——情感的纽带，沟通的桥梁”。

第十三届全国推普周主题：“规范使用国家通用语言文字，弘扬中华优秀文化传统”。

第十六届全国推普周主题："推广普通话，方便你我他"。

第十八届全国推普周主题："说好普通话，提高国家软实力"。

我国是一个多民族、多语言、多方言的人口大国。多样的语言跟方言展现了我国多样的文化色彩、多样的地域特色、多样的风土人情，但是语言跟方言的多样性，也在一定程度上阻碍了人们之间的交流。推广普通话是由我国的国情决定的，为此国家在全国范围内推广普通话，作为共同语。我们这里所说的共同语和普通话其实就是指以北京语音为标准音，以北方话为基础方言，以典范的现代白话文著作为语法规范的现代汉民族共同语。普通话的这一表述从语音、词汇、语法三个方面阐释了现代汉民族共同语的内涵，规定了现代汉民族共同语的标准与规范，因此，也可以说普通话就是现代汉民族的标准语。

二、普通话是教师的职业语言

普通话是合格教师的职业语言。教师既是教育工作者，也是语言工作者。一名合格的教师除了必备的专业知识外，还需要有熟练的语言基本功。

学校作为推广普通话的重要阵地，一直以来在推广普通话的工作中发挥着重要作用。教师作为教书育人的园丁，是推广普通话的重要力量。国家的政策法规对学校和教师推广普通话的任务都提出了具体的要求。《全国语言文字工作十年规划》对学校提出的目标是：要使普通话成为城市幼儿园和乡中心小学以上汉语授课为主的各级各类学校的教学用语，成为师范学校、初等和中等学校的校园语言。国家语委、国家教委对高等师范院校普及普通话提出的具体要求是：在各系（科）教学和学校一切集体活动中，干部、教师、学生坚持使用普通话；毕业生能用普通话从事教育、教学工作；中文系（科）毕业生能熟练掌握汉语拼音，能说标准的或比较标准的普通话，能教汉语拼音，有从事正音教学的能力。

《师范院校教师口语课程标准》提出，普通话是合格教师必须掌握的职业语言，要求高等师范中文专业及中等师范生，北方方言区应达到一级，南方方言区应达到二级甲等；其他专业学生，北方方言区最低达到二级甲等，南方方言区学生最低达到二级乙等。

教师的言语行为具有示范性，是少年儿童和青年学生模仿的榜样，教师应做推广普通话的表率。青少年学生是未来的建设者，他们的普通话学好了，将会有助于提高国民的语文素质，适应社会经济、政治、文化建设的需要。因此教师语言要规范，在积极使用和推广普通话方面起表率作用。

普通话训练是教师职业口语训练的前提，是教师职业口语训练的重要组成部分。学说普通话，必须从方言与普通话差异较大的音和土俗的方言词改起，坚持练说，为教师职业口语训练打好基础。但是要达到标准的普通话，必须在教师职业口语训练的全过程中加强普通话训练，纠正不规范的发音、用词和句式表达，逐步提高语音标准化的水平，因此，普通话训练要贯穿教师职业口语训练的始终。

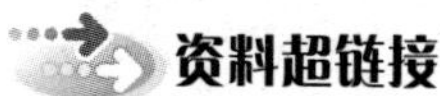

资料超链接

历史上的共同语

推广民族共同语的工作不仅仅是在当代中国，追溯中国几千年的历史，会发现不同朝代也在为推广民族共同语而努力。

商：据记载当时均持中原雅音，这也表示在很早以前人们就已经有了“雅音入市”的共同心愿。

周：公元前770年，周平王迁都洛邑（今河南洛阳），自此，洛邑的语言就成为了整个东周时期雅言的基础。孔子在鲁国讲学，他的三千弟子来自四面八方，孔子正是用雅言来讲学的。《论语·述而第七》中说：“子所雅言，《诗》、《书》、执礼，皆雅言也。”

汉：汉代国语为“洛语”，洛语承袭先秦时代的雅言。汉朝的汉语标准语称“正音”、“雅言”，也称“通语”。

隋：最早能够找到的官方推广共同语政策在隋代。隋朝统一中国，编《切韵》，以金陵雅音和洛阳雅音为基础正音，南北朝官音融合形成长安官音(秦音)。

唐：唐代在《切韵》的基础上，制定《唐韵》作为唐朝标准音，规定官员和科举考试必须使用唐韵。

宋：宋代在《唐韵》的基础上，制定《广韵》。而在北宋亡国后，南宋时代的刘渊又基于《广韵》著《平水韵》。

元：元代定都在大都（今北京）。元代朝廷规定学校教学要使用以大都汉语语音为标准的天下通语。元代盛行杂剧和散曲，这是两种接近口头语言的新的文学形式。

明：明朝开始以官话为官方语言，以金陵雅言为基础（称为“中州音”），形成汉语共同语系统，称为“正音”，并深远地影响到今天的中国语言形态，当时的“南京话在明代占据重要地位”。明永乐年间迁都北京后，南京话又成为当时北京语音的基础。

清：清朝定都北京，南京官话仍然是清初官场和知识分子阶层的主流官话。清中叶后，北京官话的影响逐渐超过南京官话，最终在北洋政府时期以北京话为基础确立国语标准音。1909年清政府把官话称为国语。1911年清朝学部通过《统一国语办法案》，以京音为准的官话作为国语，取代原来明代官话《洪武正韵》的地位，并加大力度推广。

沙场点兵

一、请阅读下面的案例，说一说不说普通话给我们的交流带来什么样的困难。

（1）我和一位同乡刚出来的时候，先住进了旅店，发现房间里的灯坏了，他便嘹起嗓门冲着房外大声嚷了起来："服务员，房间里的灯不错，快叫人来搞错。"旅店的服务小姐听傻了，心想灯就是灯，怎么会有"不错"与"搞错"呢？可面对顾客的叫唤，却又不知道应该怎么办才好？于是，他们俩发生了争执。我走了过去，用普通话翻译一遍："房间里的灯不亮了，请叫修理工来修理一下。"哦！她这才明白是怎么一回事，转身去做了安排。不过，走的时候，回过头来看了我们一眼，并捂着嘴笑了。

（2）一个在北京的外地打工者生病去医院，医生问他怎么了，哪儿不舒服，他回答说"我凉到了"，意思是"我感冒了"。而医生却听成"我娘到了"。然后他又想问医生问题，就说："医生，我想亲吻（请问）你一哈。"这个医生是个女同志，所以又吓了一跳。最终说清楚了以后，他想上厕所，又问："你们医院的茅嘶（厕所）在哪个塌塌（哪儿）。"结果医生很惊讶地说："你认识我们医院的毛师傅吗？"

二、请找出下面符合普通话表达方式的句子。

（1）①给我一本书。 ②拿一本书到我。

（2）①这件事我不晓得。 ②这件事我不知道。

（3）①他们还没扫干净。 ②他们扫没扫干净。

（4）①这个事情现在还定不倒。 ②这件事现在还定不了。

第二节 普通话语音训练

小试牛刀

炖冻豆腐

会炖我的炖冻豆腐，
来炖我的炖冻豆腐，
不会炖我的炖冻豆腐，

就别炖我的炖冻豆腐。
要是混充会炖我的炖冻豆腐，
炖坏了我的炖冻豆腐，
那就吃不成我的炖冻豆腐。

上面的这个绕口令，你能流畅地读出来吗？读完你会发现，这则绕口令中“炖”“冻”“豆”这三个字的声母都是‘d”。在平时你能发标准的“d”音，但是不一定能流畅地读绕口令，可见绕口令对于普通的人来说还是有一定难度的。作为教师，想要拥有好的口才，就必须在日常生活中多读多练，这样才能提高自己的言语技能。本节将从普通话的声母、韵母、声调、语流音变四个方面来练习普通话的语音。

一、声母的训练

首先请大家先读一读下面的绕口令，找一找每则绕口令中，声母相同的字。

抛砖引玉

（一）巴老爷芭蕉树

巴老爷有八十八棵芭蕉树，
来了八十八个把式，
要在巴老爷八十八棵芭蕉树下住。
巴老爷拔了八十八棵芭蕉树，
不让八十八个把式在八十八棵芭蕉树下住。
八十八个把式烧了八十八棵芭蕉树，
巴老爷在八十八棵树边哭。

这则绕口令中，训练的重点是声母“b”，大家需要重点关注“巴”“八”“芭”“把”“拔”这五个字，因为它们不仅声母相同，而且还是同音字。“巴老爷”“八十八”和“芭蕉树”“把式”“拔”这五个词请大家多读几遍。

（二）八百标兵

八百标兵奔北坡，炮兵并排北边跑。
炮兵怕把标兵碰，标兵怕碰炮兵炮。

这则绕口令相比于上一则，读起来更绕口，这是为什么呢？在本则绕口令中，所有字的声母都是“b”和“p”，没有其他声母的字来缓冲，所以读起来会感到困难。

（三）缝飞凤

粉红女发奋缝飞凤，女粉红反缝方法繁。
飞凤仿佛发放芬芳，方法非凡反复防范。
反缝方法仿佛飞凤，反复翻缝非凤奋飞。

本则绕口令当中除了“女”的声母为“n”之外，剩下所有字的声母都是“f”“h”。对于不怎么区分“f”“h”的方言区的人来说，想要把这则绕口令读准确、读流畅是很难的。

（四）谭老汉买蛋和炭

谭家谭老汉，要吃蛋炒饭。
挑担到蛋摊，买了半担蛋，
挑担到炭摊，买了半担炭，
满担是蛋炭，老汉忙回赶。
进门跨门槛，脚下绊一绊，
跌了谭老汉，破了半担蛋，
翻了半担炭，脏了木门槛。
老汉看一看，急得满头汗，
连说怎么办，蛋炭完了蛋，
老汉怎吃蛋炒饭。

这则绕口令主要训练的是“d”和“t”这两个声母，难点集中在“蛋摊”“炭摊”“半担蛋”“半担炭”这几个词上，“b”“t”声母的交替或者连续出现，增加了本则绕口令的难度。

（五）六十六岁刘老六

六十六岁刘老六，修了六十六座走马楼，
楼上摆了六十六瓶苏合油，门前栽了六十六棵垂杨柳，
柳上拴了六十六个大马猴。忽然一阵狂风起，
吹倒了六十六座走马楼，打翻了六十六瓶苏合油，
压倒了六十六棵垂杨柳，吓跑了六十六个大马猴，
气死了六十六岁刘老六。

本则绕口令主要训练声母“l”，绕口令中“六十六”“刘老六”“走马楼”“垂杨柳”这几个词是大家在读这则绕口令时要重点练习的词语。

（六）哥哥捉鸽

哥哥过河捉个鸽，回家割鸽来请客，
客人吃鸽称鸽肉，哥哥请客乐呵呵。

这则绕口令虽然不是很长，但是其中却重点考察了大家“g、k、h”三个

声母，请你试着快速读一读这则绕口令，力求准确、流畅。

（七）漆匠和锡匠

七巷一个漆匠，西巷一个锡匠。
七巷漆匠用了西巷锡匠的锡，
西巷锡匠拿了七巷漆匠的漆，
七巷漆匠气西巷锡匠用了漆，
西巷锡匠讥七巷漆匠拿了锡。

“七巷”“西巷”“漆匠”“锡匠”这几个词语你能念清楚吗？“j、q、x”这几个声母对于很多人来说，发音是有困难的。你能准确发出这几个音吗？试着跟同伴比赛读这则绕口令。

（八）学时事

史老师，讲时事，常学时事长知识。
时事学习看报纸，报纸登的是时事。
常看报纸要多思，心里装着天下事。

（九）子词丝

四十四个子词丝，
组成一首子词丝的绕口令。
桃子李子梨子栗子橘子柿子槟子和榛子，
栽满院子和寨子。
刀子斧子锯子凿子刨子尺子，
做出桌子椅子和箱子。
名词动词数词量词代词副词助词连词，
造成语词诗词和唱词。
蚕丝生丝熟丝缫丝染丝晒丝纺丝织丝，
自制粗丝细丝人造丝。

（八）（九）这两则绕口令，重点训练大家对“zh、ch、sh”“z、c、s”这两组声母的训练，有的方言区的人在发音时是不区分“zh、ch、sh”和“z、c、s”的，所以他们可能会把“zh、ch、sh”全部读成“z、c、s”，或者把“z、c、s”全部读成“zh、ch、sh”。

以上九则绕口令，基本上包含了普通话中的声母。你在读的时候，是否会发现有的绕口令读起来比较简单，而有的读起来会比较困难。记住你认为有难度的绕口令，这也许就是你发音有困难的声母。下面我们将会重点讲解普通话的声母发音，看看你之前的发音是否正确呢？

知识仓库

普通话声母是指一个音节开头的辅音。比如说 pǔtōng（普通）两个音节的声母分别是 p、t。普通话中辅音共 22 个，其中 21 个作声母。另外，还有一个只作韵尾的 ng。21 个声母可以按照发音部位和发音方法进行分类。

（一）发音部位

所谓发音部位，是指发音时气流受到阻碍的位置。普通话 21 个声母按发音部位可分为七类。

1. 双唇音

双唇音由双唇接触造成阻碍而发出的音，共有 b、p、m 三个。

2. 唇齿音

唇齿音由下唇向上齿靠拢接触上齿造成阻碍而发出的音，只有 f 一个。

3. 舌尖前音

舌尖前音是舌尖抵住或接近上齿背而形成的音，构成阻碍的部位是舌尖和上齿背，发音时舌尖平伸，向上门齿背接触或接近，共有 z、c、s 三个。

4. 舌尖中音

舌尖中音指舌尖抵住上齿龈而形成的音，构成阻碍的部位是舌尖和上齿龈，舌尖抬起，和上门齿背后的上牙床接触，共有 d、t、n、l 四个。

5. 舌尖后音

舌尖后音是舌尖上翘，抵住或接近硬腭前部而形成的音，构成阻碍的部位是舌尖和前硬腭，共有 zh、ch、sh、r 四个。

6. 舌面音

舌面音指舌尖前部抵住或接近硬腭前部而形成的音，构成阻碍的部位是舌面前部和硬腭前部，发音时舌面向上贴近或接触硬腭前部，相互接触或接近，共有 j、q、x 三个。

7. 舌根音

舌根音指舌根抵住或接近软腭而形成的音，构成阻碍的部位是舌面后部舌根和软腭，也有人叫它舌面后音，发音时舌面后部舌根抬起，和软腭接触或接近，共有 g、k、h 三个。

（二）发音方法

发音方法，是指发音时发音器官构成阻碍的方式和克服阻碍的方式及声带是否颤动、气流的强弱等。普通话的 21 个声母，按发音方法可以从三个方面加以分类和分析。

1. 形成阻碍、克服阻碍的方式

根据声母发音时形成阻碍和克服阻碍的不同方式，可以将声母分为塞音、擦音、塞擦音、鼻音和边音五类。

（1）塞音

塞音“成阻”时发音部位的两个部分紧闭；“持阻”时保持这种阻碍，同时呼出气流，但停蓄在阻碍部位之后，好像是发音的作势，“除阻”时突然将阻碍开放，气流透过，因爆发、破裂而成声。普通话中塞音有 b、p、d、t、g、k 六个。

（2）擦音

擦音“成阻”时发音部位两个部分相接近，或是留下一条窄缝；“持阻”时气流由发音部位的两点间挤出，发生摩擦的声音；到“除阻”时，这种摩擦音就完了。普通话声母中擦音有 f、h、x、sh、r、s 六个。

（3）塞擦音

塞擦音是塞音和擦音两种发音方式有机结合而形成的音。“成阻”、“除阻”阶段，发音器官的两个部位完全闭塞；“除阻”阶段慢慢地打开“除阻”的部位，让气流透过，摩擦成声。普通话中塞擦音有 j、q、zh、ch、z、c 六个。

（4）鼻音

鼻音发音时，“成阻”阶段发音部位的两个部分完全闭塞，“持阻”阶段颤动声带，软腭下垂，让气流从鼻腔通过，形成鼻音。普通话中鼻音共有 m、n 两个。

（5）边音

边音“成阻”时，发音部位的两个部分，即舌尖和上牙床稍后的部分接触；“持阻”时，声带振动、气流从舌头两边通过，发出边音。“除阻”时，发音结束。普通话声母中只有一个 l 是边音。

2. 气流的强弱

按发音时呼出气流的强弱可以把普通话声母中的塞音、塞擦音分为送气音和不送气音两类。

（1）送气音

送气音发音时口腔呼出的气流较强。共有 p、t、k、q、c、ch 六个。

（2）不送气音

不送气音发音时口腔呼出的气流较弱。共有 b、d、g、j、z、zh 六个。

3. 声带是否颤动

普通话的声母，可以根据发音时声带是否颤动分为清音和浊音两类。

（1）清音

清音是发音时声带不颤动的音。清音声母共有 b、p、f、d、t、g、k、h、j、q、x、zh、ch、sh、z、c、s 十七个。

（2）浊音

浊音是发音时声带颤动的音。浊音声母共有 m、n、l、r 四个。

根据发音部位和发音方法我们对普通话的 21 个声母逐个加以综合说明，为了给大家一个直观的展示，我们将 21 个声母通过表格的形式呈现：

普通话辅音声母总表

声母 发音部位 发音方法			唇音		舌尖前音	舌尖中音	舌尖后音	舌面音	舌根音
			双唇音	唇齿音					
			上唇 下唇	上齿 下齿	舌尖 齿背	舌尖 上齿龈	舌尖 硬腭前	舌面前 硬腭前	舌根 软腭
塞音	清音	不送气音	b[p]			d[t]			g[k]
		送气音	p[p‘]			t[t‘]			k[k‘]
塞擦音	清音	不送气音			z[ts]		zh[tş]	j[tç]	
		送气音			c[ts‘]		ch[tş‘]	q[tç‘]	
擦音	清音			f[f]	s[s]		sh[ş]	x[ç]	h[X]
	浊音						r[z]		
鼻音	浊音		m[m]			n[n]			
边音	浊音					l[l]			

沙场点兵

通过对声母知识的学习，相信大家对声母的发音方法和发音部位有了很好的掌握。俗话说：光说不练假把式。那么本模块，我们将通过字词句篇的发音练习，来检测大家对声母的掌握。

（一）平翘舌声母练习

普通话舌尖前音（平舌音）z、c、s 和舌尖后音（翘舌音）zh、ch、sh 这两组声母的发音部位一前一后，完全不同。平舌音是舌尖和上齿背形成阻碍发出的辅音，翘舌音是舌尖翘起和硬腭前部形成阻碍发出的辅音。

很多人会把平舌音和翘舌音部分或者全部混同起来，有的是两组声母都能够准确发音，只是将普通话翘舌音声母部分字读为平舌音声母，有的是没有分别掌握两组声母的准确发音，在说普通话时将两类归为一类，究其原因，往往是受方言的影响。

1. 对比练习

z　zh

仔——纸	最——缀	增——正	尊——谆	早——找
资助——支柱	早稻——找到	自立——智力	大字——大致	

c　ch

参——掺	村——春	曹——巢	崔——炊	窜——串
木材——木柴	擦嘴——插嘴	一层——议程	推辞——推迟	

s　sh

碎——税	丧——尚	思——师	伞——闪	撒——傻
散光——闪光	上诉——上述	寄宿——计数	五岁——午睡	

2. 连用练习

z　zh

资助	总之	组织	宗旨	作者	杂志	最终
制作	主宰	种族	争做	壮族	著作	准则

c　ch

财产	操持	操场	辞呈	粗茶	磁场	餐车
纯粹	初次	春蚕	穿刺	储存	揣测	陈词

s　sh

宿舍	损失	洒水	丧事	碎石	松鼠	随身
哨所	生死	神似	神速	深邃	疏散	收缩

3. 绕口令练习

三山四水

三山屹四水，四水绕三山。

三山四水春常在，四水三山四时春。

撕纸

隔着窗子撕字纸，

一撕横字纸，再撕竖字纸，

撕了四十四张湿字纸。

柿子涩死石狮子

山前有三十三棵死涩柿子树，

山后有四十四只石狮子。

山前的三十三棵死涩柿子树，

涩死了山后的四十四只石狮子，

山后的四十四只石狮子，

咬死了山前的三十三棵死涩柿子树，
死涩柿子树从此不结死涩大柿子。

4. 诗词练习

泊船瓜洲

王安石

京口瓜洲一水间，钟山只隔数重山。
春风又绿江南岸，明月何时照我还。

春日

朱熹

胜日寻芳泗水滨，无边光景一时新。
等闲识得东风面，万紫千红总是春。

行路难

李白

金樽清酒斗十千，玉盘珍羞值万钱。
停杯投箸不能食，拔剑四顾心茫然。
欲渡黄河冰塞川，将登太行雪满山。
闲来垂钓碧溪上，忽复乘舟梦日边。
行路难，行路难，多歧路，今安在？
长风破浪会有时，直挂云帆济沧海。

清平乐

李煜

别来春半，触目愁肠断。砌下落梅如雪乱，拂了一身还满。
雁来音信无凭，路遥归梦难成。离恨恰如春草，更行更远还生。

点绛唇

李清照

寂寞深闺，柔肠一寸愁千缕。惜春春去，几点催花雨。
倚遍阑干，只是无情绪！人何处？连天芳草，望断归来路。

（二）鼻音 n 和边音 l 的练习

n 是舌尖中、浊、鼻音。发音时，舌尖抵住上齿龈，软腭下降，阻塞气流在口腔中的通路。打开鼻腔通道，气流从鼻腔出来，同时颤动声带。

l 是舌尖中、浊、边音。发音时舌尖抵住上齿龈，软腭上升，堵住鼻腔通路。气流振动声带，从舌头前部的两边通过。

普通话中，声母 n 和声母 l 是对立音位，分得很清楚。但是在许多方言区，n 和 l 是不分的。例如，闽东方言的 n 声母多以 l 代替；客家方言有少部分地区没有 n 声母，常以 l 代替。

1. 对比练习

n　　l

黄泥——黄鹂	男女——褴褛	恼怒——老鹿	思念——思恋
小妞——小刘	南宁——兰陵	无奈——无赖	宁宁——灵灵

l　　n

隆重——浓重	浏览——牛腩	恋恋——念念	蓝鞋——男鞋
老子——脑子	流血——牛血	榴莲——牛年	吕梁——女娘

2. 连用练习

努力	内陆	奶酪	浓烈	农历	凝练	年龄
理念	流年	落难	冷暖	老年	辽宁	来年

3. 绕口令

聋童

朦胧彩霓虹，玲珑小聋童。

聋童采柠檬，聋童不懵懂。

蓝布棉门帘

出前门，往正南，

有个面铺面冲南，

门口挂着蓝布棉门帘。

摘了蓝布棉门帘，

面铺面冲南，

挂上蓝布棉门帘，

面铺还是面冲南。

牛郎恋刘娘

牛郎年年恋刘娘，刘娘年年恋牛郎，

牛郎恋刘娘，刘娘恋牛郎，郎恋娘来娘恋郎。

喇嘛和哑巴

打南边来了一个喇嘛，

手里提着五斤鳎嘛。

打北边来了一个哑巴，

腰里别着一个喇叭。

提鳎嘛的喇嘛，

想拿鳎嘛换哑巴腰里别着的喇叭。

别喇叭的哑巴，

不愿拿喇叭换喇嘛手里提着的鳎嘛。
提鳎嘛的喇嘛急了，
拿起手里的鳎嘛，
打了别喇叭的哑巴一鳎嘛，
别喇叭的哑巴也急了，
摘下喇叭
打了提鳎嘛的喇嘛一喇叭。
也不知提鳎嘛的喇嘛用鳎嘛，
打了别喇叭的哑巴一鳎嘛，
也不知别喇叭的哑巴用喇叭，
打了提鳎嘛的喇嘛一喇叭。
提鳎嘛的喇嘛回家炖鳎嘛，
别喇叭的哑巴站那儿，
嘀嘀嗒嗒吹喇叭。

4. 诗词练习

钱塘湖春行

白居易

孤山寺北贾亭西，水面初平云脚低。
几处早莺争暖树，谁家新燕啄春泥。
乱花渐欲迷人眼，浅草才能没马蹄。
最爱湖东行不足，绿杨阴里白沙堤。

渔歌子

张志和

西塞山前白鹭飞，桃花流水鳜鱼肥。
青箬笠，绿蓑衣，斜风细雨不须归。

雨霖铃

柳永

寒蝉凄切，对长亭晚，骤雨初歇。都门帐饮无绪，留恋处，兰舟催发。执手相看泪眼，竟无语凝噎。念去去，千里烟波，暮霭沉沉楚天阔。

多情自古伤离别，更那堪，冷落清秋节！今宵酒醒何处？杨柳岸，晓风残月。此去经年，应是良辰好景虚设。便纵有千种风情，更与何人说？

姐姐，今夜我在德令哈

海子

姐姐，今夜我在德令哈，夜色笼罩

姐姐，我今夜只有戈壁
草原尽头我两手空空
悲痛时握不住一颗泪滴
姐姐，今夜我在德令哈
这是雨水中一座荒凉的城

除了那些路过的和居住的
德令哈……今夜
这是唯一的，最后的，抒情。
这是唯一的，最后的，草原。

我把石头还给石头
让胜利的胜利
今夜青稞只属于她自己
一切都在生长

今夜我只有美丽的戈壁 空空
姐姐，今夜我不关心人类，我只想
姐姐，今夜我在德令哈，夜色笼罩
姐姐，我今夜只有戈壁

（三）声母 h 和 f 练习

f 是唇齿、清、擦音。发音时下唇和上齿接近，形成窄缝。软腭上升，堵塞鼻腔通道。声带不颤动，气流从唇齿之间的窄缝中挤出，发出摩擦声。

h 是舌根、清、擦音。发音时，舌根接近软腭，形成窄缝，软腭上升堵塞鼻腔通道，声带不颤动，让气流从舌根和软腭之间的窄缝中挤出，摩擦成音。

f 和 h 是两组不同的声母，但在方言中，有些地区根本没有 f 声母，凡是 f 声母都读成 h 声母。这种情况主要集中在粤语、闽语、赣语以及湘语地区，如将“发生”读成“花生”、“废话”读成“会话”。客家方言中虽然有 f 声母，但常常把普通话 h 声母读成 f 声母的字，如将“花卉”读成“花费”、“救护”读成“舅父”等。

1. 对比练习

f h

开放——开荒 立法——理化 开发——开花 飞机——回击
幅度——弧度 公费——工会 发现——划线 纺织——黄纸

2. 连用练习

f h

凤凰 防护 孵化 泛化 发挥 防火 符合 符号

h f

回复 荒废 会费 花粉 合法 活佛 何妨 焕发

3. 成语练习

绘声绘色 飞黄腾达 翻云覆雨 逢凶化吉
返老还童 防患未然 焕然一新 胡作非为
风华正茂 风云变幻 呼风唤雨 返老还童

4. 绕口令练习

白粉墙画凤凰

对门儿有堵白粉墙，白粉墙上画凤凰。
先画一只粉黄粉黄的黄凤凰，
再画一只绯红绯红的红凤凰。
黄凤凰看红凤凰，红凤凰看黄凤凰。
黄凤凰，红凤凰，两只都像活凤凰。

丰丰和芳芳

丰丰和芳芳，上街买混纺。
红混纺，粉混纺，黄混纺，灰混纺。
红花混纺做裙子，粉花混纺做衣裳。
穿上衣裳多漂亮，丰丰和芳芳乐得喜洋洋。

5. 诗词练习

春晓

孟浩然

春眠不觉晓，处处闻啼鸟。
夜来风雨声，花落知多少。

出塞

王昌龄

秦时明月汉时关，万里长征人未还。
但使龙城飞将在，不教胡马度阴山。

卜算子·咏梅

陆游

驿外断桥边，寂寞开无主。已是黄昏独自愁，更著风和雨。
无意苦争春，一任群芳妒。零落成泥碾作尘，只有香如故。

钗头凤

陆游

红酥手，黄縢酒，满城春色宫墙柳。东风恶，欢情薄，一怀愁绪，几年离索。错错错。

春如旧，人空瘦，泪痕红浥鲛绡透。桃花落，闲池阁。山盟虽在，锦书难托。莫莫莫。

（四）零声母和其他声母辨正

普通话中有一部分汉字没有辅音字母，称之为“零声母”，如“安、爱、欧”等。普通话零声母的字在有些方言中会读成有声母的字，如将零声母音节前加 n 或 ng。在学习普通话时要注意去掉辅音声母。普通话 r 声母字在有些方言中读为零声母，在学习普通话时也要注意。

1. 对比训练

零声母

爱心——耐心　　预案——遇难　　傲气——闹气　　新袄——心脑

坚硬——奸佞　　大言——大年　　严厉——年历　　作业——作孽

r

红肉——红柚　　肉眼——右眼　　染色——眼色　　人员——银元

2. 连用训练

按钮　业内　印染　懊恼　安宁　游人　眼内　按捺

鸭肉　溺爱　诺言　任用　爱人　燃油　肉眼　眼影

3. 绕口令训练

颠倒歌

咬牛奶，喝面包，
夹着火车上皮包。
东西街，南北走，
出门看见人咬狗，
拿起狗来打砖头，
又怕砖头咬我手。

说日

夏日无日日亦热，冬日有日日亦寒，
春日日出天渐暖，晒衣晒被晒褥单，
秋日天高复云淡，遥看红日迫西山。

4. 读古今诗词

凉州词

王之涣

黄河远上白云间，一片孤城万仞山。

羌笛何须怨杨柳，春风不度玉门关。

春夜喜雨

杜甫

好雨知时节，当春乃发生。

随风潜入夜，润物细无声。

野径云俱黑，江船火独明。

晓看红湿处，花重锦官城。

相见欢

李煜

无言独上西楼，月如钩。寂寞梧桐深院锁清秋。

剪不断，理还乱，是离愁，别是一番滋味在心头。

二、韵母的训练

读一读下面的绕口令，说一说每一则绕口令都有什么特点，它们相同的部分是什么。

抛砖引玉

（一）婆婆和嬷嬷

婆婆和嬷嬷，来到山坡坡，

婆婆默默采蘑菇，嬷嬷默默拔萝卜。

婆婆拿了一个破簸箕，

嬷嬷带了一个薄笸箩，

婆婆采了半簸箕小蘑菇，

嬷嬷拔了一笸箩大萝卜。

婆婆采了蘑菇换饽饽，

嬷嬷卖了萝卜买馍馍。

在这则绕口令中，我们可以找出“婆”“嬷”“坡”“蘑”“默”“萝卜”“破”“簸”“薄”“笸箩”“饽饽”“馍馍”这些字和词，它们的韵母是相同的，都是“o”，你在读的时候会感觉到有困难吗？

（二）山上五棵树

山上五棵树，架上五壶醋，
林中五只鹿，箱里五条裤。
伐了山上树，搬下架上醋，
射死林中鹿，取出箱中裤。

（三）虎与猴

山前有只虎，山下有只猴。
虎撵猴，猴斗虎；
虎撵不上猴，猴斗不了虎。

这两则绕口令主要考查大家对韵母“u”的发音，绕口令当中的“五”“树”“壶”“醋”“鹿”“裤”“虎”这些字的韵母都是“u”，特别要注意的是“五壶醋”这个词，它的韵母都是“u”，读起来会稍有困难。

（四）女小吕

这天天下雨，
体育运动委员会穿绿雨衣的女小吕，
去找计划生育委员会不穿绿雨衣的女老李。
体育运动委员会的穿绿雨衣的女小吕，
没找着计划生育委员会不穿绿雨衣的女老李，
计划生育委员会的不穿绿雨衣的女老李，
也没找着体育运动委员会穿绿雨衣的女小吕。

这则绕口令相对来说是稍有难度的，因为它不单纯是考查韵母“i”“ü”的发音，其中还涉及声母“n”“l”以及零声母“yu”“yi”的发音。因此在练习的时候要注意“绿雨衣”“女小吕”这两个词的发音。

（五）蜻蜓青萍分不清

蜻蜓青，青浮萍，
青萍上面停蜻蜓，
蜻蜓青萍分不清。
别把蜻蜓当青萍，
别把青萍当蜻蜓。

这则绕口令集中考查的是韵母“ing”，如“蜻蜓”“青”“萍”“停”“清”的韵母都是“ing”。特别要注意的是“蜻蜓青”“停蜻蜓”“蜻蜓青萍”这几组词语，其难度在于这几个连用的字，韵母都是“ing”。

（六）画圆圈

圆圈圆，圈圆圈，圆圆娟娟画圆圈。

娟娟画的圈连圈，圆圆画的圈套圈。

娟娟圆圆比圆圈，看看谁的圆圈圆。

这则绕口令考查的是对韵母“üɑn”的发音，“圆”“圈”“娟”这几个字连续反复出现，给这则绕口令增加了难度，试着快速流畅地读一读这则绕口令。

（七）棚和瓶

洪家地下有个棚，冯家房上有个瓶。

冯洪两家猫打架，弄倒了洪家的棚，打碎了冯家的瓶。

冯家要赔洪家的棚，洪家要赔冯家的瓶。

不知冯家要赔洪家的棚，还是洪家要赔冯家的瓶。

这则绕口令考查了两个韵母，你找出来了吗？“eng”“ing”对应着“棚”和“瓶”这两个字。在练习的时候要多加注意。

以上几则绕口令，只涉及了一部分的韵母，想必大家对于韵母的发音有了一个大体的了解。但对于韵母更多的知识，它的具体分类和发音要点等知识，让我们一起走进“知识仓库”去获取吧！

知识仓库

韵母是指一个音节中声母后面的部分。它主要由元音构成，例如 hɑ、he 中的 ɑ、e，也有一部分是由元音加辅音构成，如 xiān 中的 i、ɑ、n。普通话韵母共 39 个。普通话韵母的分类，常见的有两种方法。

一种是以韵头的不同作标准，可分为“开口呼”、“齐齿呼”、“合口呼”、“撮口呼”四类，即“四呼”。所谓四呼是按韵母的开头的介音口形命名的。

（1）开口呼：凡韵母不是 i、u、ü，或不以 i、u、ü 开头的韵母；

（2）齐齿呼：韵母是 i 和以 i 为韵头的韵母；

（3）合口呼：韵头是 u 和以 u 为韵头的韵母；

（4）撮口呼：韵母是 ü 和以 ü 为韵头的韵母。

另一种是以韵母的结构特点为标准的，可分为“单韵母”、“复韵母”、“鼻韵母”三类。

（一）单韵母

单韵母是由一个元音因素构成的韵母，也叫单元音韵母。普通话中十个元音音素都可以充当单韵母，所以普通话中单元音韵母共有十个。它们是 ɑ、o、e、ê、i、u、ü、-i（前）、-i（后）、er。根据它们的发音不同又可分为舌面元音韵母、舌尖元音韵母和卷舌元音韵母。

1. 舌面元音韵母

发音时舌面起主要作用的单元音韵母叫舌面元音韵母。普通话中有七个，它们是 ɑ、o、e、ê、i、u、ü。

2. 舌尖元音韵母

发音时舌尖起主要作用的元音韵母叫舌尖元音韵母。普通话中有两个：一个只跟在舌尖前声母 z、c、s 的后面，叫作舌尖前元音韵母，我们通常写作 -i（前）；一个只跟在舌尖后声母 zh、ch、sh、r 的后面，叫作舌尖后元音韵母，我们通常写作 -i（后）。

3. 卷舌元音韵母

普通话韵母中卷舌韵母只有一个 er。发音时，带有卷舌动作，所以叫作卷舌元音韵母。

（二）复韵母

它是由两个或三个元音复合而成的韵母，也可以称作复合元音韵母。普通话韵母中复合韵母共有 13 个，它们是 ɑi、ei、ɑo、ou、iɑ、ie、iɑo、iou、uɑ、uo、uɑi、uei、üe。根据主要元音韵腹在韵母中位置的不同，它们又可分为前响复韵母、中响复韵母和后响复韵母三类。

1. 前响复韵母

发音时前一个音念得重念得响亮，后一个音念得轻念得短，即前响后轻，所以叫前响复合元音韵母，简称前响复韵母。普通话韵母中有四个前响复韵母：ɑi、ei、ɑo、ou。

2. 后响复韵母

发音时前一个音念得轻些短些，后一个音要念得重些响亮些，即前轻后重，所以叫后响复合元音韵母，简称后响复韵母。普通话韵母中有后响复韵母五个，它们是 iɑ、ie、uɑ、uo、üe。

3. 中响复韵母

中响复合元音韵母都是由三个音素组成的，发音时两头轻、短，中间响亮，气流连贯，舌位移动的过程中有一个曲折。中响复合元音韵母也简称中响复韵母。普通话韵母中有中响复韵母四个 iɑo、iou、uɑi、uei。

（三）鼻韵母

鼻韵母是由元音加上一个鼻音韵尾 n 或 ng 构成韵母，又叫鼻尾音韵母，普通话共有鼻韵母十六个。这十六个鼻韵母可以根据韵尾的不同分为前鼻音韵母和后鼻音韵母。前鼻音韵母为 ɑn、en、in、ün、iɑn、uɑn、üɑn、uen，后鼻音韵母为 ɑng、eng、ong、ing、iɑng、iong、uɑng、ueng。

请对照下面的普通话韵母总表说一说韵母的分类方法。

普通话韵母总表

	开口呼	齐口呼	合口呼	撮口呼
单韵母	-i	i	u	ü
	ɑ	iɑ	uɑ	
	o		uo	
	e			
	ê	ie		üe
	er			
复韵母	ɑi		uɑi	
	ei		uei	
	ɑo	iɑo		
	ou	iou		
鼻韵母	ɑn	iɑn	uɑn	üɑn
	en	in	uen	ün
	ɑng	iɑng	uɑng	
	eng	ing	ueng	
	ong	iong		

沙场点兵

通过对韵母知识的学习，相信大家对韵母的分类有了很好地掌握。但是在具体的发音中，还有一些韵母是大家发不准、发不对以及容易混淆的。在韵母发音中，前后鼻音部分是很多方言区都存在的问题，下面我们将前后鼻音韵母作为重点进行加强练习。

n 是前鼻音，发音部位靠前，舌根压低，舌位向前运用，舌面较宽展；ng 是后鼻音，发音部位靠后，软腭抬高，舌根隆起，舌尖向后收缩。在普通话的系统中，前后鼻音韵母大多是成对出现的。前后鼻音韵母的问题，一般表现为相当一部分前后鼻音韵母相混淆或某部分缺失。有一部分方言区集中在“en、eng、in、ing”系列上，还有一部分方言区，在“ɑn、ɑng”系列上问题比较严重。

（一）ɑn 和 ɑng 系列的韵母发音练习

1. 字的练习

ɑn

安　班　参　胆　炭　凡　感　看

蓝 慢 难 盘 然 山 盼 杆

uan

穿 团 断 观 换 算 玩 转

船 湍 锻 冠 欢 蒜 万 赚

ang

昂 帮 藏 方 杠 胖 尚 章

肮 榜 舱 芳 港 庞 仗 裳

uang

窗 光 黄 狂 双 王 状 皇

闯 广 晃 矿 霜 网 撞 亡

2. 词的练习

(1) 对比练习

an ang

担心——当心 烂漫——浪漫 赞歌——藏歌 反问——访问

和善——和尚 一半——一帮 开饭——开放 心烦——新房

uan uang

机关——激光 新欢——心慌 环球——黄球 关头——光头

专修——装修 晚上——网上 阳关——阳光 完全——王权

(2) 连用练习

an ang

担当 繁忙 肝脏 站岗 南方 汉唐 绽放 赞赏

盎然 档案 防弹 怅然 钢板 当然 方案 账单

uan uang

观光 乱撞 端庄 宽广 船王 观望 专网 蒜黄

慌乱 皇冠 光环 网管 壮观 双管 狂乱 黄钻

3. 绕口令练习

床帮和船帮比长

床帮长，船帮长，
床帮比船帮短半船帮，
船帮比床帮长半船帮。
你说到底是床帮比船帮长，
还是船帮比床帮长。

扁担和板凳

扁担长，板凳宽，

扁担没有板凳宽，
板凳没有扁担长，
扁担绑在板凳上，
板凳不让扁担绑在板凳上，
扁担偏要绑在板凳上。

4. 诗词练习

古朗月行

李白

小时不识月，呼作白玉盘。
又疑瑶台镜，飞在青云端。
仙人垂两足，桂树何团团。
白兔捣药成，问言谁与餐?
蟾蜍蚀圆影，大明夜已残。
羿昔落九乌，天人清且安。
阴精此沦惑，去去不足观。
忧来其如何？凄怆摧心肝。

鹿柴

王维

空山不见人，但闻人语响。
返景入深林，复照青苔上。

鹤冲天

柳永

黄金榜上，偶失龙头望。明代暂遗贤，如何向？未遂风云便，争不恣游狂荡，何须论得丧。才子词人，自是白衣卿相。

烟花巷陌，依约丹青屏障。幸有意中人，堪寻访。且恁偎红倚翠，风流事、平生畅。青春都一晌。忍把浮名，换了浅斟低唱。

（二）en 和 eng 系列的韵母发音练习

1. 字的练习

en

恩	本	沉	粉	深	真	人	门
摁	奔	陈	坟	神	珍	任	闷

uen

轮	吞	顿	春	婚	村	准	困
论	屯	盾	唇	魂	存	谆	坤

eng

曾	城	灯	风	更	坑	梦	鹏
蹭	程	登	缝	耕	铿	蒙	彭

ong

龙	同	冻	冲	红	从	众	弄
笼	通	动	充	洪	葱	钟	农

2. 词的练习

(1) 对比练习

en eng

陈旧——成就	开门——开蒙	分数——枫树	阵势——证实
真挚——政治	功臣——工程	申明——声明	瓜分——刮风

uen ong

深蹲——生动	轮子——笼子	吞并——通病	臀部——同步
一寸——依从	理论——里弄	春风——冲锋	水准——水肿

(2) 连用练习

en eng

本能	真正	奔腾	门缝	深层	神圣	人生	纷争
成本	诚恳	证人	正门	憎恨	登门	缝针	能人

uen ong

稳重	文综	昆虫	尊重	蚊虫	论丛	顺从	混同
通顺	中文	农村	红润	公文	总论	共存	恭顺

3. 绕口令练习

进城

陈庄程庄都有城，陈庄城通程庄城。
陈庄城和程庄城，两庄城墙都有门。
陈庄城进程庄人，陈庄人进程庄城。
请问陈程两庄城，两庄城门都进人，
哪个城进陈庄人，哪个城进程庄人？

藤与绳

丝瓜藤，绕丝绳，丝绳绕上丝瓜藤。
藤长绳长绳藤绕，绳伸藤伸绳绕藤。

铜铃

东洞庭，西洞庭，洞庭山上一根藤，藤上挂铜铃。
风吹藤动铜铃动，风停藤定铜铃静。

4. 诗词练习

清明

杜牧

清明时节雨纷纷，路上行人欲断魂。
借问酒家何处有？牧童遥指杏花村。

滁州西涧

韦应物

独怜幽草涧边生，上有黄鹂深树鸣。
春潮带雨晚来急，野渡无人舟自横。

赠花卿

杜甫

锦城丝管日纷纷，半入江风半入云。
此曲只应天上有，人间能得几回闻。

临江仙

杨慎

滚滚长江东逝水，浪花淘尽英雄。是非成败转头空。青山依旧在，几度夕阳红。

白发渔樵江渚上，惯看秋月春风。一壶浊酒喜相逢。古今多少事，都付笑谈中。

回答

北岛

卑鄙是卑鄙者的通行证，
高尚是高尚者的墓志铭。
看吧，在那镀金的天空中，
飘满了死者弯曲的倒影。
冰川纪过去了，
为什么到处都是冰凌？
好望角发现了，
为什么死海里千帆相竞？
我来到这个世界上，
只带着纸、绳索和身影。
为了在审判之前，
宣读那些被判决的声音。
告诉你吧，世界，

我—不—相—信！
纵使你脚下有一千名挑战者，
那就把我算作第一千零一名。
我不相信天是蓝的，
我不相信雷的回声，
我不相信梦是假的，
我不相信死无报应。
如果海洋注定要决堤，
就让所有的苦水注入我心中。
如果陆地注定要上升，
就让人类重新选择生存的峰顶。
新的转机和闪闪星斗，
正在缀满没有遮拦的天空，
那是五千年的象形文字，
那是未来人们凝视的眼睛。

（三）in 和 ing 韵母发音的练习

1. 字的练习

in

斌	音	近	林	品	亲	心	吟
彬	因	进	霖	拼	琴	信	引

ing

兵	顶	宁	景	零	名	评	星
冰	定	拧	静	灵	明	瓶	姓

2. 词的练习

（1）对比练习

临时——零食	银钱——赢钱	今夕——京西	金银——经营
林子——领子	金帝——境地	盗印——倒映	金鱼——鲸鱼

（2）连用练习

新颖	心情	拼命	民兵	进行	心境	民警	聘请
听信	灵敏	精心	清新	轻音	影音	平民	静心

3. 绕口令练习

同姓和通信

同姓不能念成通信，通信不能念成同姓，
同姓可以通信，通信的可不一定同姓。

碰碰车

碰碰车，车碰碰，坐着朋朋和平平。
平平开车碰朋朋，朋朋开车碰平平。

放风筝

刮着大风放风筝，风吹风筝挣断绳。
风筝断绳风筝松，断绳风筝随风行。
风不停，筝不停，风停风筝自不行。

4. 诗词练习

登楼

杜甫

花近高楼伤客心，万方多难此登临。
锦江春色来天地，玉垒浮云变古今。
北极朝廷终不改，西山寇盗莫相侵。
可怜后主还祠庙，日暮聊为梁甫吟。

秋夕

杜牧

银烛秋光冷画屏，轻罗小扇扑流萤。
天阶夜色凉如水，坐看牵牛织女星。

定风波

苏轼

莫听穿林打叶声，何妨吟啸且徐行。竹杖芒鞋轻胜马，谁怕？一蓑烟雨任平生。

料峭春风吹酒醒，微冷，山头斜照却相迎。回首向来萧瑟处，归去，也无风雨也无晴。

陋室铭

刘禹锡

山不在高，有仙则名。水不在深，有龙则灵。斯是陋室，惟吾德馨。苔痕上阶绿，草色入帘青。谈笑有鸿儒，往来无白丁。可以调素琴，阅金经。无丝竹之乱耳，无案牍之劳形。南阳诸葛庐，西蜀子云亭。孔子云：何陋之有？

三、声调的训练

想要说出一口流利的普通话，不仅要把声母和韵母的音发标准，而且也要把每个字的声调发准确。声调具有区别词义的作用，所以，发不准声调，有可能会造成歧义或者误解。试着读一读下面的绕口令，看看你对声调的掌握怎么样。

抛砖引玉

（一）杰杰和姐姐

杰杰和姐姐，花园里面捉蝴蝶。
杰杰去捉花中蝶，姐姐去捉叶上蝶。

本则绕口令考查的重点是“杰杰”和“姐姐”这两个词的声调，这两个词没有连用，而且这则绕口令内容也较少，所以说读起来难度不是很大。

（二）接水

威威、伟伟和卫卫，
拿着水杯去接水。
威威让伟伟，伟伟让卫卫，
卫卫让威威，没人先接水。
一二三，排好队，
一个一个来接水。

在这则绕口令中，考查的是大家对于“阴平”“上声”“去声”三个声调的发音。“威威”的声调是阴平，“伟伟”的声调是上声，“卫卫”的声调是去声。

（三）瓜瓜笑娃娃

金瓜瓜，银瓜瓜，瓜棚上面结满瓜，
瓜瓜落下来，打着小娃娃，
娃娃叫妈妈，娃娃怪瓜瓜，瓜瓜笑娃娃。

本则绕口令中“瓜瓜”“妈妈”“娃娃”是重点训练的内容，其中“瓜瓜”和“妈妈”的声调是阴平，“娃娃”的声调是阳平。

（四）妞妞和牛牛

牛牛要吃河边柳，妞妞赶牛牛不走，
妞妞护柳牛扭头，牛牛扭头瞅妞妞，
妞妞扭牛牛更拗，牛牛要顶小妞妞，
妞妞捡起小石头，吓得牛牛扭头走。

这则绕口令读起来稍微有些难度，不仅是因为“妞妞”和“牛牛”这两个词的声调，而且还因为有一部分字涉及了韵母“iu”，“牛牛”“妞妞”“扭”“拗”这几个词，韵母都是相同的。当绕口令同时涉及韵母和声调时，读起来就会有一定难度。

（五）姥姥烙酪

姥姥烙酪，酪老，姥姥捞酪；
舅舅救鸠，鸠飞，舅舅揪鸠；
妈妈骑马，马慢，妈妈骂马；
妞妞轰牛，牛拧，妞妞拧牛。

这则绕口令是有一定难度的，每一行绕口令都有对声调的考查，而且每一行的字大部分都是同音字，只是声调不同，像第一句“姥姥烙酪，酪老，姥姥捞酪”，这十个字，声韵母完全相同，只是声调不同，这样就大大增加了绕口令的难度。

知识仓库

声调是音节在发音时的高低升降变化形式。汉语是有声调的语言，一个汉字作为一个音节，所以声调也叫字调。

声调具有区别语义的作用，它同声母、韵母一样构成音节不可缺少的部分。在汉语音节中，即使声母和韵母完全相同，但由于声调不同，它的读音和语义会有很大的差异。如主力（zhǔlì）、助理（zhùlǐ），买烟（mǎiyān）、卖烟（màiyān）。

声调受音高的影响，它是由发音时声带松紧变化而产生的音高变化决定的。声带越紧，声调越高；声带越松，声调越低。声带的松紧变化造成各种不同的平、升、曲、降的声调形式。在这里，我们只强调相对音高而忽略它的绝对音高。我们知道，一个人在不同的年龄阶段，不同情绪状态下，以及不同人之间发音时，它的绝对音高是不同的，但由于发同一个音时，它的声调走势相同，也就是它的相对音高一致，所以不影响人们交流时对语义的判断。这就说明，声调的性质取决于相对音高。

声调包括调值和调类两个方面。调值指音节高低升降曲直长短的变化形式，也就是声调的实际读法。构成调值的相对音高在读音上是连续的、渐变的，中间没有停顿、没有跳跃。调类是声调的种类，就是把调值相同的字归纳在一起所建立的类。普通话有四种基本调值，相应的也就有四种调类，称为阴平、阳平、上声和去声。

调类	调值	例字
阴平	55	高 诸 开 添 方 师
阳平	35	穷 沉 床 含 神 娘
上声	214	古 展 纸 口 丑 好
去声	51	盖 账 爱 唱 菜 汗

调号就是标记声调的符号。《汉语拼音方案》规定这四种声调的符号为：－（阴平）、／（阳平）、∨（上声）、＼（去声）。调号要标在元音的韵腹上。普通话语音10个元音中，开口度最大的是ɑ，其次是o、e，再次是i、u、ü。如果韵母是iu或ui的音节时，调号一律标在后一个元音上。调号标在i上时，i的一点可以省去。普通话里还有一种既轻又短的声调，叫做轻声。轻声不标调，如zhuōzi（桌子）、kànkan（看看）。

沙场点兵

阴平——调值为55，是高平调。发音时，声带绷到最紧，没有明显的变化，一直保持在高音。

阳平——调值为35，是中声调。发音时，声带从不松不紧开始，逐渐紧绷，到最紧为止，声音由不高不低到最高。

上声——调值为214，是降升调。发音时，声带从略微有些紧张开始，立刻松弛下来，稍微延长，然后迅速绷紧，但没有绷到最紧。上声的音长是四个声调中最长的。

去声——调值为51，是全降调。发音时，声带从紧绷到完全松弛，声音由高到低。

声调相对于声母和韵母来说，种类相对也较少，发音方面没有那么复杂，但是在日常生活的运用中，想要不出差错地说准声调也不是一件简单的事情。错误声调的存在一方面是由于方言的影响，另一方面是人们习惯性误读、多音字等因素的影响。下面将对声调进行训练。

（一）字词练习

1. 单字声调训练

阴平 安 边 参 家 三 微 均 租 忧 花

阳平 阳 残 豪 嫌 值 柴 神 华 邮 夹

上声 满 写 好 显 纸 沈 有 贾 扁 痒

去声 店 按 线 志 闹 画 柚 灿 烂 样

四声顺序 妈——麻——马——骂 参——残——惨——灿

歌——格——葛——个 凸——图——土——吐

2. 词语对比练习

天地——田地 练习——怜惜 才华——菜花 暗示——安适

出访——厨房 接触——杰出 启迪——妻弟 义务——衣物

展览——湛蓝 题材——体彩 讲究——将就 误会——无悔

整齐——蒸汽 地址——地质 展示——战事 精致——静止

3. 四声词语练习

(1) 同声调练习

春天花开	声东击西	江山多娇	居安思危
和平繁荣	闻名全球	儿童文学	洁白无瑕
理想美好	管理组长	猛打老虎	老李买伞
变幻莫测	万事俱备	意气用事	对症下药

(2) 顺序调练习

天然宝藏	英雄好汉	千锤百炼	身强体壮
山明水秀	花红柳绿	风调雨顺	雕虫小技

(3) 逆序调练习

破釜沉舟	万马齐喑	一往情深	异口同声
墨守成规	刻骨铭心	妙手回春	热火朝天

(二) 绕口令练习

老罗和老李

老罗拉了一车梨，老李拉了一车栗，
老罗人称大力罗，老李人称李大力，
老罗拉梨做梨酒，老李拉栗去换梨。

施氏食狮史

石室诗士施史，嗜狮，誓食十狮，氏时时适市，氏视十狮，恃矢势，使是十狮逝世，氏拾是十狮尸，适石室，石室湿，氏使侍拭石室，石室拭，氏始试食十狮尸，食时，始识是十狮，实十石狮尸，试释是事实。

(三) 诗词练习

登高

杜甫

风急天高猿啸哀，渚清沙白鸟飞回。
无边落木萧萧下，不尽长江滚滚来。
万里悲秋常作客，百年多病独登台。
艰难苦恨繁霜鬓，潦倒新停浊酒杯。

蝶恋花

苏轼

花褪残红青杏小。燕子飞时，绿水人家绕。枝上柳绵吹又少。天涯何处无芳草！

墙里秋千墙外道。墙外行人，墙里佳人笑。笑渐不闻声渐悄。多情却被无情恼。

（四）片段练习

不逢北国之秋，已将近十余年了。在南方每年到了秋天，总要想起陶然亭的芦花，钓鱼台的柳影，西山的虫唱，玉泉的夜月，潭柘寺的钟声。在北平即使不出门去罢，就是在皇城人海之中，租人家一椽破屋来住着，早晨起来，泡一碗浓茶，向院子一坐，你也能看得到很高很高的碧绿的天色，听得到青天下训鸽的飞声。从槐树叶底，朝东细数着一丝一丝漏下来的日光，或在破壁腰中，静对着像喇叭似的牵牛花（朝荣）的蓝朵，自然而然地也能感觉到十分的秋意。说道了牵牛花。我以为以蓝色或白色者为佳，紫黑色次之，淡红色最下。最好，还要在牵牛花底，教长着几根疏疏落落的尖细且长的秋草，使作陪衬。(选自郁达夫《故都的秋》)

四、语流音变的训练

普通话的声调有四种调类，称为阴平、阳平、上声和去声。你有没有发现，在日常交际中有些字虽然不是多音字，在顺着语流说出来的时候，声调却发生了变化，这到底是怎么回事呢?

（一）变调训练

抛砖引玉

（1）美好　　领导　　口渴　　总统

（2）一定　　一旦　　一切　　一共

（3）一年　　一支　　一口　　一捆

读一读上面四组词，你有没有发现有些字在读音上发生了变化。第一组中“美”“领”“口”“总”的声调是上声，而在“美好”“领导”“口渴”“总统”这四个词中，读出来就变成了阳平。而“一”在第二组和第三组的声调是不同的，分别是阳平和去声。这是一种什么现象呢?

在语流中，音节连续发音时，由于邻近音节声调的相互影响，有些音节的声调起了一定的变化，而与单字调值不同，这种变化就叫做“变调”。普通话的变调主要分为上声变调，“一”、“不”变调，去声、阴平、阳平的变调。

知识仓库

1. 上声的变调

普通话上声字除单念或在词尾、句尾时声调不变外，其他情况都要发生变化。可以说上声字声调的变化最大最多，它在与其他音节结合时，不是丢掉下降的部分，就是失掉上升的部分。

（1）上上相连时，第一个上声变成近似阳平（35），即由214变成35；在原为上声改读轻声的字音前，则有两种不同的变调，有的变阳平（35），有的变“半上声”（21）。

（2）上声在非上声（阴平、阳平、去声）前面变为半上，调值由214变为21；在原为非上声改读轻声的字音前，变调情况也相同。

2. 去声、阴平、阳平的变调

除上声外，阴阴相连、去去相连等词语，虽然第一个音节的声调也有一些变化，但它们和原声调的趋势、走向是完全一致的，只是在音高或音长上发生了一点点变化。

（1）两个去声相连，后一个如果不变轻声，前一个音节由全降变成半降，调值由51变为53。

（2）两个阴平相连，后一个如果不变轻声，前一个音节变成半阴调，调值由55变为44。

（3）两个阳平相连，后一个如果不变轻声，前一个音节变成半阳调，调值由35变为34。

3. “一”“不”的变调

（1）“一”的原声调是阳平（55）时，除了上声字之外，“一”的变调可以说是最多的。除单念、序数词和在词语句子末尾时念本调，其他情况都要发生声调的变化。在去声前读阳平（35），在非去声（阴平、阳平、上声）前读去声（51），夹在词语中间读轻声。

（2）“不”的原声调是去声（51）时，它的变调和“一”基本相同。“不”的读法有三种：在非去声前，单念，词语、句子末尾时，读原声调（51）；在去声前，读阳平（35）；夹在词语中间时，读轻声。

在汉语里，变调现象是普遍的。但是，用汉语拼音方案拼写音节时，习惯上不写变调而只标原声调。

沙场点兵

1. 上声的变调训练

上声＋上声：

水果　野草　勇敢　水桶　奖赏

美好　领导　许久　铁网　冷饮

上声＋上声＋上声：

很勇敢　小老虎　展览馆　冷水澡

上声＋阴平：

马车　铁丝　海军　始终　雨衣

指标　取经　产生　浅滩　好多

上声＋阳平：

语言　坦白　演员　彩虹　简洁

朗读　语流　改良　酒席　口型

上声＋去声：

解放　鼓励　讨论　守候　美丽

努力　挑衅　典范　妥善　巩固

上声＋轻声：

尾巴　里头　脑袋　伙计　老婆

起来　宝贝　眼睛　比方　打听

2. “一”的变调训练

“一”＋去声：

一架　一样　一切　一片

“一”＋非去声：

一般　一天　一根　一直

“一”在词中间：

拖一拖　谈一谈　管一管　说一说

3. “不”的变调训练

“不”＋去声：

不怕　不够　不露马脚　不屑一顾

“不”在词中间：

开不开　了不起　说不准　差不多

4. 绕口令练习

三个人一齐出大力

一二三，三二一，
一二三四五六七，
七六五四三二一。
一个姑娘来摘李，
一个小孩儿来摘栗，
一个小伙儿来摘梨。
三个人一齐出大力，
收完李子、栗子、梨，

一起提到市上去赶集。

一心一意

干什么工作都要一心一意，
表里如一，言行一致，埋头苦干；
情绪不能一高一低，一好一坏，
否则一落千丈，一蹶不振。

5. 语句练习

(1) 秋蝉的衰弱的残声，更是北国的特产；因为北平处处全长着树，屋子又低，所以无论在什么地方，都听得见它们的啼唱。

(2) 它不像汉白玉那样细腻，可以刻字雕花，也不像大青石那样的光滑，可以供来浣纱捶布。

(3) “大酒缸”门外，雪白的葱白正拌炒着肥嫩的羊肉；一碗酒，四两肉，有两三毛钱就可以混个醉饱。高粱红的河蟹，用席篓装着，沿街叫卖，而会享受的人们会到正阳楼去用小小的木锤，轻轻敲裂那毛茸茸的蟹脚。

(4) 我和妻子都是慢慢地，稳稳地，走得很仔细，好像我背上的同她背上的加起来，就是整个世界。

(二) 儿化

抛砖引玉

老头　　小孩　　喜事　　送信　　干活　　鞋带
烟嘴　　果壳　　胡同　　大伙　　鸭脖　　裤兜

读一读上面的词语，注意每个词最后一个字，你在读的时候，是把它的本音字正腔圆地发出来吗？其实你在读这些词的时候，最后一个字的韵母都已经加上了卷舌的动作。

普通话中有许多词汇的字音韵母因卷舌动作而发生音变现象，这种现象就叫做儿化。儿化了的韵母就叫“儿化韵”，其标志是在韵母后面加上 r。儿化后的字音仍是一个音节，但带儿化韵的音一般由两个汉字来书写，如芋儿（yùr）、老头儿（lǎotóur）等。

知识仓库

在普通话中，儿化具有区别词义、区分词性的功能，如“顶”作动词，“顶儿”作名词；“一点”是名词，指时间，“一点儿”作量词，是“少量、少许”的意思。在具有区别词义和辨别词性作用的语境中，该儿化处理的地方一定要儿化，否则就会产生歧义。

还有一类儿化是表示喜爱、亲切的感情色彩。如：脸蛋儿、花儿、小孩儿、电影儿。表示少、小、轻等状态和性质，也常常用到儿化。如：米粒儿、门缝儿、蛋黄儿。

儿化是否使韵母发生了音变，取决于韵母的最末一个音素发音动作是否与卷舌动作发生冲突（即前一个动作是否妨碍了后一个动作的发生），若两者发生冲突，妨碍了卷舌动作，儿化时韵母发音就必须有所改变。普通话中除er韵、ê韵外，其他韵母均可儿化。有些不同的韵母经过儿化之后，发音变得相同了，故归纳起来普通话39个韵母中只有26个儿化韵。

（1）以ɑ、o、ê、e、u作韵尾的韵母作儿化处理时，其读音变化不太大，卷舌动作与其本身的发音冲突不大，所以儿化时直接带上卷舌动作即可。如：

ɑ→ɑr：　哪儿 nǎr　手把儿 shǒubàr
iɑ→iɑr：　叶芽儿 yèyár　钱夹儿 qiánjiár
uɑ→uɑr：　画儿 huàr　浪花儿 lànghuār
o→or：　粉末儿 fěnmòr　竹膜儿 zhúmór
uo→uor：　眼窝儿 yǎnwōr　大伙儿 dàhuǒr
e→er：　小盒儿 xiǎohér　硬壳儿 yìngkér
ue→uer：　主角儿 zhǔjuér　木橛儿 mùjuér
ie→ier：　石阶儿 shíjiēr　字帖儿 zìtiěr
u→ur：　泪珠儿 lèizhūr　离谱儿 lípǔr
ɑo→ɑor：　小道儿 xiǎodàor　荷包儿 hébāor
ou→our：　老头儿 lǎotóur　路口儿 lùkǒur
iɑo→iɑor：　小调儿 xiǎodiàor　嘴角儿 zuǐjiǎor
iou→iour：　小球儿 xiǎoqiúr　顶牛儿 dǐngniúr

（2）韵尾音素以i、ü为主要元音的韵母作儿化处理时，因i、ü开口度较小，舌高点靠前，i、ü此时又是韵腹不能丢去，故与卷动作有冲突。处理的方法是先增加一个元音，再在此基础上卷舌。如：

i→ier：　锅底儿 guōdǐr　柳丝儿 liǔsīr　玩意儿 wányìr
ü→üer：　小曲儿 xiǎoqǔr　毛驴儿 máolǘr　有趣儿 yǒuqùr

（3）韵尾音素为i的韵母作儿化处理时，因i的发音动作与卷舌有所冲突，儿化时韵尾i丢失，在主要元音的基础上卷舌。如：

ɑi→ɑr：　大牌儿 dàpáir　窗台儿 chuāngtáir
ei→er：　同辈儿 tóngbèir　宝贝儿 bǎobèir
uɑi→uɑr：　糖块儿 tángkuàir　一块儿 yīkuàir
uei→uer：　口味儿 kǒuwèir　一对儿 yīduìr

（4）韵尾音素为 n 的韵母作儿化处理时，因为 n 的发音妨碍了卷舌动作，所以儿化的韵尾 n 音要丢失，在主要元音基础上卷舌。原来舌位在前的主要元音，儿化后其音的舌位向央、中方向后移，主要元音妨碍卷舌的 i、ü 时，要增加一个元音，再在此基础上卷舌。如：

an→ar：	顶班儿 dǐngbānr	传单儿 chuándānr
en→er：	亏本儿 kuīběnr	命根儿 mìnggēnr
ian→iar：	鸡眼儿 jīyǎnr	路边儿 lùbiānr
in→iar：	用劲儿 yòngjìnr	手印儿 shǒuyìnr
uan→uar：	好玩儿 hǎowánr	拐弯儿 guǎiwānr
uen→uer：	皱纹儿 zhòuwénr	开春儿 kāichūnr
üan→üar：	圆圈儿 yuánquānr	手绢儿 shǒujuànr
ün→üer：	合群儿 héqúnr	花裙儿 huāqúnr

（5）以舌尖前元音 -i（前）或舌尖后元音 -i（后）作韵尾的韵母作儿化处理时，因其发音的开口度小，且舌尖已接近齿背或前硬腭，已妨碍了卷舌动作，故儿化时应将其变为舌面、央、中、不圆唇元音，再在此基础上进行卷舌。如：

-i→er：	找刺儿 zhǎocìr	柳丝儿 liǔsīr
-i→er：	树枝儿 shùzhīr	找事儿 zhǎoshìr

沙场点兵

在知识仓库模块我们已经举了很多儿化韵的例子，请大家将上面的词多读几遍，以便较好地掌握儿化规律。下面我们将通过词句段篇的训练来练习儿化韵。

1. 词语练习

石子儿	挑刺儿	墨汁儿	小曲儿	花裙儿
有趣儿	门缝儿	肚脐儿	打杂儿	有劲儿
一点儿	一会儿	没准儿	快板儿	小鸡儿
浪花儿	带头儿	加塞儿	眼皮儿	花瓶儿

2. 绕口令练习

练字音儿

进了门儿，倒杯水儿，喝了两口儿运运气儿，顺手拿起小唱本儿，唱一曲儿，又一曲儿，练完了嗓子我练嘴皮儿。绕口令儿，练字音，还有单弦儿牌子曲儿，小快板儿，大鼓词儿，越说越唱我越带劲儿。

小哥俩儿

小哥俩儿，红脸蛋儿，手拉手儿，一块儿玩儿。小哥俩儿，一个班儿，一路上学唱着歌儿。学造句，一串串儿，唱新歌儿，一段段儿，学画画儿，不贪玩儿。画小猫儿，钻圆圈儿，画小狗儿，蹲庙台儿，画只小鸡儿吃小米儿，画条小鱼儿吐水泡儿。小哥俩，对脾气儿，上学念书不费劲儿，真是父母的好宝贝儿。

小杂货摊儿

我们那儿有个王小三儿，在门口儿摆着一个小杂货摊儿，卖的是酱油、火柴和烟卷儿、另外还有关东烟儿，红糖、白糖、花椒、大料瓣儿，鸡子儿、挂面、酱油、醋，冰糖葫芦一串儿又一串儿，花生、瓜子儿还有酸杏干儿。王小三儿，不识字儿，算账、记账，他净闹稀罕事儿。街坊买了他六个大鸡子儿，他就在账本上画了六个大圆圈儿。过了两天，人家还了他的账，他又在圆圈上画了一大道儿，可到了年底他又跟人家去讨账钱儿，鸡子儿的事早就忘在脑后边儿。人家说："我们还了账。"他说人家欠了他一串儿糖葫芦儿，没有给他钱儿。

3. 片段练习

最妙的是下点小雪呀。看吧，山上的矮松越发的青黑，树尖上顶着一髻儿白花，好像日本看护妇。山尖全白了，给蓝天镶上一道银边。山坡上，有的地方雪厚点，有的地方草色还露着，这样，一道儿白，一道儿暗黄，给山们穿上一件带水纹的花衣；看着看着，这件花衣好像被风儿吹动，叫你希望看见一点更美的山的肌肤。等到快日落的时候，微黄的阳光斜射在山腰上，那点薄雪好像忽然害了羞，微微露出点粉色。就是下小雪吧，济南是受不住大雪的，那些小山太秀气！

（节选自老舍《济南的冬天》）

4. 寓言故事练习

猴王吃西瓜

猴儿王找到了一个大西瓜，可是，怎么吃呢？这个猴儿啊，是从来也没有吃过西瓜。忽然，他想出了一条妙计，于是，把所有的猴儿都招集来了。

他清了清嗓子："今天，我找到了一个大西瓜。至于这西瓜的吃法嘛，我当然……当然是知道的。不过，我要考验一下大伙儿的智慧，看看谁能说出这西瓜的吃法。如果说对了，我可以多赏他一块儿。如果说错了，我可要惩罚他！"

大伙儿你看看我，我看看你，是谁也没有吃过西瓜。

小毛猴儿眨巴眨巴眼睛，挠了挠腮说："我知道，吃西瓜是吃瓤！""不对！小毛猴儿说得不对！”秃尾巴猴儿跳了起来：“我小的时候跟我妈去姥姥家，吃过甜瓜，吃甜瓜就是吃皮儿。我想，这甜瓜也是瓜，西瓜也是瓜，吃西瓜嘛，当然也是吃皮儿咯。”

这时候，大伙儿争执起来，有的说：“吃西瓜吃皮儿！”有的说：“吃西瓜吃瓤！”可争了半天，也没争出个结果，于是都不由得把目光集中到一个老猴儿的身上……

这老猴儿认为出头露面的机会来了，他捋了捋胡子，打扫了一下嗓子说：“这吃西瓜嘛，当然……当然是吃皮儿咯。我从小就爱吃西瓜，而且一直都是吃皮儿的。我想，我之所以老而不死，就是因为吃了这西瓜皮儿的缘故。”

大伙儿都欢呼起来：“对！吃西瓜吃皮儿！”“吃西瓜吃皮儿！”

猴儿王认为找到了正确答案，他站起身来，上前一步，开言道：“对！大伙儿说得对！吃西瓜是吃皮儿。哼！就小毛猴儿一个人说吃西瓜吃瓤，那就让他一个人吃吧！咱们大伙儿，都吃西瓜皮儿！”

西瓜一刀两半，小毛猴儿吃瓤。大伙儿，是共分西瓜皮儿。

有个猴儿吃了两口，就捅了捅旁边的说：“哎，我说这可不是滋味啊！”

“咳，老弟，我常吃西瓜，西瓜嘛，就是这味。”

（三）轻声训练

抛砖引玉

和同伴读一读下面这些词语，听一听同伴在读的时候，每个词最后一个字的字音发生了怎样的变化？

苗条　哈欠　粮食　窗户　学问　出息　木匠

报酬　冤枉　打量　规矩　暖和　玻璃　庄稼

读完这些词语，你有没有注意到每一个词的最后一个字的声调都跟它的本音不一样了呢？最后一个字在读的时候，声调都非常轻。

普通话的每一个音节都有它自己独立的声调，可是在语流中，许多词或句子中的音节发生了音变，整个音节弱化，失去了原有的声调而读成了一个又短又轻的调子，这种现象就叫轻声。需要大家注意的地方是，轻声不是四声之外的第五种声调，而是四声的一种特殊音变。普通话中真正总读轻声的字不多，而且在单念时，还要读它原有的声调。那轻声音变有什么规律和作用呢？

知识仓库

1. 轻声的性质

轻声在物理属性上的主要表现是音长变短，音强变弱。因受前一个字声调的影响，它在音高上的表现是不固定的。一般来说，上声字后头的轻声字的音高比较高，阴平、阳平字后头的轻声字偏低，去声字后头的轻声字最低。如果用五度标调符号表示，大致情况如下：

阴平字＋轻声字→·|²（半低） 趴下 他们 跟头 金的

阳平字＋轻声字→·|³（中调） 橘子 云彩 石头 银的

上声字＋轻声字→·|⁴（半高） 怎么 好的 里头 铁的

去声字＋轻声字→·|¹（低） 对呀 豆腐 木头 镍的

2. 轻声的作用

普通话中有些轻声音节具有区别意义和区分词性的作用。

（1）办事情不能大意。

（2）这篇文章的段落大意很清晰。

第一句中的“大意”是形容词，意思是“疏忽、粗心”的意思，“意”读轻声；第二句中的“大意”是名词，指的是“主要的、基本的意思”，“意”读去声。

沙场点兵

1. 词语练习

高粱 交情 窟窿 铺盖 来过 茄子 亲家

实在 媳妇 学问 生分 糊涂 尾巴 热闹

秀才 钥匙 火候 念叨 在乎 枕头 快活

戒指 客气 口袋 困难 凉快 马虎 哑巴

2. 句子练习

（1）我的任务是擦玻璃。

（2）相声是一门艺术。

（3）小姑娘的钥匙丢了。

（4）这个问题不容易明白，你给我讲讲。

3. 绕口令练习

聋子、笼子、虫子

聋子提笼子，笼子装虫子，

虫子咬笼子，聋子捉虫子。

天上日头

天上日头，嘴里舌头，

地上石头，桌上纸头。

大脚骨头，小脚趾头，

树上枝头，集上市头。

4. 诗歌练习

乡愁

余光中

小时候　乡愁是一枚小小的邮票
我在这头　母亲在那头
长大后　乡愁是一张窄窄的船票
我在这头　新娘在那头
后来啊　乡愁是一方矮矮的坟墓
我在外头　母亲在里头
而现在　乡愁是一湾浅浅的海峡
我在这头　大陆在那头

5. 片段练习

在逃去如飞的日子里，在千门万户的世界里的我能做些什么呢？只有徘徊罢了，只有匆匆罢了；在八千多日的匆匆里，除徘徊外，又剩些什么呢？过去的日子如轻烟却被微风吹散了，如薄雾，被初阳蒸融了；我留着些什么痕迹呢？我何曾留着像游丝样的痕迹呢？我赤裸裸来到这世界，转眼间也将赤裸裸地回去罢？但不能平的，为什么偏要白白走这一遭啊？（节选自朱自清《匆匆》）

我于是日日盼望新年，新年到，闰土也就到了。好容易到了年末，有一日，母亲告诉我，闰土来了，我便飞跑的去看。他正在厨房里，紫色的圆脸，头戴一顶小毡帽，颈上套一个明晃晃的银项圈，这可见他的父亲十分爱他，怕他死去，所以在神佛面前许下愿心，用圈子将他套住了。他见人很怕羞，只是不怕我，没有旁人的时候，便和我说话，于是不到半日，我们便熟识了。（节选自鲁迅《故乡》）

（四）“啊”的变读

抛砖引玉

读一读下面的句子，看一看句子里的语气词“啊”还是读它的本音“ɑ”吗？

（1）我的妈啊！　　谁的鞋啊？
（2）你别哭啊！　　都来瞧啊！
（3）快来看啊！　　我好困啊！

读完这三组句子，你有没有发现每一组句子里的语气词“啊”的读音都不一样了呢？在第一组句子中，“啊”的读音变成了“呀”，第二组句子里，“啊”的读音是“哇”，第三组句子，“啊”读成了“哪”。这其实是音变中“啊”的变读现象。

那为什么“啊”在不同的词后面变读情况不一样呢？这里面有什么规律可寻？让我们一起走进知识仓库去寻找答案吧！

知识仓库

普通话中的“啊”，是一个表达语气感情的基本声音。当作为叹词用在句首时，仍念“ɑ”的声音。它有阴平、阳平、上声和去声四种声调，这跟说话人思想感情的变化有着密切的关系。但是当“啊”作为语气助词处在句子末尾时，由于受前面那个音节末尾音素的影响，读音常发生变化，出现音变现象。

语气词“啊”的音变规律是：

前面的音素是ɑ、o（ɑo、iɑo除外）、e、ê、i、ü时，读“呀”（yɑ）；

前面的音素是u（包括ɑo、iɑo里的o）时，读“哇”（wɑ）；

前面的音素是n时，读“哪”（nɑ）；

前面的音素是ng时，读ngɑ，仍写成“啊”；

在zhi、chi、shi、er后念rɑ，在zi、ci、si后念zɑ。

掌握“啊”的变读规律，并不需要一一硬记，只要将前一个音节顺势连读“ɑ”（就像读声韵母拼音一样，其间不要停顿）就会读出“ɑ”的变音。另外还要看语句表达的是怎样的一种思想感情和怎样的一种心理意向，从而准确、灵活地确定“啊”的读音。

沙场点兵

1. 句子练习

（1）我是哥哥啊！

（2）有什么意义啊！

（3）慢点游啊！

（4）有点小啊！

（5）鱼很新鲜啊！

（6）他是个好人啊！

（7）人和动物一样啊！

（8）这是什么字啊！

（9）鱼这么多刺啊！

(10) 我和他认识啊！

(11) 饭凉了，你别吃啊！

2. 片段练习

我三叔啊、三婶儿啊，羊啊，养猪啊；还养鹅啊、鸭啊、鸡啊、兔啊、狗啊。我三叔啊、三婶儿啊，他们还承包了动物园啊，什么狮啊、虎啊、豹啊、狼啊、熊啊、猴啊，纷纷从各地引进。搞假山啊，让猴儿们，在山上爬啊、跳啊、玩啊；建水池啊，让狮啊、虎啊、豹啊、狼啊、熊啊，天天有澡洗呀。我三叔啊、三婶儿啊，他们除了合办畜牧场啊，承包动物园啊，还有其他心思啊，那就是招人才呀，办公司啊。

什么工程师啊、会计师啊、厨师啊、律师啊、主管啊、保安啊，他们全需要啊。啊！我也要去应聘哪。我是个能人啊，什么设计啊、画图啊、新品啊、市场啊，我全懂啊！只是不知三叔啊、三婶儿啊，他们会不会收下我这个侄儿啊！

第三节　普通话词汇与语法规范

一、词汇规范

在规范的普通话中，人们的发音不仅要准确，而且在运用词汇的时候，也不能出现错误。如果在言语交际中用错了词语，势必会影响交际效果。

(一) 词汇概说

抛砖引玉

下面五组词，你能说出它们的词性吗？

第一组：

市场　学校　行为　活动　工业　晚上

人才　事情　今天　作品　会议　价格

第二组：

生长　枯萎　发芽　结果　想念　打算

喜欢　希望　害怕　担心　批评　宣传

第三组：

认真　生动　美丽　精明　可爱　冰凉

开开心心　干干净净　松松散散　冷冷清清

第四组：

马上 立刻 曾经 居然 重新 不断

大概 果然 竟然 究竟 刚刚 的确

下面三组你能说出词的感情色彩吗？

第一组：

心慈面善 冰清玉洁 谈笑风生 高谈阔论

洗耳恭听 虚怀若谷 见贤思齐 赴汤蹈火

眉清目秀 不耻下问 器宇轩昂 临危不惧

第二组：

无奇不有 按部就班 无声无息 如此而已

一碧万顷 走马上任 抽薪止沸 源源不绝

千里迢迢 长夜漫漫 触景生情 稍安毋躁

第三组：

趋炎附势 见义忘利 狐假虎威 胡言乱语

三心二意 挑拨离间 为虎作伥 醉生梦死

纸醉金迷 过河拆桥 幸灾乐祸 六亲不认

下面十个句子中加粗的词语使用都有错误，错误的原因你能找出来吗？你平时在使用这些词语的时候，也会出现这些错误吗？

(1) 翘首西望，海面托着的就是披着银发的苍山。苍山如屏，洱海如镜，真是**巧夺天工**。

(2) 三月的呼伦贝尔大草原**草长莺飞**，春光迷人。

(3) 这部精彩的电视剧播出时，几乎**万人空巷**，人们在家里守着荧屏，街上显得静悄悄的。

(4) 兴华实业公司与菇农的纠纷，在有关方面调解无果后，不得不**对簿公堂**。

(5) 我本来就对那里的情况不熟悉，你却硬要派我去，这不是**差强人意**吗？

(6) 王教授已谈了这些，算是**抛砖引玉**，下面请诸位发表高见。

(7) 那是一张两人的合影，左边是一位英俊的解放军战士，右边是一位文弱的**莘莘学子**。

(8) 他只不过在做自己的事情，顺便帮了一下别人，没想到却受到了**不虞之誉**。

(9) 第二次世界大战时，德国展开了潜艇战，于是使用水声设备来寻找潜艇，成为同盟国要解决的**首当其冲**的问题。

(10) 刚一起跑，初三 (2) 班的夏丰就滑倒了，他爬起来奋力追赶，离终点 20 米时终于成为**后起之秀**，夺得 3000 米跑的第一名。

说好普通话不仅要发音准确，而且在词汇的使用上，也要得当，否则会影响交流。那词汇到底是什么，它的分类又有哪些，该怎样规范使用词汇呢?

知识仓库[①]

词汇又称语汇，是某一特定范围内语素、词和固定短语的总汇。特定范围可以是一种语言、一种方言、语言或方言的某一断代，也可以是一个人的、一本书的、一篇文章的，等等。如：汉语词汇、北方方言词汇、现代汉语词汇、古代汉语词汇、清朝时的吴方言词汇、鲁迅的词汇、《子夜》的词汇，等等。根据某种标准划分的语素、词、固定短语的集合也可以称词汇，如基本词汇、非基本词汇、外来词汇等。如果把语言比作一座宏伟的大厦的话，那么词汇就是大厦的各种建筑材料，语法规则是用这些建筑材料建成大厦的各种方式和方法。需要注意的是一个语素、一个词、一个固定短语不能叫词汇。

词汇是最能反映语言发达状态的，词汇越丰富，拥有该词汇的语言也就越发达。也正因如此，一个人要学习文化知识，就必须学习词汇，掌握的词汇量越大，知识就越丰富。

下面就先来介绍一下汉语词汇的基本分类，让大家对汉语词汇有一个基本认识。汉语的词按照性质可以分为实词和虚词，实词进一步分为名词、动词、形容词、数词、量词和代词，虚词包括副词、介词、连词、助词、拟声词和叹词。

1. 名词：表示人和事物名称的实词

黄瓜　　白菜　　拖拉机　　计算机

(1) 表示专用名称的叫做专用名词

云南　　上海　　李白　　白居易

(2) 表示抽象事物名称的叫做抽象名词

范畴　　思想　　质量　　品德

(3) 表示方位的叫做方位名词

上　　下　　左　　右　　前　　后

前面　　后边　　东边　　南面

---

① 邢福义主编：《现代汉语》，华中师范大学出版 2003 年版，第 169 页。

2. 动词：表示人或事物的动作、行为、发展、变化

学习　　起飞　　审查　　认识

（1）有的动词表示心理活动

重视　　注重　　尊敬　　了解

（2）有的动词表示能够、愿意的意思，叫做能愿动词

能够　　应该　　应当　　愿意

（3）还有一些动词表示趋向，叫做趋向动词

上来　　下去　　过来　　过去

3. 形容词：形容词表示事物的形状、样式、性质

死板　　奢侈　　胆小　　丑恶

4. 数词：数词是表示事物数目的词

一　　二　　两　　三　　七

十　　百　　千　　万　　亿

5. 量词：量词是表示事物或动作单位的词

个　　张　　只　　支　　本

寸　　尺　　丈　　斤　　吨

次　　回　　趟　　场　　下

6. 代词：代替名词、动词、形容词、数量词、副词的词

（1）人称代词

我　　他们　　汝　　吾辈

（2）疑问代词

谁　　怎么　　哪里　　什么

（3）指示代词

这　　那里　　此　　如此

7. 副词：副词总是用在动词、形容词前面做状语

十分　　马上　　立刻　　曾经

居然　　重新　　不断　　非常

8. 介词：介词总是同其他的词组合在一起，构成介词短语，做定语、状语和补语

把　　从　　向　　为　　为了

往　　于　　比　　被　　通过

9. 连词：连词可以连接词、短语、句子乃至段落

和　　及　　或　　又　　既

因为……所以　　不但……而且　　虽然……但是

10. 助词：附加在词、短语、句子上起辅助作用的词

（1）结构助词

的　　地　　得　　所　　似的

（2）动态助词

着　　了　　过

（3）语气助词

吗　　呢　　吧　　呐　　呀

11. 叹词：表示感叹、呼唤、应答的词叫做叹词

喂　　哟　　嗨　　哼　　哎呀

12. 拟声词：模拟声音的词

呜　　汪汪　　轰隆　　沙沙　　呼啦啦

（二）词汇的规范化

现代汉语规范化不仅是指语音的规范化，词汇规范化也是一个组成部分。相比较于语音和语法，词汇受社会发展的影响更大，词语更新速度快，因此词汇系统变化快，容易出现分歧。词汇同语音、文字的关系都很密切，语音和文字的规范一般都要考虑词汇的因素。因此词汇的规范也是现代汉语规范化的最重要最复杂的工作。

词汇规范就是依照词汇的内部规律进行人为的调整，以保证词汇向着健康的方向发展。词汇规范的标准是以北方方言词汇为基础，以北京话的词汇为核心，这是因为北方方言是普通话的基础方言，北京话是北方方言的代表。

词汇规范的对象主要是不符合词汇内部规律的词语，如词汇内部的冗余、分歧现象。比如网络上有人把“这样子”缩略为“酱紫”，还有一些缩略词如“细思极恐”“不明觉厉”“喜大普奔”“人艰不拆”等，就不符合词汇的内部规律。又如普通话已经有了表感叹的“呀、啊”等词，再把粤方言的“哇”吸收进来就是冗余。这些不规范的词汇运用都需要规范。

就当前的词汇现状来看，规范工作应集中在如下一些方面：①消除异读词语；②消除异形词语；③消除等义词语；④尽量减少同音词语；⑤尽量铲除生造词语，包括不合规范的缩略词语。除了对现有的词汇进行规范之外，还应对今后的新造词语、缩略词语和吸收外族、方言、古语语汇的现象给以正确引导，以保证词汇的健康发展。新造和吸收词语时，要根据需要、合乎规律、意义明确三项原则进行。

知识超链接

人民日报发文批网络用语称语言该规范还是要规范

"人艰不拆""累觉不爱""火钳刘明"这些词儿你都知道是什么意思吗？近年来，网络流行语可谓五花八门，近日，广电总局发出通知，要求各类广播电视节目和广告不得使用或介绍根据网络语言、仿照成语形式生造的词语，引发了广大网友的讨论。《人民日报》今日发表文章《评"网络新造词语流行"：语言该规范就要规范》，文章称有些网络用语就是不好好说话，并认为语言该规范还是要规范。

全文如下：

如何看待网络语言，是近些年争论不休的话题，近日，国家新闻出版广电总局发布《关于广播电视节目和广告中规范使用国家通用语言文字的通知》，再次引起了不小的震动，也引发了诸多不同意见。

网络语言如井喷般出现，已是不争的事实，这些新造语词不仅充斥网络，而且还影响到传统媒体和书刊，甚至成为许多年轻一代的交往用语。

其实，五花八门的网络语言，向来就分几种。其中一种早已有之，有的原意照搬，有的仅仅调换了某个字，有的不过是增添了新的义项罢了，由于在网络中被高频率运用，所以才增加了知名度。这类词汇，没有病症，一看便明白，即使与原意有所不同，但稍加解释就能一清二楚。"给力"，就不是一个新词；而"高大上"这样的说法，与已经使用了30多年的高大全也有鲜明的关联；"失联"，严格意义上还不能算是网络的发明，并且看了就懂；"拍砖"，在我小的时候，孩子们就常用；而"雷人""吐槽"等，不但源自方言，且理解起来也挺容易；"山寨"的新含义虽说很新，但一说"山寨版"，大多都能猜个八九不离十；"正能量"是个物理名词，最初来自翻译，不但被网络，实际也被所有人使用。至于"断舍离""打酱油""土豪"等等，也大体如此。

另外还有一种，也就是广电总局在通知中所说，是随意篡改、乱用成语，是仿照成语而生造词语。这类网络语词，如"晋善晋美""十动然拒""人艰不拆""累觉不爱""喜大普奔"等，不但毫无语言文化的延续性可言，而且表意含混，无一不是硬性缩略、强行拼装的结果。有人说这些词汇网民都能看得懂，只有不上网的人才难以理解，事实上，什么才是网民并无严格的说法，我相信，那些经常上网看新闻、查资料、读文章、发邮件的人也未必明白。有人认为对这些新造词不能一棍子打死，但诸如此类的生造词，恐怕都是病词，可取之处实在不多。

语言不断在发展，总是在演变，每个时代都有每个时代的词汇，这虽然是语言文化的历史，但所有发展和演变都有其内在的延续性，也都是大众生活的需要。最终替代文言文的白话文，并非凭空想象，也非生造而成，而是以早已普及的汉语口语为其基础。白话文所体现的历史延续性，最重要的就是保留了成语。成语是汉语的一大特色，显示了汉语的文化传统和历史渊源，肢解、伤害成语是对汉语的严重破坏。能够加入汉语传统，是我们的本事，而破坏则不能不说就是败家子了。

网络用语是语言文化在网络时代的发展结果，也是一种必然产物，但井喷很容易鱼龙混杂，有可能会损伤语言美的主干，尤其像“十动然拒”“人艰不拆”等等的出现，就是网络造词缺乏底线的反映，是一种滥造；而那些“我不能同意你更多”之类的话，根本就是对语言和译文的不负责任，叫“有话不好好说”才更贴切。这些生造词，既不是社会生活的需要，也无益于人际交流，最容易产生网络对文化的负面效应，所以，必要的规范和禁止无可非议。

语言是我们民族文化生存的基石，也是民族审美意识最鲜明的体现，爱惜我们的语言就是爱惜我们的文化。

在汉语词汇规范化的工作中，你认为我们应该怎么办呢？

沙场点兵

汉语中有许多敬辞和谦辞。敬辞，即表示对别人敬重的词语；谦辞，则是自我表示谦恭的词语。千百年来，中国人在人际交往中使用了许多敬辞和谦辞，这充分体现了中华民族礼仪之邦的优良传统，而且使用敬辞和谦辞还可体现一个人的文化修养。请与同伴一起练习使用谦辞和敬辞。

谦辞：

1. “家”字族：对别人称比自己辈分高或年纪大的亲属

家父/家严　　家母/家慈　　家叔　　家兄

2. “舍”字族：对别人称比自己辈分低或年纪小的亲属

舍弟　　舍妹　　舍侄　　舍亲　　舍间/舍下

3. “小”字族：谦称自己或与自己有关的人或事物

小弟　　小女　　小人　　小可　　小生

4. “老”字族：用于老年人谦称自己或与自己有关的人或事物

老朽　　老身　　老衲　　老尼　　老粗

5. “愚”字族：用于自己的谦辞

愚兄　　愚见

6. “拙”字族：谦称自己或跟自己有关的事物

拙作　拙笔　拙见　拙荆

7. “鄙、敝”字族：谦称自己或跟自己有关的事物

鄙人/敝人　鄙见　敝姓　敝处

8. “敢”字族：表示冒昧地请求别人

敢问　敢烦　敢请

敬辞：

1. “令”字族：用于对方的亲属或与对方有关系的人

令尊　令堂　令郎　令爱　令兄

2. “拜”字族：用于自己的行为动作涉及对方

拜望　拜辞　拜访　拜读　拜托

3. “奉”字族：用法同上

奉告　奉劝　奉还　奉陪　奉送

4. “恭”字族：表恭敬地对待对方

恭贺　恭请　恭候　恭迎　恭喜

5. “贵”字族：称与对方有关的事物

贵干　贵庚　贵姓　贵恙　贵子

6. “高”字族：称别人的事物

高见　高寿　高堂　高足　高论

7. “敬”字族：自己的行动涉及别人

敬告　敬贺　敬候　敬请　敬谢

8. “惠”字族：对方对自己的行为动作

惠存　惠顾　惠临　惠赠　惠允

9. “垂”字族：长辈或上级对自己的行动

垂询/垂问　垂爱　垂念　垂青

10. “屈”字族：请求别人做某事

屈驾　屈尊　屈就　屈居

11. “俯”字族：公文书信中用来称对方对自己的行动

俯就　俯念　俯察　俯允

12. “华”字族：尊称对方的有关事物

华诞　华堂　华章　华宗　华翰

13. “雅”字族：称对方的情意或举动

雅正　雅教　雅意

14. “贤”字族：用于平辈或晚辈

贤侄　　贤郎　　贤婿

谦敬辞口诀

家大舍小令外人　　小寒拙鄙称自身
高大尊贵又贤惠　　光雅拜赐皆用对
初次见面说久仰　　好久不见说久违
请人批评说指教　　求人原谅说包涵
求人帮忙说劳驾　　麻烦别人说打扰
求给方便说借光　　托人办事说拜托
看望别人说拜访　　请人勿送说留步
未及远迎说失迎　　等候客人说恭候
无暇陪客说失陪　　陪伴朋友说奉陪
问人干吗说贵干　　问人姓氏说贵姓
欢迎购买说惠顾　　贵宾来到说莅临
请人告诉说见告　　欢迎询问说垂询
谢人爱护说错爱　　称人爱护说垂爱
称人赠予说惠赠　　请人保存题惠存
请人收礼说笑纳　　归还原物说奉还
称人之家说贵府　　称己之家说寒舍
赞人见解说高见　　称己见解说拙见
称人父亲说令尊　　称己父亲说家父
称人母亲说令堂　　称己母亲说家母
称人儿子说令郎　　称己儿子说犬子
称人女儿说令爱　　称己女儿说小女
向人祝贺说恭喜　　求人看稿说斧正
求人解答用请问　　请人指点用赐教
看望别人用拜访　　宾客来到用光临
老人年龄叫高寿　　称己年龄叫虚度

二、普通话语法规范

语法相对于语音和词汇来说，与普通话的差异要小一些，但是语法受思维的影响，一旦形成错误的语法，是比较难改变的。所以语法规范的任务也是比较艰巨的。

抛砖引玉

下面的句子，都是不符合汉语语法规范的句子，你能找出它们的“病症”吗？

(1) 一位优秀的有20多年教学经验的一位国家队的篮球女教练。

(2) 夜深人静，想起今天一连串发生的事情，我怎么也睡不着。

(3) 我觉得这个答复，和对这些问题的调查处理，都是一种不负责任的态度。

(4) 解放前，爸爸和哥哥两人挣来的钱还不够养活一家人的生活。

(5) 虽然每天工作很忙，但他还是抓紧和同学研究或自己看书。

(6) 我们要尽一切力量使我国农业走上机械化，集体化。

(7) 我们向政府提意见是人民的责任。

(8) 有人主张接受，有人反对，他同意这种主张。

(9) 他请几个营的干部参加座谈会。

(10) 介绍菲律宾的一种权威著作。

(11) 在那个时候，报纸与我接触的机会是很少的。

上面这些句子的错误你找出来了吗？第一句和第二句的错误原因是相同的，都是修饰语的顺序不正确，第一句应该改为：国家队的一位有20多年教学经验的优秀的篮球女教练；第二句中“一连串”应修饰“事情”。第三句和第四句都是搭配不当，第三句应该把“是”改做“表现出”；第四句“养活”的只能是人，不能是生活。第五句和第六句缺失成分，第五句“抓紧”什么？“时间”一词不能省；第六句“走上”要求有一个名词做它的宾语，句子应是“走上……的道路”。第七句是句式杂糅，把“我们向政府提意见”和“向政府提意见是人民的责任”凑在一块儿，应该删去“我们”。第八句第九句和第十句都有歧义，第八句“这种主张”指代不明；第九句“几个”修饰“营”还是“干部”不清楚；第十句可以解释为“介绍——菲律宾的一种权威著作”，也可以解释为“介绍菲律宾的——一种权威著作”。第十一句是主客颠倒，应该是“我和报纸的接触”。

知识仓库[①]

(一) 语法是语言的结构规则

语法和语音、词汇是语言的三要素。语法对人们的言语行为具有极大的约束力。这表现在两个方面：

---

① 邢福义主编：《现代汉语》，华中师范大学出版社2003年版，第254—255页。

1. 语法规则规定着人们用词造句

在日常生活中，虽然我们可以使用很多词语来表达自己的意思，但是这些词语的顺序并不能随意改变。例如用 1、2、3 三个数字排成序列，可以有六种形式：123、132、213、231、321、312；但是，用“我”“吃”“饭”三个词，只允许有一个常用序列“我吃饭”，和一个在特定条件下使用的序列“饭我吃”（如“饭我吃，水果我不吃。”），其余的几种序列，在汉语里是不能接受的，因为违背了汉语语法规则。汉语语法一般要求主语在前，谓语在后，宾语位于动词之后。这三个词能够充当主语的有“我”和“饭”，但既能充当主语又能用“吃”作谓语中心的只有“我”。因此，“我”一般位于第一，其次是“吃”，“饭”位于第三。

2. 语法规则指示人们正确理解话语

人们在长期的交流中，形成了一套相对稳定的语法规则，使用同一种语法规则的人，能够比较顺利地理解对方的意思。例如“人民需要科学”和“科学需要人民”，两句话用词完全相同，但词的排列次序不同，它指示人们对这两句话要作不同的理解：前一句表示的是人民对科学的依赖关系，后一句表示的是科学对人民的依赖关系。又如“这支笔用了两个月”和“这支笔用了两个月了”，这两句话的不同仅仅在于一句末尾多用了一个“了”，前一句末尾少用了一个“了”。这个“了”的有无指示人们对这两句话应作不同的理解：前一句表示笔用完了，后一句表示还没用完。以上例子说明，句子的意思是词语按照一定的语法规则组合起来所表达的意思，不是词语所表概念的简单相加，要正确理解句意，除了要懂得组成句子的每个词语的意义，还要懂得词语组合以后产生的语法意义和语境意义。

（二）语法的特点

1. 语法具有抽象性

抽象的语法规则表现在人们说写的话语中，储存在人们的大脑里，它是客观存在的。任何语法规则都是从许多个别的、具体的词的组合和句的组合中分析抽象出来的，因此每一条规则往往涉及一整类词、短语或句子的结构。例如汉语语法中有“名词不能用‘不’否定”这么一条规则，这条规则几乎可以管住所有的名词，如“学生、群众、老头、妇女、同志、叔叔、笔、杉木、蜗牛、猎豹”等等，前面都不能出现“不”。

2. 语法具有递归性

“递归”借自数学术语，在语法里指某种语法规则在句法结构里可以重复使用，不断地进行同功能单位转换。例如名词前边加定语构成偏正结构，再以偏正结构作中心语，前边加定语构成扩展的偏正结构，如“教师”前边可以加定语“小学”构成“小学教师”偏正短语，而“小学教师”前边还可以加定语“优秀的”构成“优秀的小学教师”这个偏正短语。从理论上讲，可以无限制地替换扩展下去，句法结构因此由简单变得复杂，以满足表达的需要。

3. 语法具有稳固性

语法的稳固性是相对语音、词汇而言的。其稳固性主要表现在历史继承性和不可渗透性两个方面。语法的历史继承性，可以从汉语的发展中很明显地看出。现代汉语“主+动+宾”这种结构在甲骨文中就已存在。如“河杀我？河不杀我?”。(董作宾《殷墟文字乙编中辑》) 其中“河杀我”就是“主+动+宾”结构。语法的不可渗透性，可以从语言的接触中看出来。在漫长的人类社会中，不同语言的人们在进行接触的时候，会相互借鉴一些词语，如汉语中引入的外来词“沙发”“芭蕾”“啤酒”。在汉语中存在着大量这种外来词，但语法体系受到的影响却很小。外文汉译时必须接受汉语语法规则的支配，如英语中短语或从句作定语时放在中心语之后，但译成汉语时，必须把定语放在中心语之前。

4. 语法具有民族性

人类思维的规律是一致的，但不同民族表达同一思维的语法形式却不尽相同。例如，汉语数词与名词间要出现量词，如“一支笔”，而英语则不需要量词，直接用“a pen”来表示。汉语名词性偏正结构是“定+中”，而傣语的则是“中+定”。汉语的动宾结构是“动+宾”，而日语的则是“宾+动”。英语的谓语动词有词形变化，而汉语的则没有。

（三）语法规范

现代汉民族共同语言语法的规范，由典范的现代白话文著作的一般用例表现出来。符合事理和符合群众习惯是我们进行语法规范时要遵循的两个原则。语法规范建立在符合事理的基础之上，更建立在群众习惯的基础之上。

首先，语言同思维的关系是非常紧密的。思维是客观事物在人的头脑中的反映，因此语言同客观事物之间会有相当大的一致性，必然语法的规范也就同客观事物的状况和规律具有很大一致性。语法应该符合客观事物的规律，比如我们可以说“我去学校”，但是我们不能说“学校去我”。因为“学校”作为一个主体不具有行动力，因此也就不能发出动作。当然，这不是说，语言和思维是完全一致的，事理就是语法。语法除了受事理的影响之外，还要符合人民群众的习惯。

例如“壶开了，你快去把水灌上!”这“壶开了”实际上是指水开了。

“他喜欢吃核桃”，这“核桃”指核桃肉，核桃壳是不在内的。这些都是群众的习惯说法，不能认为是句子成分搭配不当。

客观事理和群众习惯这两者比较起来，群众习惯更有群众性。这一点，在语法单位的语义搭配上表现得最为明显。例如，“美丽”和“漂亮”这对同义词，形容姑娘时两个都可以用，形容小伙子时只能用“漂亮”不用“美丽”，而“美丽的山河”却不能说成“漂亮的山河”，相反的，“这一仗打得真漂亮”又不能说成“这一仗打得真美丽”。群众的这些习惯是不能违反的，违反了就要产生语病，即使是事理上说得通也无济于事。

沙场点兵

歧义也是语病的一种，由于汉语的博大精深，出现很多有意思的歧义句。分析一下，他们之间为什么会出现误会呢?

（一）有意思的歧义

（1）甲说：“让我给你算算账。”
丁说：“我哪里得罪你了?”
甲说：“你想哪去了！俺是看你值不值得去做。”

（2）甲说：“我就爱你这老古董。”
庚说：“我有那么老吗?”
甲说：“你想哪去了！我觉得像你这实诚的人金贵。”

（3）甲说：“你真不识东西啊。”
乙说：“你才不是东西!”
甲说：“你想哪去了！我说的是南北东西的东西。”

（4）甲说：“看看这黄色也不错的。”
辛说：“你这人咋那么下流啊。”
甲说：“你想哪去了！我说的是赤橙黄绿青蓝紫的黄颜色。”

（5）甲说：“你知道我的包袱在哪里吗?”
戊说：“你别跟我兜圈子，我不吃你这一套。”
甲说：“你想哪去了！我说的是用布包起来的包儿。”

（6）甲说：“那人说话水分可大了。”
壬：“看他唾沫星子乱溅，我就知道湿湿的。”
甲说：“你想哪去了！我说的是他话中不真实的成分多。”

（7）甲说：“我觉得你这人很有意思。”
己说：“你到底让我怎么样啊?”
甲说：“你想哪去了！我觉得你这人是可交的朋友。”

（8）甲说："我建议你还是走后门好。"
　　丙说："我不必买人家的账啊？"
　　甲说："你想哪去了！我说的是前后门的后门。"

（二）锤不破

杀猪的和卖茶的打赌。

杀猪的说："用铁锤锤蛋锤不破。"

卖茶的说："锤得破！"

杀猪的说："锤不破！"

卖茶的不服气，拿来一个鸡蛋，用锤子使劲打下去，鸡蛋破了。说："这不是破了吗？"

杀猪的说："蛋是破了，可我说的是锤不破啊！"说着他指指铁锤。

附录：普通话水平测试大纲（总论）

一、导语

国家推广全国通用的普通话。普通话是以汉语文授课的各级各类学校的教学语言；是以汉语传送的各级广播电台、电视台的规范语言，是汉语电影、电视剧、话剧必须使用的规范语言；是我国党政机关、团体、企事业单位干部在公务活动中必须使用的工作语言；是不同方言区以及国内不同民族之间人们的通用语言。

掌握和使用一定水平的普通话，是进行现代化建设的各行各业人员，特别是教师、播音员、节目主持人、演员等专业人员的职业素质。因此，有必要在一定范围内对某些岗位的人员进行普通话水平测试，并逐步试行持等级证书上岗制度。

普通话是汉民族的共同语，规范化的现代汉语、共同的语言和规范化的语言是不可分割的，没有一定的规范就不可能做到真正的共同。普通话的规范指的是现代汉语在语音、词汇、语法各方面的标准。普通话水平测试是推广普通话工作的重要组成部分，是使推广普通话工作逐步走向科学化、规范化、制度化的重要举措。推广普通话促进语言规范化，是汉语发展的总趋势。普通话水平测试工作的健康开展必将对社会的语言生活产生深远的影响。

普通话水平测试不是普通话系统知识的考试，不是文化水平的考核，也不是口才的评估，是应试人运用普通话所达到的标准程度的检测和评定。根据国家语言文字工作委员会、国家教育委员会、广播电影电视部《关于开展普通话水平测试工作的决定》，普通话水平测试工作先在一定范围内对某些岗位的人员实行。（详见《决定》）

汉语方言复杂，语音乃至词汇、语法因时因地而异，有的地方话较为接近普通话的标准，而有的地方话跟普通话的标准则存在较大的差异。进行普通话水平测试必须坚持统一的标准，坚持测试的科学性和严肃性。鉴于普通话在一些地区还不够普及，以往在推广普通话工作中普及和提高的工作结合得还不够紧密，应该从实际出发，在一段时间内，对不同的方言区要求上要有所区别。

为了便于操作和突出口头检测的特点，测试一律采用口试。普通话有口语和书面语两种形式。测试也必须采取有文字凭借和没有文字凭借两种方式进行。有文字凭借的部分要包括适量的语音、词汇、语法的检测项，各类题目要有明确的目的、要求。要选取编制较好的试卷进行信度、区别度和难度分析，通过分析的试卷可以在测试机构内作为标准试卷推广使用，并逐步建立测试题库。

二、试卷编制和评分办法

试卷包括五个部分：

2·1 读单音节字词 100 个（排除轻声、儿化音节）。

目的：考察应试人声母、韵母、声调的发音。

要求：100 个音节里，每个声母出现一般不少于 3 次，方言里缺少的或容易混淆的酌量增加 1－2 次；每个韵母的出现一般不少于 2 次，方言里缺少的或容易混淆的韵母酌量增加 1－2 次。

字音声母或韵母相同的要隔开排列。不使相邻的音节出现双声或叠韵的情况。

评分：此项成绩占总分的 10%，即 10 分。读错一个字的声母、韵母或声调扣 0.1 分。读音有缺陷每个字扣 0.05 分。一个字允许读两遍，即应试人发觉第一次读音有口误时可以改读，按第二次读音评判。

限时：3 分钟。超时扣分（3－4 分钟扣 0.5 分，4 分钟以上扣 0.8 分）。

读音有缺陷只在 2·1 读单音节字词和 2·2 读双音节词语两项记评。读音有缺陷在 2·1 项内主要是指声母的发音部位不准确，但还不是把普通话里的某一类声母读成另一类声母，比如舌面前音 j、q、x 读得太接近 z、c、s；或者是把普通话里的某一类声母的正确发音部位用较接近的部位代替，比如把舌面前音 j、q、x 读成舌叶音；或者读翘舌音声母时舌尖接触或接近上腭的位置过于靠后或靠前，但还没有完全错读为舌尖前音等；韵母读音的缺陷多表现为合口呼、撮口呼的韵母圆唇度明显不够，语感差；或者开口呼的韵母开口度明显不够，听感性质明显不符；或者复韵母舌位动程明显不够等；声调调形、调势基本正确，但调值明显偏低或偏高，特别是四声的相对高点或低点明显不一致的，判为声调读音缺陷。

这类缺陷一般是成系统的，每个声调按5个单音错误扣分。2·1和2·2两项里都有同样问题的，两项分别都扣分。

2·2 读双音节词语50个。

目的：除考查应试人声母、韵母和声调的发音外，还要考查上声变调、儿化韵和轻声的读音。

要求：50个双音节可视为100个单音节，声母、韵母的出现次数大体与单音节字词相同。此外，上声和上声相连的词语不少于2次，上声和其他声调相连不少于4次；轻声不少于3次；儿化韵不少于4次（ar ur ier üer），词语的排列要避免同一测试项的集中出现。

评分：此项成绩占总分的20%，即20分。读错一个音节的声母、韵母或声调扣0.2分。读音有明显缺陷每次扣0.1分。

限时：3分钟。超时扣分（3－4分钟扣1分，4分钟以上扣1.6分）。

读音有缺陷所指的除跟2·1项内所述相同的以外，儿化韵读音明显不合要求的应列入。

2·1和2·2两项测试，其中有一项或两项分别失分在10%的，即2·1题失分1分，或2·2题失分2分即判定应试人的普通话水平不能进入一级。

应试人有较为明显的语音缺陷的，即使总分达到一级甲等也要降等，评定为一级乙等。

2·3 朗读从《测试大纲》第五部分朗读材料（1－50号）中任选。

目的：考查应试人用普通话朗读书面材料的水平，重点考查语音、连读音变（上声、“一”、“不”），语调（语气）等项目。

计分：此项成绩占总分的30%。即30分。对每篇材料的前400字（不包括标点）做累积计算，每次语音错误扣0.1分，漏读一个字扣0.1分，不同程度地存在方言语调一次性扣分（问题突出扣3分；比较明显，扣2分；略有反应，扣1.5分。停顿、断句不当每次扣1分；语速过快或过慢一次性扣2分。

限时：4分钟。超过4分30秒以上扣1分。

说明：朗读材料（1－50）各篇的字数略有出入，为了做到评分标准一致，测试中对应试人选读材料的前400个字（每篇400字之后均有标志）的失误做累积计算；但语调、语速的考查应贯穿全篇。从测试的要求来看，应把提供应试人做练习的50篇作品作为一个整体，应试前通过练习全面掌握。

2·4 判断测试

目的：重点考查应试人员全面掌握普通话词汇、语法的程度。题目编制和计分：此项成绩占总分的10%，即10分。

判断（一）：根据《测试大纲》第三部分，选列十组普通话和方言说法不同的词语（每组至少有两种不同的说法），由应试人判断哪种说法是普通话的词语。错一组扣0.25分。对外籍人员的测试可以省去这个部分，判断（三）的计分加倍。

判断（二）：根据《测试大纲》第四部分抽选5个量词，同时列出可以与之搭配的10个名词，由应试人现场组合，考查应试人掌握量词的情况。搭配错误的每次扣0.5分。

判断（三）：根据《测试大纲》第四部分，编制5组普通话和方言在语序或表达方式上不一致的短语或短句（每组至少有两种形式），由应试人判定符合普通话语法规范的形式。判断失误每次扣0.5分。

在口头回答时，属于答案部分的词语读音有错误时，每次扣0.1分；如回答错误已扣分就不再扣语音失误分。

限时：3分钟。超时扣0.5分。

2·5 说话

目的：考查应试人在没有文字凭借的情况下，说普通话的能力和所能达到的规范程度。以单向说话为主，必要时辅以主试人和应试人的双向对话。单向说话：应试人根据抽签确定的话题，说4分钟（不得少于3分钟，说满4分钟主试人应请应试人停止）。

评分：此项成绩占总分的30%，即30分。其中包括：

（1）语音面貌占20%，即20分。其中档次为：

一档20分语音标准；

二档18分语音失误在10次以下，有方音不明显；

三档16分语音失误在10次以下，但方音比较明显；或方音不明显，但语音失误大致在10次－15次之间；

四档14分语音失误在10次－15次之间，方音比较明显；

五档10分语音失误超过15次，方音明显；

六档8分语音失误多，方音重。

语音面貌确定为二档（或二档以下）即使总积分在96以上，也不能入一级甲等；语音面貌确定为五档的，即使总积分在87分以上，也不能入二级甲等；有以上情况的，都应在等内降等评定。

（2）词汇语法规范程度占5%。计分档次为：

一档5分词汇、语法合乎规范；

二档4分偶有词汇或语法不符合规范的情况；

三档3分词汇、语法屡有不符合规范的情况。

（3）自然流畅程度占5%，即5分。计分档次为：

一档5分自然流畅；

二档4分基本流畅，口语化较差（有类似背稿子的表现）；

三档3分语速不当，话语不连贯；说话时间不足，必须主试人用双向谈话加以弥补。

试行阶段采用以上评分办法，随着情况的变化应适当增加说话评分的比例。

三、试卷的分型和样卷

3·1普通话水平测试试卷按照测试对象的不同分为Ⅰ型和Ⅱ型两类

Ⅰ型卷主要供通过汉语水平考试（HSK）申请进行普通话水平测试的外籍或外族人员使用。Ⅰ型卷的出题范围是：

（1）单音节字词和双音节词语都从《测试大纲》第二部分的〔表一〕选编，其中带两个星号的字词占60%，带一个星号的字词占40%。测试范围只限于〔表一〕。

（2）朗读材料的投签限制在40个之内，依字数的多少减去字数较多的10篇。

由于普通话水平测试处于试行阶段，同时考虑到在校学生的学习负担，所以在1996年12月底以前，对中等师范学校和中等职业学校有关专业的学生以及小学教师进行普通话水平测试时也采用Ⅰ型卷。

Ⅱ型卷供使用Ⅰ型卷人员以外的应试人员使用。Ⅱ型卷的出题范围是：

（1）单音节字词和双音节词语按比例分别从《测试大纲》第二部分的〔表一〕和〔表二〕选编。选自〔表一〕占70%，其中带两个星号的占40%，带一个星号的占30%；选自〔表二〕的占30%。

（2）朗读材料（1－50号）全部投签。

3·2样卷（不是标准卷，未经信度、区别度、难度分析）

Ⅰ型卷

（1）读单音节字词100个

吵 北 爱 词 岸 半 加 读 埠 菜
灯 脆 动 兵 春 洗 鱼 下 炸 贡
热 自 破 蛇 我 鞋 坐 助 杂 疋
思 沙 许 芽 抓 跃 嘴 咬 税 头
搜 天 完 味 幼 腿 小 暂 元 战
尊 专 香 庄 厅 翁 兄 争 损 真

弱　略　内　猫　所　驴　苗　流　门　老
您　乱　穷　金　矿　容　亲　胖　泉　评
青　让　群　君　枪　空　瓜　风　会　耕
黑　根　口　火　接　快　二　分　富　记

以上100个字词，都选自〔表一〕，其中带两个星号的60个；带一个星号的40个。

覆盖声母情况：b：4，p：3，m：3，f：4，d：3，t：4，n：2，l：5，g：3，k：4，h：3，j：5，q：6，x：7，zh：8，ch：2，sh：3，r：4，z：9，c：3，s：4，零声母：13。

覆盖韵母情况：i：2，－i（前）：3，－i（后）：1，u：3，ü：3，ɑ：4，iɑ：3，uɑ：2，o：1，uo：5，e：2，ie：2，üe：2，ɑi：2，uɑi：1，ei：3，uei：6，ɑo：3，iɑo：3，ou：3，iou：2，ɑn：4，iɑn：1，uɑn：3，üɑn：2，en：4，in：3，uen：3，ün：2，ɑng：2，iɑng：2，uɑng：2，eng：4，ing：4，ueng：1，ong：3，iong：2，er：1。

（2）读双音节词语50个

皮肤　报纸　女儿　玻璃　罪恶　哀悼　烹调　名字
通商　大学　木匠　的确　年头儿　旅游　萝卜　天真
光荣　灵魂　功夫　开会　选举　家伙　小孩儿　敏捷
所以　教师　权限　率领　人质　群众　内脏　响应
完整　英雄　阐述　乘客　处理　玩意儿　愉快　政策
音乐　委员　有用　云彩　写作　参照　纤维　一会儿
挖掘　金鱼儿

以上50双音节词语都选自〔表一〕，其中带两个星号的30个（60个音节），带一个星号的20个（40个音节）。

覆盖声母情况：b：3，p：2，m：3，f：2，d：4，t：4，n：3，l：6，g：2，k：3，h：5，j：7，q：3，x：8，zh：7，ch：3，sh：4，r：2，z：4，c：3，s：2，零声母：21。

覆盖韵母情况：i：3，－i（前）：1，－i（后）：3，u：5，ü：5，ɑ：1，iɑ：1，uɑ：1，o：2，uo：4，e：2，ie：2，üe：4，ɑi：4，uɑi：2，ei：2，uei：4，ɑo：4，iɑo：3，ou：1，iou：2，ɑn：2，iɑn：4，uɑn：2，üɑn：3，en：2，in：3，uen：1，ün：2，ɑng：2，iɑng：2，uɑng：1，eng：4，ing：5，ong：4，iong：2，er：1。

含有5个轻声音节；儿化韵5个（tour，hair，yir，huir，yur）；上声接上声音节3对，上声接去声、阳平音节9对。

（3）朗读：抽签选定朗读材料，从1－50号作品中选字数较少的40篇投签。

评分办法：详见2·3节。

（4）选择、判断

1）从每组词中选出普通话的词语

①日里　日时　白天　日中　日头　②鼻　鼻子　鼻公　鼻哥　鼻头

③冰箸　冰棒　雪条　冰棍儿　④吾爱　勿要　不要　吾要

⑤苍蝇　乌蝇　胡蝇　蚨蝇　⑥屎窖　屎坑　厕所　粪坑厝

⑦吹牛　吹大炮　车大炮　⑧银纸　纸票　钞票　铜钿　纸字

⑨卵糕　鸡卵糕　蛋糕　⑩丢失　螺脱　吾见

2）正确搭配下面的量词和名词

把　根　棵　条　所

住宅　裤子　白菜　学校　竹竿　钥匙　毛巾　剪刀　柳树　冰棍儿

（例如：一条——鱼）

3）指出每组符合普通话的说法

①给本书我。/给我一本书。/把本书我。

②别客气，你走头先。/别客气，你走先。/别客气，你先走。

③他比我高。/他高过我。/他比我过高。

④这事我晓不得。/这事我知不道。/这事我不知道。

⑤你有吃过饭没有？/你吃过饭没有？

（5）说话：抽签选定题目，说4分钟。

Ⅱ型卷

（1）读单音节词100个

披　饿　街　歌　日　坡　雪　科　缩　册

麻　旅　季　池　利　思　砸　租　撇　奶

蛆　漱　碑　藕　镖　勺　雁　瞟　剜　臊

月　套　歪　跳　位　摔　药　岁　篮　桥

爹　怀　财　袄　拽　否　皙　沟　串　蚌

癣　闩　秦　碱　裆　邢　晕　脓　润　凝

电　夏　矿　软　先　准　信　人　花　群

罐　嫩　权　狂　翁　坑　巷　荒　绒　增

鳃　哑　哇　铐　釉　淌　庸　舔　迥　佛

奖　跟　寸　脏　冬　山　走　二　上　牛

以上100个字词中有70个选自〔表一〕，其中带两个星号的40个，带一个星号的30个；另外30个选自〔表二〕。〔表二〕里单音节字词很少，为了反映普通话的语音系统，可以选取个别双音节词里的某一音节编题。

覆盖声母情况：b：3，p：4，m：1，f：2，d：4，t：4，n：5，l：3，g：4，k：5，h：3，j：5，q：5，x：7，zh：2，ch：2，sh：6，r：5，z：5，c：4，s：5，零声母：16。

覆盖韵母情况：i：4，－i（前）：1，－i（后）：2，u：3，ü：2，a：2，ia：1，ua：2，o：1，uo：1，e：4，ie：3，üe：2，ai：1，uai：4，ei：1，uei：2，ao：5，iao：5，ou：4，iou：1，an：3，ian：5，uan：5，üan：2，en：3，in：2，uen：3，ün：2，ang：5，iang：3，uang：5，eng：2，ing：2，ueng：1，ong：3，iong：2，er：1。

（2）读双音节词语50个

存在　窗户　抽象　尾巴　老板　同盟　聘请　恳切
扰乱　绿化　耳朵　苹果　纠正　承认　庄稼　耍弄
蘑菇　角色　暴虐　会计　大伙儿　非常　美好　否则
解放　隧道　快餐　脉搏　墨水儿　落选　左右　突击
批准　蜜蜂　有点儿　喧嚷　时光　小曲儿　司法　善良
边卡　汤圆　凉爽　俊俏　王冠　拥戴　琼脂　迥然
讹诈　昂首

以上50个双音节词语，选自〔表一〕的35个，其中带两个星号的20个，带一个星号的15个；另外15个选自〔表二〕。

覆盖声母情况：b：5，p：3，m：6，f：5，d：5，t：3，n：2，l：6，g：4，k：3，h：4，j：8，q：6，x：4，zh：5，ch：4，sh：6，r：4，z：3，c：2，s：3，零声母：9。

覆盖韵母情况：i：4，－i（前）：1，－i（后）：2，u：3，ü：2，a：4，ia：2，ua：2，o：3，uo：5，e：3，ie：2，üe：2，ai：1，uai：2，ei：2，uei：3，ao：5，iao：2，ou：3，iou：3，an：4，ian：2，uan：2，üan：3，en：2，in：1，uen：2，ün：1，ang：6，iang：3，uang：5，eng：4，ing：2，ong：2，iong：2，er：1。

含有6个轻声音节；儿化韵4个（huar，shuir，dianr，qur）；上声接上声音节4对，上声接去声、阳平、轻声共9对。

（3）朗读：从1－50号作品中抽签选定朗读材料。

评分办法：详见2·3节。

选择判断和说话测试以及评分办法同Ⅰ型卷。

第三章　教师口头言语——教学言语

第一节　教学言语概说

《学记》中曾说过："善歌者使人继其声，善教者使人继其志。其言也，约而达，微而臧，罕譬而喻，可谓继志也。"教学言语是教师言语表达的主要形式，是教师用来"传道、授业、解惑"的工作用语，是教师将教学信息准确有效地传递给学生，最大限度地调动学生学习的主观能动性，培养学生能力，提高学生审美能力的一种言语技能活动。

教师要充分掌握教学言语的特点，按照教学言语的要求，做到响亮清晰、准确流畅、简洁规范、重点突出，力求层次清楚、逻辑严密、形象生动、富有感染力，能把深奥的道理形象化，抽象的概念具体化，枯燥的问题有趣化。

那么教学言语又有哪些特点呢？下面先为大家呈现几个案例，你能从这几个案例中总结出教师教学言语的特点吗？

一、教学言语的特点

抛砖引玉

1. 首先我们来看一看不同学科的教师是怎样将课本上的书面语改造成教学口语的。

（1）化学实验课上教师将课本中"手执烧杯上端"这句话改为"拿着烧杯的上部"；

几何课教师将"上面的事实是公认的真理，我们把它称作公理"改为"……，我们把它叫作公理"；

物理老师将课本中"将一块方糖磨成粉，再放入冷开水中……"的句子改为"把一块方糖磨成粉，再放进冷开水中……"；"在探索微小粒子的历程中，人们首先发现了电子，……"改为"在探索微小粒子的过程中，人们首先发现了电子，……"。

上面这三位老师将课本上书面语的部分词语替换成了我们口语中经常使

用的词语，如“手执”改为“拿着”、“称作”改为“叫作”。这几位教师根据教学需要，把教材的书面语加工成为以书面语为主的口语体。

（2）一位有经验的老师把教材参考中有关诗经《氓》的介绍文字进行了改说。

原文：诗人在这首诗中系统地、具体地、详细地给我们介绍了一个遭遇不幸的妇女与那个坏男人相识、恋爱、结婚以致后来被虐待、被遗弃的完整过程。

修改文：诗人在这里，叙述了一个遭遇不幸的妇女的故事。先写了她同那个坏男人相识、恋爱，接着写他们结婚成家，最后写她怎样被虐待，甚至被遗弃的故事。整个过程写得详细、具体、系统、完整。

从上面这个例子我们可以看出，教材参考上给出的是一个非常长的长句，而这位教师在进行内容介绍的时候，将其转换成了适合口语表达的三个短句。

2. 看看下面这个教学案例片断，你能根据其中的言语对话，猜出这是哪一门学科的教学案例片断吗?

师：（创设质疑情境）农科人员用1000粒为集体测量大米的千粒重，那么化学家又用什么微粒集体作为衡量微观粒子的量才合适呢？这个微观集体的具体个数是多少？这个微观集体的单位名称又是什么呢？

（在学生急待答案的情况下，引导看课本，然后回答）

【板书】一、物质的量及其单位——摩尔

生：选用12克12C所含原子数这个微粒集体作为衡量所有微粒的量的标准，12克12C标准集体所含的原子数为阿伏加德罗常数。

【板书】（1）阿伏加德罗常数：12克12C所含的碳原子数，采用6.02×10^{23}这个近似的数值。

师：（强调）阿伏加德罗常数是1个比较精确的很大的数值，6.02×10^{23}只是它的近似值，不能说6.02×10^{23}就是阿伏加德罗常数。

师：这个标准微粒的集合就是物质的量。

【板书】（2）物质的量：用来衡量物质含有阿伏加德罗常数个微粒的物理量。

师：（强调）物质的量就本质而言，与长度、质量、时间、电流强度一样，是七个基本物理量之一，就适用范围来讲，它是研究微观粒子使用的物理量，并且物质的量四个字是一个整体，不能简化和拆开。

【板书】（3）摩尔是物质的量的单位，每摩尔物质含有阿伏加德罗常数个微粒，摩尔简称摩，符号mol。

【投影】（1）使用摩尔必须指明量度的微粒的名称或化学式，通常是将微粒的名称写在摩尔后面，否则概念模糊且无意义。如1摩尔氧原子，不能说成1摩尔氧，也不能说成1摩尔原子氧。

（2）摩尔只能适用于微观微粒，不能用于宏观物体（举例说明）。

（3）微粒指原子、分子、离子、电子或特定组合。

师：（引导演绎推理，深化概念）由于每摩尔物质含阿伏加德罗常数个微粒，请同学们推理1摩尔碳原子，1摩尔氧分子，1摩尔氢离子等所含的微粒数各是多少？

在本案例中，化学教师在课堂教学的过程中，所使用的“摩尔”“原子”“离子”“氧原子”等词语都充分体现了化学学科的特点。“物质的量就本质而言，与长度、质量、时间、电流强度一样，是七个基本物理量之一，就适用范围来讲，它是研究微观粒子使用的物理量，并且物质的量四个字是一个整体，不能简化和拆开”等语句的表述，都本现了教师口头言语的科学性与严谨性。

3. 下面再来看一个反例，教学言语的不科学性带来了怎样的笑话。请阅读下面两个案例，请思考教师言语准确性的意义在哪里。

（1）一位小学生问老师：“老师，‘但是’是什么意思?”老师回答：“‘但是’就是拐弯的意思。”隔了几天，观摩课上老师让这位学生用“但是”造一个句子。这位小学生站起来说：“出了校门往东一‘但是’，再往南一‘但是’，就到我家了。”听观摩课的老师和领导听了学生的造句笑得前仰后合，主讲教师却被弄得啼笑皆非。

这位小学生闹笑话的原因其实在于教师言语的不科学、不严谨。教师只是用我们日常的言语告诉学生“但是”的意思，而没有做到准确性。而小学生理解能力较差，并不能理解老师所说的“拐弯”和他理解的“拐弯”并不是一个意思，因此闹了笑话。

（2）江苏省常州市武进区湖塘桥小学优秀教师须红霞在教学“面积”这一知识点前，先对“周长”的概念进行了复习。她问学生：“课桌面的周长是哪个部分？课桌面是哪个部分?”结果学生都去摸桌面。

这让须老师很不满意，但她很快意识到了是自己的提问用词不够准确，让学生产生了误解。于是，她马上改问：“课桌面的周长是哪几条边的和？课桌面是哪个部分?”学生马上理解了老师的意思，迅速地给出了正确的答案。

至此，学生对周长的认识就集中在了“几条边”这个要点上，明白了课桌面的周长和课桌面是两个不同的概念，正确引导了学生的思维，从“周长”的概念延伸到对“面积”的认知。

须老师的这个案例告诉我们，教师言语表达的准确性，直接关系到学生的思考方向，正如苏霍姆林斯基所说的“教师的语言修养在极大程度上决定着学生在课堂上脑力劳动的效率。”

4. 教师的课堂言语跟日常生活中的言语相比，有一个很大的不同点，就是教师的教学言语是为传授知识服务的，因此这也就决定了教师言语的特点。阅读下面的案例，你能找出这个特点吗?

有一位教师在教学“破釜沉舟”时，他是这样说的：“‘釜’就是锅，‘舟’就是船。‘破’和‘沉’都是动词。‘破釜’就是‘使釜破’的意思，也就是把锅砸碎；‘沉舟’就是‘使舟沉’的意思，也就是把船凿沉。这样用法的动词叫做“使动词”。同是做饭的炊具，古代叫‘釜’，现代叫‘锅’；同是水上运输工具，古代叫‘舟’，现代叫‘船’；这是古今词汇的演变。像古代叫‘冠’，现代叫‘帽子’，古代叫‘履’，现代叫‘鞋’，都是这样的情形。曹植《七步诗》里有‘豆在釜中泣’的句子，柳宗元《江雪》里有‘孤舟蓑笠翁’的句子，这里的‘釜’和‘舟’跟‘破釜沉舟’里的‘釜’和‘舟’意思相同。”

教师的教学言语其主要目的就是准确、高效地将教学知识传递给学生，这也就决定了教师教学言语跟日常言语相比，具有高含量的知识内容，信息量更大。在上面的案例中，我们可以看出，教师短短的一段话，包含了大量的语文知识。

通过“抛砖引玉”模块的案例以及分析，你现在可以试着总结一下教学言语的特点了吗?

知识仓库

教学言语是教师言语的重要组成部分，是教师教书育人过程中最常用的言语表达形式。教学言语是一般口语专业化的具体表现，教学言语除了一般口头言语应有的共性特征外，还具有个性特征。

（一）书面言语的口语化

书面语与口语在语言学上是两个不同的概念。前者依赖文字作用于人们的视觉，可以打破时间、空间的限制，便于反复推敲、揣摩，因此表述一般较严谨、较正式。后者依赖声音作用于人们的听觉，受时间、空间的限制，稍纵即逝，因此比较有跳跃性。教学言语不同于日常口语，也不同于书面言语。与日常口语相比，教师言语的特殊性表现在表述内容上，主要是讲授知识、阐明道理、阐释概念，其表达方式和表达内容要相对正式一些。这是由于教学言语的主要依据是教材，受书面语的影响，教学言语带有明显的书面语特色，一般会更凝练、精确、规范。但是，教学言语又不纯粹是书面言语的口语化形式，因为教师并不是照着书面言语将其念出来，而是以书面言语为蓝本，进行加工改造，然后表达出来。那么，为了便于讲解，教师在备课过程中就应对教材用语进行加工。在进行言语加工时，教师可以从以下几个方面着手：（1）语体——书面言语口语化；（2）词语——近义词替换法；（3）句式——长句简化为短句；（4）解释——运用形象化言语。

（二）科学性

教师在讲授各学科的专有名词、术语、定义、定律时，务必准确、精当，字斟句酌。教学言语应符合本学科的特点，不能用一般日常词汇去代替科学术语。如当物理教师讲授“光的反射”定义时就需要注意：光被物体表面反射时，只有一部分光被反射，还有一部分光被物体吸收，在阳光照射下的平面镜温度会升高就是吸收阳光的缘故。这里的“物体”“反射”“平面镜”就不能说成是“东西”“反光”“平的镜子”的。也许在某种程度上这些日常用语更容易理解，但它却脱离了物理学的专有术语系统，脱离了物理教学特殊的语言环境。数学教师对于“整除”与“除尽”，“位数”与“数位”，不可混为一谈。因此，教师在进行教学时，对一些平时习惯性的说法要格外注意甄别，不能用于教学中。另外对于学生出现的违反科学性的错误要着意纠正。教学言语一定要有依据，它的依据就是科学性。

（三）正确性

教师言语的正确性包括语音的准确、内容的正确和思想倾向的正确。语音的准确就是教师的发音应该符合普通话语音的要求，不能说方言。内容的正确性是指教师的教学言语内容不能出现知识性的错误，特别是数理化等措辞要求严谨的科目，教师要对概念的实质和术语的含义有透彻的了解。比如，有的教师讲“圆锥的体积等于圆柱体积的三分之一”，就忽略了“同底等高”的条件，从而教给学生一个错误的概念；有的教师指导学生画图时说“这两条平行线画得不够平行”“这个直角没画成90°”等，就违背了矛盾律；而“所有的奇数都是质数”“最小的整数就是‘0’”之类的错误就是以偏概全，表达不准确。思想倾向的正确性是指教师言语表达的思想应该符合社会主流思想，不能有历史虚无主义、民族虚无主义等倾向。

（四）知识性

教师是人类知识的传递者，同时也是学生智力的开发者、学生心灵的塑造者。教师在课堂上使用教学言语，最主要的目的就是向学生讲授知识，使学生能够在较短的时间里高效接受人类几千年来的知识积累。所以教师的教学言语与日常的口头言语相比较，包含了更多的知识性的内容。教师在课堂中所使用的言语也会比日常言语包含更大的信息量，这样才能在有限的时间里传授给学生更多的知识，使教学更加有效率。

二、教师言语的基本要求

教学言语作为一种职业用语，为了能够实现传递教学信息的基本功能，就必须符合响亮清晰、准确流畅、简洁规范、重点突出的基本要求。

（一）响亮清晰

1. 响亮

教师在上课时一般需要面对几十个，甚至上百个或者更多的学生来进行授课。封闭的空间和众多的听课对象要求教学言语的表达，必须具备合理的音量，才能让学生听得真切，听得明白。教师音量的确定首先应该根据教室面积的大小，学生数量的多少，有无扩音设备，周边环境是否安静等外部条件来灵活调整。教师在讲课时音量的大小，应该使后排的同学能够听得见为宜，不能让后排同学“只见其人，不闻其声”。同时还要注意，教师的音量并不是越大越好。如果教师音量过大，会给前排学生造成影响，特别是在使用扩音设备的情况下，教师更应该合理把握声音的响度。其次教师在教学过程中，为了引起学生的注意力，除了教学内容的变化外，还要依赖音量的变化。有经验的教师总在声音的高低上做文章，使课堂教学的声音有强有弱，高低起伏。错落有致的声音加上优美标准的普通话，会使学生在美的享受中愉快地接受新知识，实现教学的预定目标。

2. 清晰

这里的清晰包括两个方面的内容，第一是发音的清晰，第二是内容的清晰。声音的清晰是指教师所用语言能够让学生听得清、听得懂、理解透。教学言语在运用中，讲究发音饱满，字正腔圆，要避免声音的弱化和虚化，注意不让声音飘忽不定，前高后低，正确使用重音。另外语速也与教师言语的清晰度有关。语速太快会使学生听不清教师所讲内容，因此教师说话的语速要适度。语速的节奏应根据教学对象和教学内容的实际情况而定，要与学生对言语信息的接受能力相适应。一般来说，教师适中的语速以每分钟 250 个字左右为宜。内容清晰是指一堂课，教师先讲什么，后讲什么，知识点怎么分布，要达到什么目的，有清晰的思路。“诵说不陵不犯，可以为师。”这是两千多年前荀子提出的一条标准。时至今日，尽管教学内容有了很大的变化，但是作为课堂教学的一种口头表达能力，条理清楚仍然作为一条最基本的要求。

（二）准确流畅

1. 准确

准确既是教学言语的特点，也是对教师言语的基本要求。教师要想清晰明了地传情达意，要想实现准确这一要求，教师的言语表达首先要能够恰当地把握词语的语体要求、感情色彩等。其次教师教学内容应做到准确无误。学生对新知识的接触，很大一部分是来自于教师。如果教师在学生接受知识的源头上就出现了错误，会给学生带来很大的不良影响。最后，我们国家培养的人才是社会主义建设的接班人，因此教师言语表达的思想倾向不能违背党和国家的方针政策，不能宣传封建的、迷信的糟粕。

2. 流畅

流畅就是教师言语的流利、顺畅、完整。流利顺畅，指音节与音节、句与句之间承接连贯，不吞吞吐吐，时断时续。影响言语表达流畅性的一个重要原因就是在语流中掺杂口头禅。如果每句话，甚至每个词的后面都带上一个“嗯”“啊”“这个这个”“然后”“是吧”等口头禅，是非常影响教学效果和教师的个人形象的。因此教师在课堂教学时，首先应该去掉“口头禅”、不必要的语气词。其次，言语的不流畅在很大程度上是由于思维的不流畅。教师在进行授课前，一定要先将教学内容准备充分，这样才能自如应对千变万化的课堂，达到言语流畅的基本要求。完整，是指教师在言语表达时说出的话应该是完整的一句话，而不是半句，也不要前言不搭后语。句与句之间，层与层之间，要体现逻辑关系。

（三）规范简洁

1. 规范

规范，是指教师教学言语要在语音、语汇、语法方面要符合现代汉语的要求。要做到语音规范，力求每个字、每个词发音准确。教师言语规范首先就要坚持说普通话。普通话是我国的通用语言，也是教学用语。教师坚持说普通话有利于教学，也有利于普通话的推广。词汇的规范就是不用方言，不在普通话中夹杂方言和外语，用词准确。语法规范就是语句的表达符合现代汉语语法的规范要求，这是最起码的要求。

2. 简洁

简洁，是从教学的量和质两个方面来说的。每堂课都有教学时间的定值性，也有教学内容的规范性。也就是说，教师必须在定值时段内完成规定的教学内容，这就要求教师言语内容包含知识，具有一定的信息量，充分发挥每句话时值的利用率，尽可能减少重复。有人问美国第二十八届总统伍德罗·威尔逊：“你准备一份十分钟的讲稿，得花多长时间？”他回答说：

“两星期。”又问：“准备一小时的讲稿呢?”回答说：“一星期。”再问：“两小时的讲稿呢?”他的回答是：“马上就可以。”莎士比亚说：“简洁是智慧的灵魂，冗长是肤浅的藻饰。”正因为如此，当我们谈到教学言语时，才把言语表达简洁作为一个基本要求提出来。其实，简洁也是良好的教学言语的一个重要标志，能反映教师思维的逻辑性。

(四) 重点突出

学生思维活跃，但注意的持久性差，经常会受到外界环境的干扰。而教学言语在其时间上延续性差，不利于学生快速有效接收信息。因此教师在讲课时最忌语言拖沓、冗长、繁琐，否则学生就很难完整地记忆和理解。教师讲课在有条有理的基础上做到重点突出。在课堂上，教师对于课堂非重点内容或者是对学生来说没有难度的知识点应该少讲，或者不讲；重要的知识要多讲，讲透彻讲明白；特别重要的地方，还要采取一些特别强调的手段，如反复、提高声音、放慢语速，甚至一字一顿，再加板书。这样做，既引起了学生的注意，加深印象，同时通过语音的高低起伏，强弱参差，轻重并举，显出了节奏，可以使课堂具备动静结合的流动感。

资料超链接

教师教学言语的误区

1. 言而不清

教师的课堂教学言语应该避免表达含糊，吐字不清的情形。在教学中，教师课堂言语的清晰度直接影响学生的听课效率。教师的课堂教学言语如果表达清楚、明了，更容易让学生接受和理解，吐字清晰可以培养学生善于倾听、勤于做笔记的习惯。否则，会让学生难以理解，腻烦听课，导致学生开小差，甚至会因教师课堂教学言语的含糊、不清晰而影响课堂纪律。

2. 少而不精

有的教师在课堂教学时教学言语出现言辞短、效应低、无话可讲的情况。出现这种情况的主要原因大致为：一是知识储备不足，只能照本宣科地讲读或者书面知识的照移；二是对教材的钻研不透彻，把握不住知识的重点、难点、关键点；三是由于新教师经验不足或是不够重视。

3. 多而不当

有些教师为了让学生学得更多、记得更牢、听得更懂，就什么东西都讲、抠住字眼颠三倒四地讲。那是不是学生就能多掌握知识呢？其实不然，教师讲得多、重复得多，学生并非能学到更多知识。教师课堂教学如果超出课标所指定的内容，讲得太多反而增加学生的负担，减弱学生的学习兴趣。同时这样的教师在他们的心目中是个话痨，听得腻烦，学生也不愿学、不易记住。因此，教师在进行课堂教学时，应遵守课程标准安排的知识范围进行教学，教学言语做到精细、清晰、有含量，不让学生出现消极心理和想法。

4. 快无节奏

教师的课堂教学言语应该有节奏感，富有音乐美，即便是快速的教学言语，也应该酣畅淋漓。教师语言缺乏节奏感，主要表现在以下几个方面：一是授课语言快，教师教学无视学生的接受能力，只顾自个儿讲解；二是教学进度安排不当，前面安排的教学内容多而使教学言语快，导致整个学期的教学出现前紧后松的情况。所以，教师需精心恰当地安排学期教学进度，在课堂教学言语上势必调整速度，做到教学言语富有节奏感。

5. 慢无要领

教师在讲授知识的重点、难点、关键点时，放慢语速让学生理解和接受知识是合理的。但有的教师，教学语言该慢的时候不慢，该快的时候又不快，这将导致课堂教学内容或教学目的无法完美达成。如果教师的教学言语长期缓慢就将意味着占用学期教学的时间，最后导致前松后紧。教师担心教学任务难以完成，就只能一掠而过，教学内容不分轻重，学生学习不得要领。

6. 乱而无序

有的教师在黑板上虽然写上了题目，心里也有教学目标，但抓不住教学的中心，理不出头绪。一讲起来信口开河、语无伦次，看起来振振有词，实际上却东拉西扯、不着边际。学生听完课，雾里看花，不解其意。像这样的教师大多是欠缺教学经验的新教师，他们在不熟悉教材的情况下，没有解读教材就进行教学，加上内心的紧张使得他们的课堂教学言语乱而无序。

7. 淡而无味

教师的课堂教学言语应具有趣味性，教师用生动有趣的言语进行教学，对学生的学习起到至关重要的作用。在课堂上，教师如果只是一副面孔、一种腔调、一种表情，不但影响学生的知识接受能力，而且也影响学生的听课情绪。久而久之，学生的学习成绩下滑，产生厌学的情绪。因此，无论是从教多年的老教师，还是刚刚进入教育行业的新教师，切记不要让自己的课堂教学言语单一，而要追求生动有趣的课堂氛围。

沙场点兵

对于教学言语的特点和基本要求在“抛砖引玉”和“知识仓库”两个模块中我们已经讲解，不知道你对于教师言语的特点和要求有没有理解呢？下面我们将通过案例来巩固大家对这些知识的掌握。

结合教学言语的特点和基本要求，讨论评析下面几位教师的教学言语是否存在问题？你能试着帮这几位老师找出他们的问题所在吗？

（一）教学语句练习。

（1）十九世纪末期，大规模的义和团反帝运动兴起。参加义和团的主要是贫苦农民，还有城市贫民、手工业者、小商贩以及大批的青年和妇女。

——历史课《义和团运动的兴起》的教学用语

（2）作者鼓励从事实际工作的同志写文章，认为这可以把自己的经验告诉人家，还可以使经验上升到理论高度，作者同时也鼓励从事理论工作的同志写文章，认为这可以检查自己的成果，逐步使自己达到最好的水平。

——语文课《关于写文章》的教学用语

（3）第二次世界大战期间，德国法西斯为了侦察地中海沿岸各国的军事情况，就派出潜艇从大西洋进入直布罗陀海峡，最后到达地中海。潜艇在进入地中海的时候，为了防止对方的军队不发现自己，就关闭了发动机。那么潜艇是凭借什么动力进入地中海的呢？这就涉及今天我们要讲的内容——洋流。

——一堂地理课的导语

（4）本单元的课文，基本上全部是散文。有的指物写景，有的是叙事记人，还有的是发论抒情。

——一堂语文课的结束语

（二）教学片段言语练习。

（1）下面是历史课上一段教学用语：

太平天国后期，洪秀全提拔李秀成担任军事指挥，继续同清军作战。他率军一度打到上海附近，在青浦大破“洋枪队”，取得了青浦大捷。1862 年初，他又率军再次进攻上海，连连获胜。

（2）下面是旅游专业课的一段教学用语：

我们在迎接客人时，应使用恰当的称呼语。比如我们接待三个旅行团的客人，如果其中一个是男士，不管年龄多大，我们可称呼“先生”；另一个是结过婚的女士，我们可称她为“太太”或“夫人”；第三个是未婚的年轻女子，我们就称她为“小姐”，如果不知道她的年龄大小，婚姻状况，可以称“小姐”。

（3）一位语文老师在教《说谦虚》这篇课文时，有下面一段话：

这篇议论文的中心论点是“谦受益，满招损”。学习这篇文章，我们应该受到启示。毛泽东也说过：谦虚使人进步，骄傲使人落后。但是，在我们班里，个别同学谁都看不起，这就是骄傲自满的表现。谦虚是正确可贵的，骄傲自满是错误、恶劣的。

（4）下面是一位语文教师对现代汉语知识的教学：

同学们，我们今天来学习短语知识。短语，就是词和词组合起来成为短语。短语的构成方式，与合成词的构成方式是完全一致的。例如“花草”是由两个语素组成的并列式合成词，“花草与树木”是由两个词组成的并列短语。由此可见，只要掌握了合成词的构成方式，才能理解各种短语的构成。另外从形式上看，短语，顾名思义，都比句子短。

（5）请看一节数学课的教学实录片段：

师：由此，我们这个命题的结论就得到了证明。这是我们将要学习的圆的知识中一条重要性质，我提一个同学回答这样一个问题：垂直于弦的直径，它有什么特点？

生：垂直于弦的直径，平分这条弦，并且平分弦所对的两条弧。

师：这位同学说得对不对？

生：（有的）不对！

师：这个同学的解释，有的同学说不对，我认为是有道理的。

（三）下面这段教学用语在逻辑上至少有五处问题，你能把它们找出来吗？根据教学言语的特点和要求，试着将这段教学用语重新改写。

同学们，读了《孔乙己》这篇小说，我们也是要笑孔乙己的。孔乙己给小孩分豆，眼看孩子们仍然不散，着了慌，“伸开五指将碟子罩住”，还摇着头直说“多乎哉，不多也”，我们都为他的迂腐而感到好笑。但是，我们的笑声与小说中的人们对孔乙己的笑声是完全不同的。作为社会主义时代的一个青少年，我们笑孔乙己是并无恶意的。笑过之后反而更能体会到封建科举制度的罪恶，更深刻地认识到是孔孟之道把孔乙己毒害成一个“废人”的。小说中的人们完全把孔乙己作为取笑的对象，对孔乙己的悲剧根本不寄予任何同情，反映出以前人与人之间关系的冷酷与残忍。

分析了这篇小说后，孔乙己这个人物，对于我们是比较了解了，小说对孔乙己的语言和行动的描写虽然比较简单，却都是性格化了的，具有特征性的。这正是这篇小说的主题能给我们留下深刻印象的原因。

（四）他山之石，可以攻玉。下面将为大家呈现三个比较好的案例，看一看这三个案例中教师的言语表达有哪些值得我们学习的地方。

1. 这是某位教师对《春》这篇散文的分析摘录

这篇散文以“盼春”（第一段）开头，以“赞春”（最后三段）结束，中间“绘春”是重点部分。

“一切都像刚睡醒的样子，欣欣然张开了眼”用拟人的方法总写春回大地，万物复苏的情态。山“睡醒”的情态用“朗润”描绘：林木抽芽，山草变绿，使山色由暗淡渐渐明朗，由枯萎转为润泽。水“睡醒”的情态用“涨”描绘，再现了冰消雪化后春水涣涣的样子。太阳“睡醒”的情态用“红”描绘，表现出春日融融的暖意。作者抓住春山、春水、春日的特点，勾画了春景的轮廓，为具体描绘春草、春花、春风、春雨四幅画图，创设了广阔的背景。

“春草图”着力写春草勃发的景象。第一句从“点”上描绘。第二句从“面”上描绘。第三句用孩子们嬉戏衬春草的可爱。第四句从感受的角度表现春草的可爱。

“春花图”着力写春花竞发的景象。“你不让我，我不让你”用拟人手法描绘各种花竞相开放的景象。“像火”、“像霞”、“像雪”三个比喻，描绘花色的艳、美。最后写野草，“遍地是”表现数量多，“杂样儿”写种类丰富，“像眼睛”、“像星星”两个比喻，描绘了阳光下闪闪烁烁、逗人喜爱的样子。

“春风图”描绘了春风的温暖、和煦。先从触觉角度写春风的和煦，再从嗅觉角度写春风特有的芳香，最后从听觉角度写春风吹送的悦耳声响。作者把难以捕捉的春风，描绘得有形、有声、有情。

“春雨图”描绘了春雨中特有的美景。“寻常”“一下就是三两天”写春雨之多。“可别恼”一句是向写雨中美景的过渡。

第五幅图画是“迎春图”。人是画面的主体，人也充满了春意。写出春天给人们带来活力。

这五幅画面，描绘了春意，融入了作者对春天的喜爱和赞美之情。在此基础上，结尾三段文字用三个比喻讴歌春天。这个结尾，正是对五幅春景图含义的概括，点明了全文的中心思想。

2. 新闻《百万雄师过大江》的教学用语

同学们知道，新闻报道通常都有一个导语。这个导语，要能够概括全文的报道中心，概括全文的报道事实。现在我们来看《百万雄师过大江》的导语包含了哪些内容。“人民解放军百万大军”一句话写出了人数之多；“从一千余华里的战线上”写出了战线之长；“冲破敌阵”表现攻势之猛；“横渡长江”，正是浩浩荡荡渡过长江。同学们可以想象，在一千余华里的战线上，我们百万大军横渡长江场面的壮阔和气势的磅礴！这么短短的一句导语，概括了报道的全部内容。记者在这里做到了叙事的简洁。这就是新闻报道的特点之一：语言必须简洁。

新闻报道总是反映国内外发生的重大的或者是有意义的事情。既然报道的是发生的事情，这就要求真实。它不像小说，可以虚构。这就是它的第二个特点：必须真实。真实，就是要求用事实说话。当然，有些新闻，中间也可以有报道人自己的议论，或者对这个事件稍加分析，发表一点看法，但是，主要还是要靠事实本身来说明问题。透过它的叙述语言，在它的字里行间，表现作者自己的立场、观点、态度。总之，要靠事实说话，不能虚构，也不能夸张。

3. 讲授实录

下面是一位中学语文教师讲授鲁迅的散文《从百草园到三味书屋》的几段实录：

(1) 在讲完第一部分，即关于百草园的描写之后，老师说：

这一段把鲁迅先生热爱自由生活的情景都写出来了，写得有声、有色、有形、有味。(边讲边板书) 这幅画面，给人一种绚丽明快、充满生气的感觉 (板书)，而且鲁迅先生幼年的形象也在这里体现出来了。

对百草园的依依不舍的思想感情，正反映了鲁迅先生对自由自在、无拘无束的生活的热爱。

(2) 讲完三味书屋的陈设之后，老师又说：

陈设古旧，气氛沉闷，冷清 (板书)。这样一个环境，正好和百草园形成了鲜明的对比。越是写三味书屋陈设古旧、气氛沉闷，越是突出了百草园生活的乐趣。

三味书屋的学习生活是十分单调无味的，但鲁迅先生还是千方百计地寻找快乐，表现了鲁迅先生对封建教育的不满和反抗。

(3) 全文讲完之后，老师最后说：

现在我们再回到题目上来：《从百草园到三味书屋》。你们看了题目，想到这篇文章的作者可能从哪几个方面来写。现在我们读完了这篇课文，知道全文分两大部分，而写百草园的部分和写三味书屋的部分正好形成了——

(学生齐答：鲜明的对比。)

对，鲜明的对比。鲁迅先生正是通过百草园和三味书屋两种生活的鲜明对比，表达了他对封建教育的憎恨和批判。

第二节 主要教学环节的口头言语

教学言语按其在教学过程中的不同作用和方式，主要分为导入语、讲授语、提问语和结束语。

一、导入语

导入语就是教师在讲课之前，围绕教学目标而精心设计的一段简短精练的教学言语，它通过引出话题而导入课堂新内容。高尔基曾说过这样一句话："最难的开场白，就是第一句话，如同音乐一样，全曲的音调，都是由它定的，一般要花较长的时间去寻找。"由此可见导入语的重要性。导入语是教师和学生之间的一座引桥，这座引桥架得好，能沟通教师与学生的感情，能集中学生的注意力，打开场面，引入正题；如果这座引桥架得不好，就很难把学生的兴趣引到正题上来，进行课堂内容教学就困难重重了。

抛砖引玉

阅读下面的案例，说一说这些案例都是怎样导入新课的？它们的好处又是什么？我们该怎样恰到好处地选择适合的导入语呢？

（1）上课伊始，教师在讲台上放了一个酒精灯，然后举起一张纸问学生："这张纸放到点燃的酒精灯上会燃烧吗？"

"会！"

"那么，用纸折成一个盒子会不会燃烧？"

"当然会！"

于是老师做起了实验：在纸盒里装满水，待纸盒湿透以后，放在正点燃的酒精灯上……"咦，纸盒怎么没有烧起来？""这有啥稀奇，纸盒湿掉了，当然不会烧起来！"学生们议论纷纷。

老师问："为什么纸盒湿掉了，就不会燃烧呢？"

教室里一下子静了下来。

"这就是我今天要讲的课：《沸腾与蒸发》。"

该教师以生动形象的实验方式进行课堂导入，使枯燥无味的内容变得更加直观形象，激发了学生的好奇心和求知欲，为教学活动的顺利开展营造了良好的环境。

（2）有位历史老师是这样开始新课的："我今天讲课的内容是12个字。"他要言不烦，并板书"地大物博，人口众多，历史悠久"12个大字。"地大物博。中国有多大呢？陆地面积就有960万平方公里。960万平方公里有多大呢？相当于40个英国，26个日本。我国的物产资源极其丰富，除了石油、煤炭、水利等动力资源，还有很多稀有金属。人口众多。我国人口，在世界上是第一位，占世界总人口的五分之一。我国是世界文明古国之一，历史悠久，可称得上是文化的摇篮。世界上其他一些文明古国，它们的文化都中断过。

只有中国的文化一脉相承……”

这位教师用富有概括力的、精练的词语来统领全课，点明中心，然后逐点讲述。先总提后分述，中心突出，话题鲜明，使学生的思维迅速定向，注意力很快集中到“地大物博，人口众多，历史悠久”上来，上课伊始就对整节课的内容有所了解，做到心中有底。

（3）有位老师讲说明文《食物从何而来》时，一上课，他就提出个怪问题：“今天早餐我吃了一个烧饼、两根油条，喝了一杯凉水，后来又吃了一个鸡蛋和一个苹果。谁能告诉我，我吃的都是食物吗？无论说是或不是，都要讲出理由来。”

这种有趣味的、贴近生活的问题，不仅要求学生读懂课文，弄清“食物”的定义，而且要求能真正的理解，才能得出“凉水不是食物，其他东西都是食物”的答案。这种问法，引起了学生思考的兴趣，促进了学生思维的运转，也使课堂气氛活跃、热烈。这位老师用的是“曲问”，即运用“迂回战术”，变换角度来提问。如果简单地提出“什么叫食物？”“文章中的哪些句子是给食物下定义的？”那可就逊色多了。

（4）生物教师的课堂导入：“同学们，我们居住的这个地球上，同时还生活着各种各样的其他生物。它们大约有200万种，广泛地活跃在地球的每一个角落。无论是那巍峨高耸的群山之巅，还是那幽暗深阔的大洋之底；无论是那人迹罕至的草原荒漠，还是那冰天雪地的南北极地，都可以找到生物的踪迹。在地球这个成员众多的大家庭里，这些生物千姿百态，无奇不有。有的飞翔蓝天，有的遨游大海；有的硕大无比，有的小巧玲珑；有的凶猛残暴，有的性情温驯。所有这些，就构成了纷繁复杂、多种多样的生物世界。”

这段导入语从老师口中娓娓道来，确实珠圆玉润，文采斐然。教师通过富有文采的语句，通过富有气势的排比，让学生感到我们生活的世界确实是纷繁复杂、多姿多彩的。这样的导入语使人听之悦耳，闻之动心。

（5）一位教师在《警察与赞美诗》开课时，极认真地讲了一个笑话：一天深夜，在一个小巷的尽头，两个人走了个对面。其中一个问另一个：“这儿有警察吗？”另一个回答：“没有。”“那么，能不能在附近很快找到一位？”“恐怕不可能。”“那好吧，把你戴的手表和钱交给我！”学生听了大笑，老师及时问道：“这个笑话的结尾有什么特点？”学生回答：“出人意料。”“它还反映了坏人的一种什么心理？”老师接着问。“害怕警察。”“对！今天我们要学的这篇课文也写到了警察，结尾也是出人意料。可是文中的主人公苏比却一反常态，故意当着警察的面干坏事，这是为什么呢？”

这位教师通过故事导入，极大地吸引了学生的注意力，最后的问题引发了学生思考，于是学生带着极大的兴趣开始阅读课文，教师的匠心由此得以圆满实现。

（6）一位语文教师在教学朱自清先生的《荷塘月色》时，是这样导入的：

伴随着优美动听的音乐，这位教师感情饱满地朗读到："曲曲折折的荷塘上面，弥望的是田田的叶子。叶子出水很高，像亭亭的舞女的裙。层层的叶子中间，零星地点缀着些白花，有袅娜地开着，有羞涩地打着朵儿的；正如一粒粒的明珠，又如碧天里的星星，又如刚出浴的美人。微风过处，送来缕缕清香，仿佛远处高楼上渺茫的歌声似的。这时候叶子与花也有一些的颤动，像闪电般，霎时传过荷塘的那边去了。叶子本是肩并肩密密的挨着，这便宛然有了一道凝碧的波痕。叶子底下是脉脉的流水，遮住了，不能见一些颜色；而叶子却更见风致了。"

同学们，这段文字美不美，这段文字描写的环境美不美？下面就让我们一起走进这美丽的《荷塘月色》中去感受这美景。

这位教师别出心裁，没有挖空心思地设计新奇的导语，只是配着音乐，将文章中的美妙文字朗读给学生，给学生一种美的享受，由此将学生带入文本情景，达到了很好的效果。

除了上面提到的几种导入方式，你还知道哪些效果很好的导入语，可以跟大家分享一下。

知识仓库

（一）导入的方式

1. 直接导入

直接导入也就是我们常说的"开门见山"，教师在授课之初直接提出教学内容及其重点、难点，说明教学目标，然后开始进行授课。直接导入是日常工作中使用得最多的一种导入，其好处是可以使学生一下子就明确学习目标，进入学习状态，提高学习效率。但是学生在上课之初，其心理状态还没有转换到本节课的情境中，往往缺乏学习的思想准备，直接导入不能将学生很好地带入课堂情境。所以这种方法不宜过多地单独使用，最好与其他方法结合使用。

2. 情境导入

情境导入是指教师利用语言、设备、环境、音乐、绘画等手段，营造氛围，让学生处于某种特定的情境中，引导学生投入学习的一种导入方式。情境导入通过营造氛围，将学生带入某种情境，常常能激发学生的情感。列宁说过："没有人的情感，就从来没有也不可能有人对真理的追求。"通过激发学生的情感，使学生的思维活跃起来，达到对知识的掌握。在实际教学实践中，教师要根据不同的教学内容，用不同的情境激发学生的情感，这是提高学生学习质量的有效手段。

3. 故事导入

不少教师善用寓言、故事或典故、传说导入新课。例如，物理教师由一队步兵正步过桥，导致桥坍塌的故事引出"共振"原理；化学教师由坟山鬼火说到磷的燃烧等；语文教师通过三国演义的故事导入到对《出师表》的学习；历史教师通过对刘邦传奇身世的讲述导入到对楚汉之争历史的讲述。这类导入语连同它引出的课题，往往能使学生一下子集中注意，进入学习状态。但运用这种方法要注意，教师不能为了达到引起学生兴趣的效果，而选取一些新奇的、离奇的但与教学内容无关的故事。

4. 引用导入

引用导入就是在正题展开之前，引用名言、格言等来开场，这种方式表意深刻，启迪性强。如在讲授《聊斋志异》时，可以引用郭沫若对《聊斋志异》的评价：写鬼写妖高人一等，刺贪刺虐入骨三分。除了引用名人名言和格言，也可以引用群众的议论和一些确凿的数据。采用引用方式导入课程能使道理讲得更贴切、自然、更有说服力。

5. 悬念导入

悬念导入即故意把要讲的对象先不明确告诉学生，让学生去关心、去猜测，使学生产生急欲往下听的心理。使用悬念导入方式一方面可以激发学生的好奇心，产生学习的意愿；另一方面，运用悬念导入的过程，也是启迪学生思维的过程，在产生疑惑的过程中，学生会去思考，会去破解，这必然会调动学生积极进行思维活动。

（二）导入语的作用

导入语亦即开讲语。"导而弗牵"，导就是引发、引导、开导，而不是搀扶更不是代替。也就是说上课开始，教师用寥寥数语激发学生强烈的求知兴趣，把握住学习目标，使师生之间默契配合。

1. 营造情境，集中学生的注意力

在开始一节课之前，学生还没有进入本节课的内容，也许还沉浸在上一节课的思考中，也许还处于体育课的兴奋中。这时教师就要通过导入语来营造一种上课的环境，将学生带入到本节课的课堂中。课堂教学的导入，有如乐曲的引子、戏剧的序幕，常常有酝酿情绪，集中注意力，渗透主题，导入情境的作用，因而能使学生的情绪迅速安定下来，把全部心思集中到学习上来。

2. 激发兴趣，增加学生的学习动力

新知识对于学生来说，往往有一定难度。在学习新知识时，学生往往不感兴趣，这势必会影响教学效果。通过导入语激发学生兴趣，可以使学生有主动学习的倾向。这是因为兴趣是情感的体现，能促使动机的产生，动机是直接推动学生进行学习的内在动力。善导的教师，在教学之始，总是千方百计地诱发学生的这种学习兴趣。

3. 把握目标，帮助学生有的放矢

导入语常常通过设疑、暗示或者提纲挈领的方式渗透教师讲课的目标。虽然方式不同，但是最终的目的都是为了使学生尽快从宏观上把握学习目标，调动学生学习的积极性。只有把握了学习目标，学生在进行学习时，才能准确掌握授课的重点内容，做到有的放矢。

4. 沟通情感，融洽师生关系

课堂上学生思维活动在很大的程度上依赖于心理状态，而这种心理状态又在很大的程度上依存于师生双边活动的心理相容。教师通过导入语这种方式，消除学生对新授课内容的排斥，对课堂的排斥。导入语在教师和学生之间架起了交流的桥梁，沟通师生之间的情感，可以达到心理相容的目的。师生之间融洽的情感状态，是教学达到良好效果的重要因素。

（三）导入语的要求

1. 简洁明了，感染力强

导入语是为使学生调整心理状态，迅速进入课堂状态，目的是为了快速过渡到对课程内容的学习。因此，导入语必须简明扼要且具有感染力，既要做到激活学生已有的知识，又能激发起学生的求知欲望，将学生迅速带入情境。导入语的作用决定了它不能占用过多的课堂时间，一般来说导入语的时间应该控制在五分钟之内。否则，就会使课堂主次不分，分散学生的注意力，也很容易使课堂产生前松后紧的现象，导致完不成教学任务，耽误教学进度。

2. 把握要点，针对性强

运用导入语的目的在于激发学生的学习兴趣，明确当前的教学目标、内容和要求，从而快速进入课堂学习的状态。导入语的设计既要有“画龙点睛”的绝妙，又要有“剥皮画骨”的功效，要让学生通过教师的导入语尽快从总体上把握这堂课的要点，从而为新课程的教学定好基调。因此教师在选择导入语时，要把握授课内容的要点，有针对性地进行导入，以便提高学生的学习积极性和主动性。

3. 方式多样，灵活选择

在进行授课时，教师可以选择直接导入，可以选择悬念导入，可以选择故事导入，也可以选择情境导入。导入新课的方式多种多样，教师应该根据学生情况和教学内容灵活选择，不可千篇一律。但同时也应该注意，不能为了追求导语的新奇而刻意去求新求奇，导入的设计一定要根据教师个人、学生和教学内容实际，综合选择。总之，无论是开门见山，还是一件事、一段情、一幅景、一个理，由此及彼地导入新内容，选择适合学生和教学内容的导语就是好的导语。

沙场点兵

下面的案例使用的是哪一种导入方式？请尝试用其他的方式为同样的内容设计导语。

（一）历史课《北方民族大融合》导入语

现在，我要给同学们讲个故事：公元494年的一天，有个皇帝在洛阳的街上看到一个鲜卑族妇女穿着“夹领小褂”的鲜卑服装，大为发怒。皇帝责备城王，说他奉行命令不力，督查不严。城王辩解说，那只是少数人的打扮。皇帝反问道：“难道要全部那样打扮才算得上督查不严吗？这简直是一言丧邦！”并让史官把这件事情记录下来。这个皇帝，就是北魏孝文帝。我们这节课就来讲讲他为什么要这样严厉地禁止鲜卑族妇女穿自己民族的服装。

（二）语文课《祝福》的导入语

在大雪纷飞，狂风呼啸的腊月二十三，鲁镇人爆竹声声迎福神，杀鸡宰鹅供香烛。鲁四老爷的宅子里也忙着准备祭祀祝福。就在这全镇上下喜迎春节的时候，一位衣衫褴褛、头发花白、目光呆滞的女人左手一个装着破碗的竹篮，右手一支竹竿做的拐杖，带着疑问和悔恨死去。她就是鲁迅著名小说《祝福》的主人公祥林嫂。现在我们就来学习这篇小说，了解祥林嫂的悲剧命运。

（三）物理课《运动与摩擦》的导入语

教师先拿出一个盛满米的玻璃瓶放在讲台上，并拿出两根筷子。

师：看谁能巧用筷子把米瓶挪到桌子另一端。

有的学生用筷子夹，也有的聪明学生试着用一根筷子插入米瓶当中，最后竟用一根筷子把米瓶提起来。

师：为什么一只筷子能把米瓶提起来？原来摩擦力帮了大忙。什么是摩擦力呢？它有哪些作用和特点？现在我们就来学习这个问题。

二、讲授语

讲授语又叫阐释语、讲述语，是教师向学生传授知识和技能时进行叙述并解释的言语。在教学过程中，教师使用频率最高、运用最广泛的教学言语就是讲授语。

阅读下面几个案例，了解讲授语。请你总结一下教师在运用讲授语的时候，应该注意哪些问题呢？

抛砖引玉

(1) 一位政治老师在讲授《坚持集体主义，反对个人主义》时所使用的教学言语。

一位教师在讲授《坚持集体主义，反对个人主义》时，有学生不理解为什么要坚持集体主义，这位教师为了帮助学生更好地理解“集体主义”，就满怀激情地朗诵当时流行的《众人划桨开大船》的歌词：“一只竹篙哟，难渡汪洋海。众人划桨哟，开动大木船。一棵小树哟，弱不禁风雨。百里森林哟，并肩耐岁寒。一加十，十加百，百加千千万。你加我，我加你，大家心相连。同舟共济海让路，号子一喊浪靠边。百舸争流千帆竞，波涛在后岸在前。”

在朗诵完歌词之后，教师乘兴点题：“这段歌词的寓意就在于揭示，要坚持集体主义反对个人主义。那么什么是集体主义和个人主义？为什么要坚持前者、反对后者？”这样，在歌曲激起的情趣中，学生们自然就明白了其中的寓意。

教师通过朗诵歌词的方式，使学生明白了团结的力量、集体的力量。教师慷慨激昂的吟诵，必然使学生沉浸在愉悦、欢快、热烈的氛围之中。在这种愉快的氛围中，学生在教师讲授语的引导下，进行思考。

(2) 有位语文教师在讲解《雨霖铃》课文时，用渲染情景、引起联想的办法，使学生渐入学习情境之中：

“词中的情节发生在东京城外植满垂柳的汴河码头，凄清冷落的深秋，一场骤雨刚刚下过，树梢上的寒蝉又如泣如诉地叫了起来。这寒蝉，咱们徐州的方言叫‘伏凉’，体小、色青，飞得高，立秋以后，爬在高枝上叫。宋词中有‘高树寒蝉，说西风消息’的描写……”

“在长亭送别的人慢慢饮酒，细细地话别。一直挨到傍晚，雨停了，舟也催促，是启程的时候了。展现在我们面前的是一幅 11 世纪慢节奏的送别画卷……”

“词中说‘念去去，千里烟波，暮霭沉沉楚天阔’。这也未必如注释所说‘楚天’是‘泛指南方的天空’，咱们徐州在秦汉之际属于楚国，西楚霸王项羽不是在徐州建都吗？汴泗交流入运河南去，恰恰是经过徐淮一带大片楚地，这‘暮霭沉沉楚天阔’，也许是实指徐淮一带吧？我们可以这样想象，每当黄昏时分，我们伫立在古黄河岸向东南远眺，不是一片暮霭沉沉楚天阔吗……”

这位教师在讲解的时候注入了自己的情感，把复杂的情境具体地描绘出来，引起了学生的共鸣，加深了学生对内容的理解和感受。

（3）有位小学语文老师在讲授《威尼斯小艇》时，帮助学生准确理解“新月”这一概念。

师：谁能说说什么是新月？

生：新月就是新的月亮。

师：是吗？月亮也分新与旧？

生：新月就是小小的月亮。

师：请大家读课文中的话：“船头和船艄向上翘起，像新月的样子。”想想看，月亮有时是圆的，有时是……

生：新月就是刚刚升起的月亮。

师：农历十五，月亮刚刚升起的时候也是圆的，不是两头翘起的呀。

生：新月就是农历月初时的月亮！

师：对了，新月就是农历月初时候那轮弯弯的月亮，两头翘起，形状如钩。哪位同学能把新月的形状画出来？

（学生在黑板上画新月）

师：画得很像，这就是农历月初时的月亮，人们就叫它——

生：新月！

这位教师在帮助学生理解“新月”这一概念时，使用“层层剥笋”法，使学生在一步步接近准确的概念。

讲授阶段是课堂的核心部分，是整节课最重要的组成，学生所学的基本知识都在这一阶段呈现，因此，教师在进行课堂教学时，不仅要精心设计教学过程，还要精心准备讲授语。在实际工作中，许多课堂教学的失败，并不都是教师知识贫乏或资历不足造成的，而是讲授缺乏应有的言语技能。

知识仓库

（一）讲授语的基本要求

1. 语脉清晰，叙述条理

教师在进行授课的时候，不论使用哪种类型的讲授言语，都要紧紧结合教学目标和教学实际内容来进行讲授。教师要达到“语脉清晰，叙述有条理”的要求，应该提前备课、精心讲练，把客观事物在时间上的发展、变化，在空间上的状态、位置，以及事物之间的关联性、因果性，清楚有条理地讲述出来。在讲授过程中，教师应该根据学生的学情来调整授课思路，由浅入深，由表及里，使学生听得明白，听得清楚。

2. 深入浅出，通俗易懂

讲授作为教师授课时常用的表达方式，也是学生在课堂上接受知识最重要的环节。因此讲授语设计和使用一定要贴合学生的真实水平，从学生的角度出发，尽量少用晦涩词语，力求通俗易懂。另外教师应该一边讲授一边与学生进行交流，根据学生的理解程度及时调整讲授的用语和方式。

3. 语速适中，情感丰富

讲授环节在课堂教学中占有很大比重，所用时间也是比较长的，教师讲授语的好坏直接关系到教学的效率和质量。因此教师在讲授时，应做到语速适中，吐字清楚，尤其要突出关键词的重音。讲授语要求教师在讲授的过程中，力求客观、准确但同时也要有感情。教师在讲授语的运用中，需注入情感，把复杂的情境具体地、情景交融地描绘出来，以引起学生的共鸣，加深对事物的认识和感受。

（二）讲授语的基本类型

在课堂教学中，教师的讲授语主要可以分为叙事性言语、说明性言语、描述性言语、论证性言语这四种类型。阅读下面的案例，你能说出它们分别属于讲授语的哪种类型吗？

抛砖引玉

（1）这是一位语文教师在讲授《看云识天气》一课的片段。

“云就像是天气的‘招牌’，天上挂什么云，就将出现什么样的天气。”这一句话在整个小节里面，起个什么作用啊？——总结归纳作用。这里的这个总结，就是把云和天气的关系的整个发展归纳一下：云像天气的“招牌”。又用了一个比喻，点明了我们这篇文章的中心——看云能够识天气，就因为云像天气的“招牌”。这样，这一节作为开头，就很完整地使我们对云和天气的关系，有了一个总的轮廓。

《看云识天气》是一篇说明文，教师在讲授课文的时候，所使用的言语，是根据课文体裁进行选择的。

（2）一位教师在向学生讲授“望梅止渴”这个成语时，将成语背后的故事呈现给学生。

传说有一次曹操带兵打仗，找不到水喝，当时正值中午烈日当头，太阳像一盆火，烤得士兵嗓子都冒烟了，行军速度慢了下来。这时曹操骑在一匹大白马上，他眉头一皱，计上心来。他清清嗓子，大声说道：“大家都听着，我很熟悉这一带地形，前面不远处有一片梅树林，每年这个时候，梅子挂满枝头，又甜又酸，好吃得很。大家快点走，我们采梅子吃好解渴！”士兵们信以为真，顿时嘴上酸溜溜的，都有了口水，浑身也有劲了，一下子走了好长一段路，终于找到了水源。这就是“望梅止渴”成语的由来。

这段讲授语声情并茂地叙述了“望梅止渴”的成语故事。

（3）一位教师在讲授杜甫的《绝句》时，将“两个黄鹂鸣翠柳，一行白鹭上青天。窗含西岭千秋雪，门泊东吴万里船”这几句话进行了这样的加工：

初春时候，草堂周围多柳，刚抽嫩芽的新绿的柳枝上，有成对黄鹂在欢唱，一片生机勃勃，一派愉悦景象。向远处看去，晴空万里，一碧如洗，白鹭在蓝天飞翔，姿态优美，自然成行。更远处，西岭积雪终年不化，这千秋的皑皑白雪，发出耀眼的光芒，仿佛是嵌在窗框中的一幅图画。此时诗人将视线收回到门外，见到停泊在江岸边的船只。江船原本常见，但这些船只却是来自“万里”之外的“东吴”，这是很不寻常的。因为多年战乱，水陆交通被兵戈阻绝，船只不能畅行万里。而此时战乱平定，交通恢复，才看到行万里而来的船只。想到这些船即将开行，沿岷江、穿三峡，直达长江下游，诗人似乎看到了自己也可以“青春作伴好还乡”了，怎不叫人喜上心头呢？

这位教师将简单的四句诗变成了一幅动态的画面，使学生能够更好地理解这首诗。

（4）一位数学老师在讲解“点的轨迹”时，就扬起手中的白色粉笔头，放低声音，轻轻地说：

“同学们，我这里有一只刚从墨水瓶里爬出来的小虫子。现在我让这只小虫子在距离定点 A 30 厘米处爬行，它蠕动着身体爬呀爬呀，身后留下了点点墨迹，它向前缓缓爬动着，这点点墨迹便又连成了一串。你们看呀，这小虫子运动留下的串串轨迹，就是它的运动轨迹。那么什么叫点的轨迹呢？就是书上写的：具有某种性质的所有点组成的图形，称为具有这种性质的点的轨迹。也就是：一个点按照一定规律运动时所留下的痕迹，就称为具有这种性质的点的轨迹。”

听了这段言语，学生都笑了，因为书上那句绕口令式的定义让他们难于理解，而经过老师几句具体形象的描述，他们不仅理解了这个定义，而且还将其深深地印入脑海。

知识仓库

1. 叙述性言语

叙述性言语是指教师运用叙述、描述的方式，向学生说明事物的特征、事物发展变化的过程。叙述性语可以把客观事物在时间上的发展、变化，在空间上的状态、位置以及事物之间的联系，清楚而从容地表达出来。叙述性言语较多地运用在人文社科类的课程讲授中，如政治课、历史课、工艺课等。在运用叙述性言语时应遵循一定的顺序，符合事物内在的发展规律，遵循事物发展的逻辑性，并且要做到详略得当，通俗简练。

2. 说明性言语

说明性言语是教师在教学中解释概念、事物或者某项知识时用说明的方法所构成的教学用语，以此说明事物的性质、结构和功能等。在自然科学类的学科中，如数学、物理、生物、化学，教师常用说明性言语。在这些学科当中，教师需要阐述定义、公理、概念，为了能够准确、清晰、简明、生动地讲解科学文化知识，教师言语的表述多用列提纲、举数字、引材料、画图表等手段进行解说。说明性言语可以让讲授语通俗易懂、深入浅出，便于学生理解，加深印象。在使用说明性言语时应做到语言清晰、流畅、准确，要安排好说明的次序，避免出现主次不分和前后颠倒的问题。

3. 描述性言语

描述是显现事物的形状、再现某种场景的语言形式。描述性言语就是用生动形象的语言展示人物、景物、事物的形象、情形、状态、形状等具体特征，使人如见其人、如闻其声、如临其境，对被描述对象产生鲜明印象和真实感受。描述性言语常用口语修辞手法，如比喻、对比、拟人、借代等，加上语调、节奏的变化。描述性言语可以渲染气氛、烘托形象，可以把情感融入形象语言的描述中，引起学生的同感、共鸣，加深对生活境界和艺术境界的认识和感受。描述性言语要求真实准确，形象鲜明，优美生动。

4. 论证性言语

论证性言语是指按照一定的逻辑形式进行说理，有论点、论据、论证方法。论证性说理的形式多种多样，而且变化多端。数学课中公理的证明、几何题的论证等就需要教师使用论证性言语。在教学中，运用论证性言语要求观点鲜明，论据充分，逻辑严密。

沙场点兵

（一）下面是关于《苏州园林》一课两位教师在讲授时的案例，对比两位教师的言语，看一看哪位老师的讲解更明白，哪位老师的讲授语存在问题。

（1）甲老师在教《苏州园林》一课时，有一位学生突然向甲老师提了这样一个问题："为什么文章说'假山的堆叠，可以说是一项艺术而不仅是技术'？"

甲老师想了一下，说："因为'艺术'包含着'技术'，'艺术'追求的层次比'技术'更高。文章的意思是说：假山的堆叠，不是简单地放置或黏合，而是要让人觉得有艺术性。联系下文的'或者是重峦叠嶂，或者是几座小山配合着竹子花木，全在乎设计者和匠师们生平多阅历，胸中有丘壑，才能使游览者攀登的时候忘却苏州城市，只觉得身在山间'，我们就知道假山堆叠的艺术追求的是让人觉得是真真正正的山。"

（2）乙老师在教《苏州园林》时，一位学生问："'假山的堆叠，可以说是一项艺术而不仅是技术'一句中的'艺术'和'技术'能互换位置吗？"

面对学生的提问，乙教师没有直接回答，而是说："这位同学很注意思考，能发现这一问题实在难能可贵。为什么'是一项艺术而不仅是技术'呢？"

学生听了开始窃窃私语起来，相互小声讨论。乙教师不动声色地看着学生讨论，片刻后，开始有学生举手回答问题："我查了字典，'技术'是指有关生产劳动的经验和知识，也泛指操作方面的技巧；而'艺术'是指富有创造性的方式、方法。艺术是以技术为基础的。"

"句子中的'不仅'表明技术和艺术是递进的关系。"

这时乙教师给出了一点提示，引导学生进一步思考："大家再读一读下面的句子，想一想假山是怎样堆叠的？设计的目的是什么？"

学生听了教师的提示后想了想说："两个'或者'句告诉我们，如果单讲究技术的话，假山堆叠的时候就会杂乱无章，也不会用竹子花木等配合，就难以让人产生真实的山的感受，而讲究艺术则恰恰相反。"

（二）说一说下面讲授语属于什么类型。

（1）《红楼梦》第三回说贾雨村送林黛玉进贾府的第二天，贾府已接到金陵来信，知道薛蟠闹出了人命，要投奔贾府；贾宝玉的母亲王夫人正跟王子腾派来的人讨论怎样处理这件事。贾雨村在京城待了一段时间，才靠贾府的帮助，授了应天知府，走马上任。

（2）对于镜面反射和漫反射我们必须明确它们的联系和区别。相同的是它们都是光的反射现象，每一条光线都遵从反射定律。不同的是发生这两种反射的条件不同。发生镜面反射的条件是表面光滑，发生漫反射的条件是表面粗糙不平；反射的情况也不同，当平行光入射时，镜面反射的光也平行，而漫反射的反射光是不平行的。

（3）为什么地主阶级中部分知识分子的代表在当时会产生进步的思想？这要从当时社会主要矛盾发生变化的情况加以分析。鸦片战争开始，在资本主义侵略者直接威胁中华民族生存的情况下，当时地主阶级和农民阶级的矛盾暂时降到次要地位。正是在挽救民族危亡这一点上，地主阶级部分知识分子代表的思想和人民的利益表现了暂时的一致性。从这一点上讲，魏源的思想反映了历史前进的趋势，是一种进步思想。

(4) 诗歌是文学之母。在早期的文学史里，诗占了主要地位。唐以前的文学史，可以说基本是诗歌史。著名美学家朱光潜曾说："诗比别类文学较严谨，较纯粹，较精微。……不爱好诗而爱好小说、戏剧的人们，大半在小说和戏剧中只能见到最粗浅的一部分，就是故事。所以他们看小说和戏剧，不是问它们的艺术技巧，只求他们里面有趣的故事……读小说只见到故事而没有见到它的诗，就像看到花架而忘记架上的花。要养成纯正文学的趣味，我们最好从读诗入手。能欣赏诗，自然能欣赏小说、戏剧及其他种类的文学。"中国是一个诗歌的国度。诗与青春携手同行。今天的青年人应该更具有诗心、诗情和诗的追求。

(5) 一位音乐教师在讲授《梁祝》一课时，用诗一般的语言为学生讲述了"梁祝"的故事，然后伴随着悠扬的音乐声，这位老师说道："和风里，春光里，两只美丽的蝴蝶翩然飞舞于花丛中。看，前面的那只时而轻轻飞去，时而回头观望，深情款款，那就是祝英台吧！它每个回头的姿势都会让人想起徐志摩的那一句诗——最是那一低头的温柔，像一朵水莲花不胜凉风的娇羞。梁山伯、祝英台，因为有了你们，中国的蝴蝶才会显得如此的多情和缠绵……正是'彩虹万里百花开，蝴蝶双双对对来。天荒地老心不变，梁山伯与祝英台'。"

(三) 一位历史教师教学斯巴达克起义最后决战时说了这样一段描述语，请将这段描述性言语改为抒情性言语。

最后的决战前，战友们把黑色的战马牵到斯巴达克的身边。他在沉思中抚摸着马头，像有千言万语要对这匹跟随他南征北战出生入死的战马诉说，然而，他又只是默默地把自己的头靠近了战马的眼睛，依贴在战马嘴边。突然，斯巴达克怒目炯炯，一跃上马，拔出利剑，果断地对战马说："如果我胜利了，我可以从克拉苏那里夺得更多的战马。要是我牺牲了，我决不能让你成为俘虏！"斯巴达克一剑向战马的尾部猛刺，战马在嘶鸣中向前冲奔。

(四) 根据讲授语的分类，运用论述性言语为下面这段文字设计讲授语，并进行试教和互评。

南沙是祖国巨大的蓝色宝库。她拥有难以计数的珍贵的海洋生物，蕴藏着极为丰富的矿产资源，贮藏了用之不尽的海洋动力。仅曾母暗沙，就以丰富的石油储量而享有"第二波斯湾"的美誉。

三、提问语

提问语是教师言语中常见的教学言语形式，它是依据教材内容和学生的实际情况预先设计好的课堂用语。提问是一种教学手段，在教学中有很重要的作用。著名的特级教师钱梦龙老师就提出：“引导之法，贵在善‘问’”“要发展学生的智力，研究‘问’的艺术很有必要。”可见提问是触发学生思维活动的引线，深入学习的阶梯，是觉悟的契机。

抛砖引玉

（一）这是一位数学老师在教学关于“圆”的相关知识时，进行的一系列的问题设置：

师：车轮是什么形状？

生：圆形。

师：为什么车轮要做圆形呢？难道不能做成别的形状吗？比方说：做成三角形、四边形呢？

生：不能！

师：那就做成椭圆形，怎么样？

生：这样一来，车子前进时就会一忽儿高，一忽儿低。

师：为什么做成圆形就不会一忽儿高，一忽儿低呢？

该教师按照既定的程式连续引导学生对某个问题进行思考、研究，这种提问方式紧紧扣住学生的回答，巧妙地联系教学内容，寓讲解于问答之中。

（二）一位语文老师在讲授鲁迅的小说《药》时，提出两个问题：

夏四奶奶明知儿子受了冤枉，为什么上坟时仍要“踌躇”和“羞愧”？华大妈在看到夏瑜坟上有花环时，为什么会“感到一种不足和空虚”，又“不愿意根究”？

这位教师将这两个问题同时呈现给学生，使学生能够从不同方面来思考问题，进一步理解文章的深层含义。

（三）一位老师讲《纪念白求恩》一课时，进行了一系列提问，你认为这位教师的提问是有效的吗。

老师问：“白求恩是哪个国家的人啊?”，哗——学生齐刷刷举手：“加拿大人。”因为文章第一句清楚地写着“白求恩同志是加拿大共产党员”。老师又说：“多大年纪了！”哗——又齐刷刷举手：“五十多岁了。”“到中国来干什么?”哗——举手：“为了帮助中国的抗日战争。”“后来在哪里以身殉职?”“这是什么精神?”“毛主席号召谁要学习这种精神?”

教师只是把课文中的一个个句子依次“改造”成问题，整节课老师的问题一个接一个地提，学生不假思索地回答，课堂气氛看似热烈，但毫无提问的价值。索然无味的言语让课堂平平淡淡、毫无光彩，学生的思维也得不到启迪。

知识仓库

（一）提问语的基本要求

1. 目的明确，把握时机

教师在提问之前，要根据内容的难度、学生的水平，确定好提问的范围、广度、深度以及难易程度。在设计提问语时要通盘考虑，把握好提问时机，什么时间提问，先问什么，再问什么，应该心中有数。如果提问过早，学生的知识还没有达到那一个层次，必然不能回答；如果提问过晚，学生已经知道了答案，就起不到促进思考的作用。因此，教师应该把握好时机，使提问能如杠杆一样，轻松撬动学生思考的大门。

2. 宽窄适度，循序渐进

提问的目的是让学生在和谐的信息交流中学到知识。教师在提问时，所提问题不能太宽泛，这样就没有针对性，学生不好把握回答的范围，所提问题也不能太窄，这样会限制学生思维，不能进行迁移思考。教师在提问时，要避免一味地追问、随意地发问，否则会让学生产生厌问、拒问、怕问的消极心态。《礼记·学记》：“善问者如攻坚木：先其易者，后其节目；及其久也，相说以解。不善问者反此。”教师要做到善问，就要做到宽窄适度。提问语之间还要能够体现出递进关系，要做到前一个问题是后一个问题的基础，循序渐进，由易到难，由浅入深。只有这样的提问语，才能推动学生进行思维活动，才能有利于教学进度顺利进行。

3. 因人而异，注意方式

教师在提问时，不能“一视同仁”，要根据学生的性格特点、知识水平等因素因人而异，注意切合学生的实际回答能力，不可难为学生，逼问学生。当学生回答问题遇到困难时，教师不可催促、不可没有耐心，要慢慢引导学生，可以借用表情语和学生沟通，鼓励学生大胆回答问题。另外，提问还应该注意方式方法，提问之前应面对全班同学讲述提问内容，这样可以调动全体同学积极思维，不提倡先叫学生起来再提问的方式。

（二）提问语的基本类型

1. 正向式提问

正向式提问是教师根据教学内容从正面提出问题，顺着教学内容的思路或者学生思维的方向，让学生顺藤摸瓜，在探索答案的过程中获取知识，发展智力。这类提问方式的常用语是：“接下来该怎么做?”“刘备第三次拜访诸葛亮的情形是怎样的?”“你想到了什么方法?”“你的问题在哪里?”正向式提问应做到问题简洁，紧扣教学内容。

2. 逆向式提问

逆向式提问是教师“反其道而行”，为了促进学生深层次地思考问题，不直接问“为什么”，而是从相反的角度提出假设，让学生通过对照，做出正确的判断。如语文课上教师在讲解“红杏枝头春意闹”一句时，将“闹”字换掉，提问学生换掉“闹”字的句子表达有什么不同。这样通过对比，就将“闹”字的好处显现了出来。逆向式提问要求所提问题具有思辨性。

3. 递进式提问

递进式提问是一个大问题拆成几个相关的小问题，贯穿到授课当中。这几个连贯性的问题由易到难依次提出，前一个问题是后一个问题的基础，后一个问题是前一个问题的深化，就像爬坡一样，把学生的思维一步一个坡度地引向求知的新天地，借以强化学生对教学内容的理解。采用递进式提问时应做到所提问题环环相扣，逐步深入，形成梯形结构。

沙场点兵

1. 分析案例

请分析下面这个案例，教师所使用的提问语是什么类型，这种提问语的作用是什么?

师：中国近代史是从什么时候开始的?

生：从1840年鸦片战争开始的。

师：对！再请同学们回答，鸦片战争以后，中国的社会性质起了什么变化?

生：从封建社会变成半封建半殖民地社会。

师：对。半殖民地半封建的中国社会的主要矛盾是什么?

生：外国资本主义和中华民族的矛盾，封建主义和人民大众的矛盾。

师：那么，最主要的矛盾是什么?

生：是外国资本主义和中华民族的矛盾。

师：对。自从鸦片战争以来，由于外国资本主义的入侵，使我国的社会性质和社会矛盾都发生了变化，思想文化也必然要引起变化。

2. 评论教学

评论下面湖北省丹江口市的地理教师董发东教学片段中提问的作用和

意义。

在初中地理课中，地方时、区时和日界线是初一地理的一个难点。初一学生虽然有一定的时间概念，但是对地方时和区时的概念往往不理解。

董老师问："同学们很喜欢看奥运会的实况转播，当我们知道中国女子足球队将于澳大利亚东部时间9月18日下午3点在悉尼和美国女子足球队比赛时，我们应该在什么时候打开电视机?"

多数同学都明白，如果在北京时间下午3时打开电视机的话，肯定看不到这场比赛。于是就产生了学习时区、换算悉尼和北京两地时区的兴趣。

在完成了悉尼时间和北京时间的区时换算之后，董老师又提出了第二个问题："要是奥运会不在悉尼举行，而在其他国家的城市举行，我们又该在什么时候打开电视呢?"

3. 设计问题

鲁迅《祝福》中对沦为乞丐的祥林嫂的一段描写："她一手提着竹篮，内中一个破碗，空的；一手拄着一支比她更长的竹竿，下端开了裂；她分明已经纯乎是个乞丐了。"这段话在语言运用和形象刻画上均有独到之处，请设计一组问题启发学生思考理解。

四、结课语

做事情都讲求"善始善终"，授课有开始就有结束，有导入语就有结课语。结课语是教师言语中常见的一种教学表达方式，又叫结尾语、小节语、断课语或总结语。结课语可以根据授课内容分为一堂课的结束语、一个章节的总结语，因此，结束语的内容可以根据教学需要设置。一个好的结束语，可以起到"余音绕梁，三日不绝"的效果。明人黄政枢说："好的结尾，有如咀嚼干果，品尝香茗，令人回味再三。"一个回味无穷的结束语，会起到"临去秋波那一转"、"回眸一笑百媚生"的效果。一堂成功的课，既需要引人入胜的导入语、环环相扣的讲授语、灵活机智的提问语，也需要有画龙点睛的结课语。

抛砖引玉

下面是几则结课语，请阅读这些结课语，然后思考，结课语有哪些特点?在使用结课语时，我们应该注意哪些问题呢?

(1) 这是一位语文老师在讲授完朱自清先生《荷塘月色》时，所作的结课语。

这是一篇优美的写景散文，文中描绘了美的景、美的情，其特点是写荷塘与写月光交叉，动的刻画与静的描写交错，抒情与写景交融，形成一幅素雅、朦胧、静美的画面，表现了作者忧与喜的矛盾心态，抒发了关心国家前途与命运、追求自由的思想感情。文章用词精当，语言清新，富有表现力，如动词的选择，博喻和通感的运用，不仅描写形象，且十分传神。请同学们在背诵过程中进一步体味。

（2）一位语文教师在讲授完《琵琶行》时，用了诗情画意的言语将文章的情感表达得淋漓尽致。

走在千年湖畔，那声凄厉的、戛然而止的裂帛，仿佛就在耳边，仿佛就在昨天。那一瞬间，诗人走在歌女的弦上，琵琶声响在诗人心里，拨弦人轻拢慢捻，弦上人醉不成欢。琵琶声渐行渐远，在诗人心头勾起，在诗里隐没。书案前，只留下江州司马，泪湿青衫。一朵花，一杯酒，一首诗，分不清谁更醉人，谁更灿烂，分不清芳华弹指间，谁将流传得更加久远。有花，有酒，白司马却醉倒在诗的马前。诗无言，诗是诗人永远的春天，诗是诗人最初最终的家园。让我们与经典为伴，与诗歌同行。

《琵琶行》是一首千古绝唱。读完此诗，人们无不为诗人、为歌女唏嘘落泪。而这位教师用诗情画意的言语再现出当时情景，将学生心中的情感激发了出来。

（3）特级教师于永正执教《景阳冈》一课时，他是这样结尾的：

师：武松一步步走下冈去……后面还有许多惊心动魄的故事在不断地演绎。同学们想知道吗？

生：想！

师：最想了解什么呢？

生1：我最想知道武松打完虎后怎么样了。

生2：武松最后的命运如何呢？

师：你们的这些问题呀，都可以从《水浒传》中了解到。《水浒传》中还有很多类似于武松这样的英雄好汉，比如豹子头林冲、花和尚鲁智深等，这些英雄好汉演绎了一个又一个精彩、动人的故事，留待你们自己去阅读，相信读了以后你们一定会爱不释手的。

这样的课堂结尾抓住了学生好奇心强的特点，制造悬念，激发学生强烈的好奇心。在兴趣和求知欲的驱使下，学生很愿意去阅读名著。这一设疑激趣、悬念留白式的课堂结尾不露声色地将学生的好奇心、求知欲和阅读兴趣激发了起来，使得课堂自然由课内延伸至课外，拓展了学生的学习空间。

知识仓库

(一) 结课语的基本要求

1. 归纳重点，言简意赅

结课语作为一节课或教学环节的“收官”之语，应该对所教内容进行清晰明了、言简意赅的总结归纳，使学生通过教师的总结语，对所学内容有一个整体的把握，使学生得到再一次的认知加深和理解升华。它既要简明扼要归纳重点，突出中心，又要给学生留下鲜明而深刻的印象，帮助学生理解新知识，巩固教学课堂新成效。

2. 自然流畅，情感丰富

教师的结课语要自然流畅，要顺着讲课的思路，学生思维的脉络来进行结课，切忌因为时间关系，匆忙结课，使整堂课的思路被生生切断。结课语的选择要根据讲课内容来确定，教师的结束语切忌情感的抒发与所授内容的相悖。教师的结课语要富有感染力，形象生动，饱含情感，给学生以美的熏陶，就像艺术作品一样，能让人感同身受。

3. 寓教于乐，知识拓展

教师要善于发挥结课语总结内容、凝练思想和拓展知识的作用，寓教于乐，把课堂教学与实践体验有机结合。教师应该让学生通过结课语拓展知识，开启联系实际、指导实践、解决问题的思维和行动，达到益智启思的目的。同时把理论传授、思想教育、技能培养、素质提升等有机要素合理恰当地运用在结课语的组织和讲述中。

(二) 常见结课语的类型

明代谢榛论及文章的开头和结尾时说：“起句当如爆竹，骤响易彻；结句当如撞钟，清音有余。”好的开头，引人入胜；好的结尾，画龙点睛。那么，课堂教学的结尾有哪些类型呢?

1. 自然式结尾

按文章顺序，由前而后，讲读最后一节甚至最后一句时，自然地收尾，交待人和事的最后结局。如在学《月光曲》一文的结尾时老师提问：“他们兄妹听着月光曲沉醉了，他们苏醒后有什么发现，贝多芬是怎么做的呢?”然后让学生用文中最后一段作答：“兄妹俩被美妙的琴声陶醉了。等他们苏醒过来，贝多芬早已离开了茅屋，他飞奔回客店，花了一夜工夫，把刚才弹的曲子——《月光曲》记录下来。”这样结束《月光曲》的学习，同时在学生头脑里留下清晰完整的印象。

2. 点题式结尾

在文章的结尾点明文章的题目，剖析出作者写这篇文章时的目的，将感性认识提高到理性高度。如教《鸿门宴》一文时，一位老师这样“点睛”：“一场惊心动魄的宴会，双方力量互相抗衡。一场看不见的战争结束，总得好好总结一下经验教训。如果你是刘邦，你怎样总结全胜的经验？如果你是项羽，你应当汲取哪些失败的教训？哪位愿意当刘邦？哪位愿意当项羽？”同学们一听，兴趣盎然，“刘邦”、“项羽”纷纷登台，从理性的角度总结这场鸿门宴，这样的课结得生动活泼。

3. 游戏式结尾

课尾设计一个新颖有趣、耐人寻味的游戏，让学生在游戏中复习和巩固整堂课所学内容，可以避免疲劳，保持学习兴趣，让学生感到课堂并非枯燥无味，而是妙趣横生。这种结尾方式一般应用在小学低年级，这个学段学生喜欢做游戏，把游戏与课堂教学结合起来，通过游戏使学生的身心得到放松、浓厚的兴趣得以保持。

4. 朗读式结尾

朗读式结尾较多地应用在语文学科当中。叶圣陶说：“语文学科，不该只用心与眼来学习；须在心与眼之外，且用口与耳才好。吟诵就是心、眼、口、耳并用的一种学习方法。”因此，教学结束后，让学生绘声绘色、入情入理地朗读课文，既能训练朗读的技能，又能调节课堂气氛。琅琅的读书声，让学生品味到了读书的乐趣，使教师感到一种享受，一种学生给予的报偿。如一位教师上《陋室铭》一课快结束时，让学生连续三次齐诵最后一句“孔子云：何陋之有”，在这样反复的朗诵中，学生进一步感受到作者身居陋室而坦然的心态，感受“惟吾德馨”的含义。在这样的方式中结课，课虽尽而情未了，作者安贫乐道的精神仍在师生脑际萦绕。

5. 延伸式结尾

延伸式结尾是一种开放型的结束，课堂教学的结束并没有把学生的活动和思考画上句号，反而是鼓励学生继续探索。教师引领学生理解基础知识的内涵和外延，然后通过连点成线，织线成网，让学生在活动时间中实现真正意义上的建构。如教师在教学第一个带“三点水”的“河”字时，老师提出“你还认识哪些带这个部首的字呢”的问题。课堂结尾时，教师热情鼓励学生在校内、在家里、在街道上，通过读书、看报、看电视、看商标、招牌、广告……去认识跟水有关、带三点水的字，看谁认识得又多又正确。试想，这样的结尾，能不让学生主动地去发现并领略更多的东西吗？

6. 悬疑式结尾

悬疑式结尾类似于评书演员在评书的尾声处留下的“预知后事如何，且听下回分解”的悬念，激发听者继续往下听的欲望。在课堂结尾时，教师可以根据课文内容提出一些发人深思的问题，引起学生的联想和思考。教师在“欲知后事如何”时却戛然而止，从而给学生留下一个有待探索的未知数，激起学生学习新知识的强烈欲望，使“且听下回分解”成为学生的学习期待。悬疑式结尾一般用于两课时或者更多课时的课程，在第一课时讲完之后，可以用这种方式，激发学生的好奇心，主动学习下一课时。

7. 归纳式结尾

归纳式结尾就是教师用简练的语言提纲挈领地归纳总结本节课的内容。这是目前课堂教学中运用较多的一种，尤其适合高年级使用。如在教学完三角形的相关授课之后，教师可以将三角形的定义、性质等知识进行总结。在这个过程中，教师可以适当进行板书，使教学内容更加突出。

8. 练习式结尾

“以教师为主导，以学生为主体，以训练为主线”是钱梦龙先生的“三主”教学法。其中“训练”被放到了一个非常重要的位置。钱老先生认为“训练”是学生在教师指导下的实践，是师生互动、合作的过程。课内的语言训练是非常重要的，在学习课文之后，引导学生运用学到的语言文字、遣词造句的知识进行一些练习也是很有效的。

结课有法，但无定法。结课是一门艺术，它没有固定不变的模式。教师要因人而变，因文而导，根据每堂课的教学内容、目标、重难点灵活地选择形式，充分发挥自己的特长，使整堂课的教学得到升华，从而达到“课虽终，趣不尽；言已尽，意无穷”的境界。

沙场点兵

（一）下列材料分别用的是哪一种类型的结课语？它们的作用是怎样的？请尝试用其他的方式为同样的内容设计结课语。

（1）《小猴子下山》一课的结尾一位老师是这样设计的：

师：小猴子下山开始时的心情可以用什么词来概括？

生：非常高兴。

师：这说明小猴子见什么就爱什么，见什么都喜欢。小猴子每见到一个新的东西，对原来的东西怎样？

生：扔掉。

师：这样做的结果怎样？

生：空手而归，什么也没有得到。

师：小猴子做事不专一，喜新厌旧，我们可不要学习它。无论做什么事，一定要做好一件，再做另一件，有始有终，这样才能把事情做好，才能有所收获。

（让学生互说感受认识。）

师：现在，我们来学习几句拍手歌。这支拍手歌很容易记。（教师多媒体出示）下面老师就把拍手歌教给大家。

一、大玉米，金黄衣，小猴儿看见心欢喜。

二、大桃子，脆又甜，小猴儿看见嘴儿馋。

三、大西瓜，圆又圆，小猴儿看见好喜欢。

四、小白兔，白又白，蹦蹦跳跳真可爱。

小猴子，不专一，看见什么都新奇，结果空手回家去。

（2）《只有一个地球》的文章学习完之后，一位教师是这样结课的：

我们周围的生活环境怎样呢？请同学们利用星期六日的时间，个人或小组合作，去调查、访问或查阅资料（包括上网）研究，实践成果的展示不拘一格，可以是调查报告、记叙文章，也可以是建议书、表扬稿，还可以是手抄报。

（3）一名教师教学《凡卡》一文的结尾，提出如下问题给学生：

凡卡是怀着强烈的愿望把那封宝贵的信塞入邮筒，可万万没有想到爷爷是永远也不可能收到他的信了，那凡卡的命运将怎样呢？

（二）有位中学老师讲授鲁迅先生的小说《孔乙己》之后，是这样断课的：

鲁迅先生在小说《孔乙己》中塑造了孔乙己的形象，并通过孔乙己的悲剧，批判了科举制度对知识分子的迫害。而下一篇课文《范进中举》，同样反映了这一主题。那么，试比较一下，鲁迅笔下的孔乙己和吴敬梓笔下的范进，人物境遇有什么异同？人物性格有什么异同？写作上各有什么特点？

假设你现在是给学生讲授韩愈的《师说》，下节课你将讲授荀子的《劝学》，请你在讲完《师说》之后的断课语中，仿照上面断课的方式把两篇文章作一种巧妙的衔接。

资料超链接

如何提升教师的言语修养

教师言语是教师向学生传道、授业、解惑以及师生之间传递信息、交流情感的凭借，是在教学实践中逐步形成的符合教学需要、遵循语言规律的职业语言。教师“高度的言语修养是合理利用教学实践的重要条件”，教师的言语是“一种什么也代替不了的影响学生心灵的工具”。教师优秀的言语表达能够化抽象为具体，化深奥为浅显，化腐朽为神奇，优化课堂教学，提高教学质量。如何提高教师的言语素养?

一、广泛涉猎，博采厚积——言之有物

“问渠哪得清如许，唯有源头活水来。”当今时代信息倍增，科学知识迅猛发展，每一个人都面临着不断更新旧知，补充新知的问题。师生之间的信息差越来越小，作为教师，知识更新速度就尤为迫切。不及时更新，就难以与时俱进，教书育人，而阅读不失为更新知识的一条最佳途径。书籍是思想的宝库，是人类进步的阶梯，高尔基说：“读书，这个我们习以为常的平凡过程，实际上是人们心灵和上下古今一切民族的伟大智慧相结合的过程。”阅读可以积累知识、开拓胸襟、拓展思路、自我反思、发展思维、感悟理想信念、感悟理性与真情。因此，教师要不断学习，接受教育。不仅要掌握本专业本学科的基础知识，更要学习、理解本学科的最新研究动态、成果，充分涉猎该领域的新信息、新观念、新策略、新问题。“能博喻方能为人师”，教师通过大量阅读，博采广收，去伪存真，汲取精华，开拓视野，丰富思想，加深见解，既纵深发展，又横向延伸，让自己在教育教学中旁征博引、信手拈来、情理并重、游刃有余，做到有话可说，内容充实。

二、加强训练，拓展思维——言之有序

日本作家小林多喜二说：“正如‘结构’二字的字面含义是盖房子一样，不管你的目标是多么高尚，材料是多么优良，如果盖得不好，摇摇晃晃，结果毫无用场。”材料丰富，内容充实，如果缺乏严密的思维作支撑，也只是一盘散沙，杂乱无章，难以达到预期的效果。语言是思维的外衣，只有思维清晰的人，其言语表达才可能流畅贯通，真正有教育意义和启发意义的言语，应该是建立在思维的基础之上的。教师教育教学，应该意在嘴先，三思而后说，内容表达要先设计一个基本的思路。只有对问题进行深思熟虑后，才可能娓娓道来，声情并茂，张弛有序，从容不迫。这要求教师要认真备课，吃透教材，明确教学目标，科学设计教学程序，由浅入深，由近及远，由具体到抽象，层层深入，契合学生的思维发展。而要做到这一点并不容易，需要教师通过阅读、交流、实践、反思等手段拓宽视野，更新思维；还要在日常教学中有意识地进行思维训练，并反复进行口语展示，提高思维的准确性、灵活性、全面性，形成合乎个人习惯的最佳语言表达方式。思维训练要注意循序渐进，稳步前行，不可操之过急。

三、春风化雨，润物无声——言之有情

白居易说："感人心者，莫先乎情。"言为心声，语言不仅作用于人的感官，更作用于人的心灵。人秉七情，是情感性的动物，对有血有肉的人来说，最有影响力的触动方式莫过于动情。孔子说："知之者不如好之者，好之者不如乐之者。"教师"好之""乐之"，从思想的高度认识到职业的神圣，热爱自己的教育事业，激发对教育事业的浓厚兴趣，以饱满的热情、高度的责任心投入到教育中去。教师言语表达充溢着炽热的情感，字字珠玑，句句含情，有了动人心魄的力量，触动学生敏感的神经和精神世界，春风化雨，魅力无穷。学生耳濡目染，如沐春风，高度关注并积极参与教学活动，提升认知活动的效率，增强认知的动能，教学效果不言而喻。相反，没有情感参与的语言，苍白无力，激不起感情的涟漪，不是有效的语言。

四、幽默诙谐，妙语连珠——言之有趣

苏联教育家维雅斯洛夫说："教育家最主要的，也是第一位的助手是幽默。"幽默是情感、思想、学识、灵感的结晶，是课堂教学的催化剂。幽默诙谐、风趣高雅的言语可以密切关系、拉近距离、活跃气氛、点燃激情、加深理解、强化记忆；可以化深奥为浅显，化抽象为形象，使教学内容通俗易懂、妙趣横生；可以沉着冷静、处变不惊、挥洒自如地处理教育教学中的突发事件，敏锐地捕捉教学契机，调整教学的方向。若要言之有趣，教师首先要树立和强化幽默意识，善于向书本学习，博览群书，潜心阅读，积累幽默的格言、警句；善于在生活中学习，处处留心，时时在意，发现、积累生活中的幽默素材，增加储备。其次，在积累中思考、领悟幽默的内涵与本质，掌握创造幽默的途径，并通过反复的练习，不间断的反思，及时总结、矫正，提升幽默智慧。在具体的教学过程中，教师还要吃透教材，认真准备，根据实际灵活地设计幽默情节，生动地介绍、描述、评论课文内容，机敏地穿插使用幽默的格言、警句、故事等，恰当地运用比喻、拟人、夸张、飞白等修辞方法，辅以幽默的动作、表情，开发利用好幽默资源，创建和谐课堂，实现师生思维共振。

五、使用规范语言——言之有范

作为教师，不仅要锤炼言语，使自己的言语丰富充实、圆润清晰、自然流畅、饱含激情、生动形象，还要树立普通话的意识，积极普及、推广、运用普通话。普通话是中华民族的共同语，是一个国家，一个民族社会发展水平与文明程度的具体体现。学好普通话，用好普通话是每一位教师义不容辞的责任和义务。学高为师，教师要认真学习，坚持使用普通话，用好普通话，高标准，严要求，精益求精，能够给学生做表率，做示范，让学生体会汉语的优美、动听和表现力。特级教师于漪说："语文教师带领学生学习规范的书面语言，如果自己的口头语言生动、活泼、优美，就能给学生以熏陶，大大提高学习效果。""蓬生麻中，不扶自直"，教师的语言水平，能给学生创造良好的语言学习环境，给提供学生模仿、学习语言的标准，其作用不可低估。

第四章　教师口头言语——教育言语

第一节　教育言语概述

教育言语是相对于教师的教学语言而言的，是教师言语的另一重要内容，即教师在教育学生的活动及过程中使用的语言。更具体地说是教师在全部教育活动、教育过程中根据德育、美育目标，有目的地对学生进行思想品德教育、进行行为规范教育时所使用的教师工作用语，旨在使学生思想品德、学习生活等行为习惯、身体心理健康水平向着教育者所期待的目标变化。

抛砖引玉

阅读下面的案例，说一说哪些案例教师的教育言语是符合规范的，哪些案例教师的教育言语是不符合规范的。这些反面案例给了你什么思考？

（1）你认为下面这位老师的做法对吗？当你在面对下面这种情况的时候，你会怎么办？

一位女生在教室里吃了零食，把零食袋掉在了地上，教师发现后指责说："一张馋嘴，乱扔乱丢，你真是个不文明的学生。你在家里也是这样吗？你父母一定不讲卫生，家里收拾得一团糟。"

像这样不客观的批评语，很容易导致学生与老师对立起来，甚至发生冲突，还哪里谈得上教育效果。

（2）同样是面对学生没有保持好教室卫生，下面这位教师的做法与案例（1）中的教师做法有什么不同？

一位班主任老师看到教室满地废纸，他没有发火训斥学生，而是说："同学们，当我看到教室满地废纸时，就觉得心里不舒畅，我的心情就变得像这个地面一样糟糕，连上课的劲都没有了，我不知道大家是否与我有同感?"

这位老师从"我"的角度出发，充分体现了以人为本的教育观念，学生易于接受。这样的语言，构建了师生之间相互尊重、理解，相互平等、交流的平台，而不是老师置身问题之外，简单地将责任归咎于学生，注重培养师生之间的感情，学生往往也会心领神会，心服口服。

（3）下面案例中的情况，很多教师特别是班主任在工作中都会遇到，那这位老师的言语有什么不妥的地方？你认为应该怎样处理这个问题？

有个高二学生旷课了半天，班主任十分气愤，待学生到校后，班主任追查其原因，学生告诉老师是因为他原来一个玩得好的初中同学突然出车祸进医院进行开颅手术，当时急得不知所措，没有想到请假。于是班主任狠狠地瞪了学生一眼，说："一个初中同学蛮了不起。"学生听了十分反感，觉得班主任太不讲人情了。

学生旷课有错在先，但是教师不应该说出这种"无情"的话，没有感情的言语，对学生来说是没有温度的。教师不仅要把学生培养成有知识的人，还要培养成有情感的人。

（4）学生情窦初开，对异性有好感，这是正常的事情。但是很多教师在处理这个问题时，都不是很恰当。下面这位教师处理问题的方法有没有给你带来启示？

初二的英语课上，老师发现一位女同学没有认真听课，而是埋头在写什么。老师走过去将她写的东西收起来一看，原来是写给一位男生的纸条子。看着上面情意朦胧而又稚气未脱的话，老师忍不住笑了。这一笑激起了全班同学的好奇心，几个调皮的男生大声喊："老师，念出来。"写纸条的女生低埋着头，满脸涨得通红。全班同学好奇地期待着，老师说："你们真的想知道？"学生一致点头。"其实是一首非常好的诗"，老师随即打开纸条大声念道："百川东到海，何时复西归。少壮不努力，老大徒伤悲。"同学们听了不再哄笑，而那位女生更是长长地舒了一口气。课后，她塞给老师一张纸条，很快跑开了。纸条上写着："老师，您是我见过的最聪明最美丽的老师，我一定会记住您对我的希望：珍惜时间，刻苦努力！"

根据上面呈现的四个案例，你在阅读之后有什么启发吗？你认为教师规范的教育言语，能对学生起到什么样的作用？教育言语的特点有哪些？在运用教育言语时，你认为要注意哪些问题？

知识仓库

一、教育言语的重要性

苏霍姆林斯基曾说过："要记住，你不仅是教课的教师，也是学生的教育者、生活的导师和道德的引路人。"可见教师不仅仅承担着"教书"的任务，还承担着"育人"的责任。如果一位教师只重视知识教学，而忽略学生的思想教育，那他一定不是一名合格的教师。教育言语对教师、对学生有怎样重要的意义呢？

（一）教师素质和形象的反映

“开言知肺腑，出口见精神”，言语是“肺腑”和“精神”的体现。言语作为交际的工具，不仅是人们表达思想感情的媒介和符号。同时也是一个人道德情操、文化素养水平的反映。一个教师在与学生、家长的交往中，如果能做到言之有理、言之有爱、言之有度、谈吐文雅幽默，就会给人留下良好的印象；相反，如果主观武断、粗话不断、脏话难听，甚至恶语伤人，就会令人不快或反感。有人说：教师的语言是一种技术更是一种艺术，曼妙、细腻、惟美、豪迈；教师的语言是一种知识更是一种思想，深邃、练达、智慧、仁爱；教师的语言是一种功力更是一种品味、情趣、意境、修炼、魅力。可见教师的教育言语是反映教师素质和形象十分重要的方面。

（二）维护良好的师生关系

言语交流是师生互动的基本方式，教师寓情于理和寓理于情的言语，能够解开学生的千千心结；有条有理和客观实在的言语，能消除学生的种种疑惑。俗话说：“好话一句三冬暖，恶语伤人六月寒。”在对学生的教育过程中，教师如果对学生恶语相向，伤害学生的心灵，就会破坏师生之间建立起来的良好的师生关系。而良好的教育言语可以使教师和学生之间消除误解，彼此理解，加深情感，从而使师生关系向着良好的方向发展。

（三）促进学生健康成长

言语表达是有对象的，因此在进行言语表达时，表达者要从言语接受者的角度出发，判断自己的言语是否能为对方所接受。教师教育言语的对象主要是学生，教师纯净、客观、准确、平等、激励、有情感和幽默感的教育言语能给学生带来积极影响。鲁迅先生说得好：“孩子的世界与成人截然不同，倘不先行理解，一味蛮做，便大碍孩子的发达。”因此教师应该用言语去发蒙，用言语去启智；用言语去激励，用言语去引悟；用言语去赞美，用言语去督促，使学生不仅成才而且成为优秀公民。

二、教育言语的特点

苏霍姆林斯基指出：“教育的艺术首先包括谈话的艺术。”教师的教育效果很大程度上取决于他的言语表达能力，这就对教师的言语修养提出了很高的要求。教师的教育言语是在教育实践过程中逐步形成的符合教育需要、遵循语言规律的职业语言。那么教师的教育言语有哪些特点呢？

（一）针对性

所谓针对性，是指教师根据教育目标的要求，使教育言语在具体实施过程中必须注意有的放矢。具体来说主要是以下三个方面：一是针对具体的教育问题，二是针对具体的教育对象，三是针对具体的教育目的。荀子曾经指出："血气刚强，则柔之以调和；知虑渐深，则一之以易良；勇胆猛戾，则辅之以道顺；齐给便利，则节之以动止；狭隘褊小，则廓之以广大；卑湿重迟贪利，则抗之以高志；庸众驽散，则劫之以师友；怠慢僄弃，则炤之以祸灾；愚款端悫，则合之以礼乐，通之以思索。"（《荀子·修身》）教师在对学生进行教育时，应从学生的思想、生活与学习实际出发，围绕学生出现的具体问题，采用与其身心特点、智力水平、接受能力等相适应的方式方法，进行区别化教育。

（二）平等性

教师和学生作为具有独立人格的主体，他们之间应该是平等的、互相尊重的。学生虽然在生理、心理方面的发展还不够成熟，但他们和教师一样具有独立人格，有其自身的价值和尊严，尊重与平等是不受年龄、地位等因素限制的。因此，教师应该以平等的姿态来面对学生，放下架子，尊重学生，避免一些随口而出的"言语伤害"的发生。"师道尊严"是中华民族几千年来的传统，在封建社会，我们过于强调教师地位的尊严，而缺少对学生主体的尊重。现代主体教育理论认为：只有唤醒学生的主体意识，营造民主、平等、宽松的教育氛围，才能收到好的教育效果。教师在开口说话之前，可先换位思考，多站在学生角度想想，做到"三思而后说"。只有师生之间处于平等的状态，才能达到理想的教育效果。

（三）说理性

说理性是指教师通过摆事实、讲道理，让学生明白所谈问题的是非曲直，并分析事情来龙去脉之中所蕴含的辩证关系，做到剖析客观、持论公正、以理服人。简单来说，教师对学生的教育就是通过一些手段，使学生明白做人的道理、做事的方法。教育言语的运用对象是学生，教师在对他们进行思想教育时，不能高高在上，以势压人，不能利用教师的身份来压制学生，逼迫学生，应该以正确的理论作为教育说理的依据，晓之以理，以理服人。要通过摆事实、讲道理、循循善诱的方法，使学生明白道理，心悦诚服地接受教育。

（四）情感性

列宁说："没有人的情感，就从来也不可能有对于真理的追求。"教育是人与人之间的、"我"与"你"的一种情感交流的过程。教师的教育言语应该公正客观，同时也应该情感鲜明，支持什么、赞成什么，反对什么、禁止什么都应该有自己的情感态度，而不能"和稀泥"。所以教师的教育言语不应该是苍白的、无力的、空洞的说教，应是一种带有强烈感情色彩的交流。当和"差生"谈话时，教师的语言应是充满信任和期待的；当学生成功时，教师的语言应表现出无比的激动和自豪；当学生的家庭遭遇不幸时，教师的语言应流露出强烈的不安和炽热的关怀。

（五）纯净性

言语是一个人文明程度的体现。教师教育语言的修养是其为人师表的重要因素，会对学生的道德品质培养和审美修养产生极大影响。

“学高为师，身正为范。”在教育活动中，教师是学生学习和模仿的榜样，教师的一言一行都会对学生产生重要影响。因此教师的教育言语要具有纯净性，而纯净的首要要求是文明健康。也就是说教师的教育言语要文雅、优美，语调和谐、悦耳，语气亲切、和蔼，使学生听后能产生愉快感，乐于接受教师的教诲，要切忌一切低级、粗俗的污言秽语。

资料超链接

教师应忌讳的教育言语

建立平等新型的师生关系，要从“理解、尊重、和谐、善待”的言语交流做起。下面为大家呈现了教师不能对学生使用的八种言语，因为这些言语会给学生造成不同程度的精神、心理伤害，达不到教育的效果。

1. 侮辱性言语

侮辱性言语的突出特点是通过谩骂的言语侮辱学生的人格。若遇违纪事件的发生，教师缺乏冷静，甚至愤怒：“你是畜牲，简直不是人，人会做出这等事吗?”说出这种侮辱谩骂性的话，不但不能解决问题，相反会激化矛盾。若遇上脾气暴躁的学生还可能发生对骂，搞得教师下不了台。马卡连柯说：“我的基本原则永远是尽量多的要求一个人，也尽可能地尊重一个人。”

有位教师教育一位不读书，爱打扮的女学生：“你的手机是哪来的？是不是哪位老板给你的。你要老实交待。”这位女生嚎啕大哭，家长也来学校要教师拿证据，教师很被动，只好道歉，从此威信大减。使用了这类言语，伤害的既是学生，也是教师本身。

2. 恐吓性言语

当学生没有完成学业、任务或者是一时性起顶撞了教师时，教师企图给学生造成心理压力，而使学生“服帖”来达到自己的目的，如：“你再不听话，就把你赶出校门。”“下次再这样，通知你家长来校收拾你。”这些恐吓性言语给学生造成心理压力，使学生受到伤害。

3. 讽刺性言语

具有讽刺性的言语在师生的对话中或在课堂上说出来，很容易伤害学生的自尊心。如一个男生给女生写了封信被老师知道了，说：“你真是一流的高才生，一流的美男子。你真有本事，先把欠条学好，（该生在学校商店赊欠钱、物），再学写情书好吗？”上课的时候又抓住作文中的错别字说：“高才生，你高中本科快毕业了（高中毕业后又复读了一年，读了四年）。你的功底确实不错，你的‘期骗’是‘期期都在骗’（把“欺骗”写成了“期骗”）。难怪你高考名落孙山。”从此以后，学生对这位教师的态度可想而知了。若是正面疏导，平心静气地讲道理，效果会大不一样。

4. 指责性言语

教师在学生做错事的时候，不是帮助分析主客观原因，因势利导，而是一味指责，也很容易伤害师生感情。如“你怎么搞的，这么简单的题都不会做。”“你为什么不动脑筋，简单的一件事，你搞得这样糟。”“你连这么简单的问题还拿来问，好意思吗？”指责性言语容易给人造成逆反心理，师生关系很难融洽，容易造成学生“如临深渊，如履薄冰”谨小慎微，放不开思想。

5. 贬低性言语

贬低性言语是指在一定的场合贬低别人人格或素质的言语。如某个同学把教师交给的任务完成得不好，教师说：“你是个 18 岁的高中生，这点小事都办不好，你父母白养了你 18 年。”

6. 武断性言语

武断性言语是教师摆出权威的架势，陈述自己的判断或观点是唯一正确的。有位教师不小心在黑板上写了个别字，学生发现后给他提出来，他认为学生扫了他的面子。之后不仅不承认，反而武断地说：“你是老师，还是我是老师？错了也要依我的。”这位老师居高临下的架势和不容学生提意见、知错不改、蛮不讲理的霸道作风，倒是丢了更大的面子。

7. 欺骗性言语

所谓欺骗性言语是利用花言巧语诱骗学生上当。有个外语教师为了帮朋友推销一种英语课外读物，竟把这本书宣传得如何如何之好，最后还用了一句广告语“一书在手，考试无忧”。后来文化部门在查非法出版物时把它作为非法出版物进行了收缴，使学校和这位老师大失面子，弄得学生不满意，家长情绪大。

8. 揭短性言语

揭短性言语是指抓住学生以往的过错或存在的生理缺陷去讥讽、攻击学生的言语如：“你又忘了，高一时，你拿过别人的东西，高二时又有人说你占小便宜，高三马上毕业了，又收错了衣服，怎么老是旧病复发？是不是又想到政教处写检讨？”

当然，我们不能把教师须忌讳的教育言语简单地归纳为几种。但至少上述八种教育言语是不能也不应该使用的。

还有的教育工作者对教育应忌讳的言语作过这样的归纳并大声疾呼："我们作为21世纪的老师就要让这些言语在学校的教育言语中销声匿迹。"

(1) 挑战式。"我要是管不了你，我就不当这个老师!""我要看到底是你说了算，还是我说了算。"

(2) 告状式。"我管不了你，叫你爸爸（或妈妈）来吧!"

(3) 预言式。"我看你呀，准没出息。""你还想考上大学?"

(4) 结论式。"无论如何，就是你的错。""我教了几十年的书，没见过你这样的学生。"

(5) 记账式。"现在我不跟你生气，到最后看谁吃亏?"

(6) 驱逐式。"不想上课，就马上出去!""你给我站到教室外面去!"

(7) 罢课式。"好，既然你不让我上课，我就不上了。""我走，这堂课大家听他讲吧。"

沙场点兵

一、请指出下面这位教师在言语上有哪些不妥的地方。

上课的铃声响了，两个学生还在打闹。老师见状，火冒三丈。下面是他的"训辞"：

你俩是聋了还是瞎了？上了这么多年的学，连这点规矩也不懂？×××，昨天上自习课说话的事还没找你算账呢，今天你又捣乱！我可告诉你，今天下午你必须把你家长叫来，让他看看你这次期中考试考的名次，是倒数第几名。看看你天天在学校干的什么"好事"！上课铃响过了这么长时间，还在闹？

老师，是他先打我的。再说，我没听见铃声，不是故意的。请原……

别跟我讲忒多理由，我不听！你俩都不是好东西！

二、说一说下面的案例给了你怎样的启示？他们使用了什么样的方法达到自己教育学生目的的。

(1) 有一天，一位老太太拄着拐杖，拜访著名作家巴尔扎克。她拿出一本泛黄的小学作业本，递给他，说："亲爱的巴尔扎克先生，您是一位大作家，所以我想请您看看这本作业，并回答我，这个孩子的作文水平到底如何，今后的发展前途又怎么样。"

巴尔扎克面对着这位心情急切的老太太，十分仔细地看完作业本，然后问道："你是孩子的母亲还是奶奶?"

"不是，先生。"

“那一定是亲戚?”

“也不是。”

“那么，恕我直言奉告你，这孩子今后出息不大，仅从字来看，这孩子就显得很迟钝。”

“是吗?”老太太似乎大吃一惊，“亲爱的大作家，您现在声名远播了，怎么连自己的笔迹也认不出来了? 这是您当小学生时用过的许多本子中的一本呀!”

“啊! 老师，是您……”巴尔扎克不禁愧色满面。

(2) 一位高中的班主任发现班里的个别学生在偷偷吸烟，而且还有蔓延之势，于是决定采取措施对学生进行说服教育。作了一些必要的准备之后，在第二天的班会课上，老师在黑板上写下了《谈谈学生吸烟的好处》的标题，学生一见，感到新鲜而好奇，纷纷望着老师，想听老师的高见。

只见班主任开口问道：“同学们，你们知道中学生吸烟有哪些好处吗?”学生纷纷摇头表示不知。老师接着说道：“学生吸烟的好处有三大点，即省粮、节衣、防盗。之所以能省粮，是因为长时间吸烟，最容易搞垮身体，身体一垮，食欲就会不振，食欲减了，粮食也就省下来了。能节衣省布的原因则在于，学生阶段本是身心发育的关键阶段，如果这个时候开始抽烟，烟中的尼古丁可以及时控制身高，阻止生长，甚至导致佝偻，从而达到节省布料的目的。为什么还能防盗呢? 因为烟吸多了，容易导致哮喘、咳嗽，从而迫使肺部及呼吸道发生病变。这样，在寂静无声的夜晚，劫贼们很远就听到了你咳嗽的声音，以致不敢近前作案。当然，除上述三点外，吸烟的好处还有很多，诸如短命啦、通过生病帮助辛苦的父母大肆花钱啦、有效降低环境质量啦等就不再列举了。希望抽烟的同学自己能够在实践中不断进行总结，为将来能够成为远近闻名的吸烟专家打下良好基础。在其他同学高考金榜题名的时候，你们也能在烟雾中庆贺自己拥有绝大多数同龄人都没有的不短的烟龄!”

三、请依据当时的情景，设身处地说一说你打算怎样处理问题? 你该怎样组织你的教育言语。

(1) 在一次活动课上，老师正在进行教学活动，可是发现在前排有两名学生没有参与到课堂中，而是在老师的眼皮底下做别的作业。这位教师非常生气，本想一下子拆穿学生，但是他转念一想，这样不但会影响其他同学而且也会让这两位学生感到难堪，于是这位老师……

(2) 一位教师其貌不扬，一位学生在黑板上画了一个猪头嘲弄他，画得惟妙惟肖，全班同学嬉笑不已。他走进教室，和颜悦色地说：“……”

几年之后，一幅赞美教师，反映自己思想转变的美术作品《悔悟》，被选为参加全国美展的代表作，作者正是当年在黑板上画猪头的学生。

第二节　教育言语的基本类型

“教人者，成人之长，去人之短也。”（魏源《默觚下·治篇七》）教育说到底其实就是对学生的长处、优点、成绩予以充分的肯定和鼓励，促使其发扬光大；对其短处、缺点、错误，给予批评、规劝，使之幡然醒悟，及时纠正。“成人之长”“去人之短”是教师日常教育学生最基本的手段。但是在具体而又复杂的教育情境中，“成”还是“去’，却又是变化多端，教师应该根据具体情境灵活处理。在教育活动中，比较常见的教育言语有沟通语、启迪语、说服语、表扬语、批评语等。

一、沟通语

沟通是人与人之间情感思想传递和反馈的过程，消除误会，达成思想的一致和情感的通畅。沟通语，就是教师为消除学生疑虑，使之达到心理认同所采用的教育言语。在教书育人的过程中，由于教师态度、语言和方法的不当，再加上学生认识水平和理解角度的局限，师生之间总会产生一些情感通道堵塞。要解开学生“心结”，排除其思想上的障碍，消除误会，就需要沟通。

抛砖引玉

阅读下面的案例，思考你将会在什么情况下使用沟通语？

（1）由于某些原因，学校高二某班在新学期开始时，新换了一位班主任，同学们不理解学校的做法，不舍得以前的班主任，对新班主任有一点抵触情绪，在这种情况下，新班主任有了这样一番话：

亲爱的同学们、朋友们：

当我登上这样的讲台，不，应当说是舞台，我似乎觉得两侧的紫色帷幕正缓缓拉开。最富有生气的戏剧就要开始了。最令我兴奋的是这戏剧拥有一群忠于自己的角色演员——你们，高二（2）班的全体成员！这幕剧也许是时间较长的了，因为要持续两年时间。

我想，我这个班主任首先应该是一名合格导演。我渴望导出充满时代气息的戏剧来。团结、紧张、严肃、活泼是它的主调；理解、友爱、开拓、创新应当是它的主要内容；爱着这个集体和被这个集体爱着是它的主要故事。

作为导演，我将要精心设计出动人的故事情节、典型的角色、迷人的故事奉献给所有的演员——今天在座的每一位。

这舞台是你们的，你们是主角。我甘心情愿地做一名配角，尽我的力量竭诚为主角服务、效劳。而在你们成功的演出中，我只想默默地分享一点点成功的快慰。

不仅如此，我还要做一名最虔诚的观众，为你们精彩的演出微笑、流泪、鼓掌、欢呼。我愿意握住每一个人的手，诚心诚意地道一句：祝贺你们的成功。

两年之后，当你们最后与自己的中学时代告别，将要登上人生的大舞台时，你们会深深地感到这小舞台所给予的一切，是多么珍贵，这是一段多么难忘的人生旅途！

两年之后，当我们高二（2）班的戏剧舞台徐徐落下帷幕的时候，我愿意听到你们这样评价我的工作：老师，你是我们满意的导演，也是一位不错的配角，更是我们喜欢的观众。(掌声)

谢谢大家的掌声，从掌声中我感到了你们的理解和支持。

预祝我们合作顺利、成功。

这位新班主任通过一种平等、开放的姿态与学生进行交流和沟通，拉近了彼此之间的距离，使同学放下心中顾虑，更好地理解了班主任。

（2）下面是一位教师在新任班主任时，所遇到的情况。这位教师的做法对你有什么启示呢？

开学伊始，班里就出现了一片混乱的现象，一部分学生装猫作鼠，专找麻烦。我查阅了入学档案，发现有不良记录的同学竟有十几个人。

第二周，我开了一个别开生面的班会，对“差生”开学后的表现，实行“三不主义”——不批评、不算账、不约法。我说：“是玉也有瑕疵，是丑石也有棱角。因此，我从不偏爱任何一个同学，也不蔑视任何一个同学。我最喜欢肯讲心里话的同学，特别爱听有委屈、有挫折、有沮丧、有酸涩的话。越是了解大家，我的心就越贴近大家。希望同学们把憋在心里的话掏出来。”

几句真情话，犹如一石激起千重浪，同学们的话匣子被打开了，你一言，我一语，诉说着自己的委屈，发泄着自己的怨气，也批评了教育者的不公、粗暴、偏爱……

“老师，我们也需要开开绿灯呀！”在一阵议论之后，从人群中传来一个低缓的女生声音。未待我思索，紧接着一阵呐喊：“请给我们开开绿灯吧！”

“老师，是玉也有瑕疵，是丑石也有棱角，您说得对呀！”

“老师，打开天窗说亮话，我们也需要人格尊重呀！”

听着同学们的心里话，我的心里翻腾不已，一连串的问号出现在眼前：教育者诚心奉献给学生的爱，学生为什么要唱反调？为什么在教育过程中旧的矛盾未解决新的矛盾又产生？为什么屡教屡犯？显然，很多都是由于教育的失误。我对同学们说："只要大家了解我，我也了解大家，我随时为大家开绿灯！"

后来我就聘请他们轮流当班主任，每人一次任期两周，直到高三毕业，周而复始。我鼓励他们珍惜机会，努力工作，表现自己，为班级争荣誉，重新塑造自己。而这些学生不断克服缺点，积极向上，他们的才华显露了，人格美了，形象改变了，信心回来了。

这位教师面对基础较差的学生，没有先入为主的偏见，而是真诚地与他们交流，给他们表达自己的机会，使师生之间互相了解，取得了良好的效果。

知识仓库

教师在运用沟通语的时候，请注意这些要求：

（一）了解调查，摸清"心迹"

沟通往往是有了沟通障碍以后，教师和学生之间需要通过彼此交流，了解对方的想法，然后采取措施来消除隔阂与误解。因此了解是沟通的前提。只有了解学生的"心迹"才能知道问题出在哪里，解决问题才能"对症下药"，沟通的时候才能把话说到对方的心坎上。因此，教师要特别重视调查研究，善于倾听各方的意见，勤于掌握第一手资料，不要主观臆测，满足于想当然。只有在清楚了解，全面调查的基础上，摸清学生的"心迹"，才能有效进行沟通。

（二）放低姿态，拉近"身距"

教师作为成年人，本身就给学生一种距离感。在日常的交往中，学生会与教师保持一定的空间距离。特别是当学生做错了事，想到事态后果，可能会受到老师的严厉批评，往往会远离教师，跟教师保持较远的距离。或者有的教师"冒犯"了学生，个别性格倔强的学生，常常会先采取"不予理睬"的态势。这些都不利于沟通的顺利进行。这时，教师应该主动接近学生，请学生坐下或主动靠学生身旁坐下，说一两句轻松幽默或者表示体贴友好的话，缓和紧张气氛，这样才有可能走进对方。

（三）营造气氛，缩短"心距"

受传统"师道尊严"的影响，教师在学生心中是严肃的、严厉的，师生之间交流的气氛往往不是轻松愉快的。在这样的氛围中，教师与学生进行沟通，效果必然受到影响。教师在与学生进行沟通的时候，可以适当缓解紧张气氛。特定情景下，心理是否相容，与沟通双方所选用的句式和语调密切相关。例如在感情较冲动的情况下，疑问句就不如陈述句平和委婉，直问的语气，往往带有咄咄逼人的意味，反问就更加生硬，往往造成“没有生气却越来越气”的后果。如果教师懂得这个道理，找学生来谈话时，先说一句“你好！请坐下”。当学生回答了一个问题或做完一件事情，教师再说一句“谢谢”，那么师生之间的“心距”就自然缩小了，沟通也就容易发生了。

沙场点兵

（一）赏析下面案例中教师的沟通与艺术，分组讨论教师的沟通语妙在何处。

(1) 晚上熄灯铃响过之后，好几个同学还在聊天，宿舍张老师批评了他们，同时推了石洋同学一下，叫他马上上床睡觉，而石洋因此差点摔倒在地上。石洋认为老师故意整他，当晚打电话告知了妈妈。妈妈以为老师打了石洋，所以答应儿子第二天过来找老师理论。赶在石洋妈妈到来之前，班主任把石洋叫到了办公室。

师：石洋，就昨晚的事情我们谈谈吧，怎么样？没有摔着吧？是不是很生气呀？

生：当然生气了，那个张老师总是欺负老实人。（他还列举了很多认为张老师欺负老实人的例子）

师：真有这事呀，那倒是真的很让人生气的，怪不得你会找你妈妈，要是我也会，我能理解你的感受。

生：就是，看我人小老实就欺负我，我可从小到大没人这样骂过我，还推我，我要是摔伤了，看他怎么负责。

师：其实老师也没有故意要推你的意思，只是他刚站你旁边嘛，就顺手想推你赶紧上床睡觉。可能由于他是学体育的，力气比较大。（在这同时，我在他肩上拍了两下）

师：怎么样，我是学数学的，力气是不是不如张老师的大呀？（这时他的脸上已露出了些许微笑）其实我知道你并不想怎么样，只是心里觉得委屈才跟妈妈讲的。但是你有没有想过，假如你是值日老师，你能不能容忍在熄灯铃响过之后还是这么吵吵闹闹的？

生：……

接下来，班主任给他分析老师为什么会批评他，认为老师的这种做法是负责任的表现。当然，老师推学生是不对的，而他不按时就寝的做法同样也是错误的。

事后，石洋认识到了自己的错误，也原谅了张老师。在他妈妈来到学校后，他主动与妈妈沟通好，没有把事情闹大。

(2) 王磊同学在英语课上把前面女生的头发散开，弄得乱七八糟，我接到英语老师的报告后很生气，准备放学之后处理这件事情。放学后，同学们都走了，王磊坐在座位上，一脸的倔强和漫不经心。我一直在考虑怎么处理，正好碰到有个学生有急事找我，就耽误了处理王磊这件事。

天色已晚，我正准备骑车回家，突然想起王磊来，我想大概他早跑得没影了。我走回教室，出乎我的意料，在暮色里，有个影子还站在教室外。我的心动了动，怒气随之烟消云散了。我想批评也不是万能的，点石成金大有失败的可能，算了，让他走吧。就在我想草草打发他回家的时候，我看他在冷风里打了个寒战。那一刻，我心里突然升起了一股温情，就和蔼地对他说："谢谢你还在这儿等着我。你今天衣服穿得有点少，冷不冷，赶快回家，吃点热的东西吧。"他不相信地看着我。我真诚地点了点头，说："走吧，我们一起走。"刚开始他一言不发，默默地跟着我走。突然，他冒出一句："何老师，我错了。"终于，我盼到了这一句十分难得的话。我没有像往常那样乘胜追击，而是十分舒缓地说："你知道错了就行，孩子，我相信你不会有第二次。"①

(二) 请根据下面的材料，针对阿鹏的学习状态及其父母的行为表现，为班主任王老师设计一则不超过500字的沟通交流语。

一个星期一的晚上，某初一班主任王老师到学生阿鹏家里去家访，看到阿鹏在外面玩耍，他父母则在家中摆棋局，看到阿鹏家这种学习环境，王老师委婉地提醒他父母应该给孩子营造一个安静的学习环境，并告知他父母上周检查作业时发现，阿鹏周末的作业只完成了一小部分。可他的父母说，他们已经询问过孩子的作业情况了，孩子说已经做完了。很明显，阿鹏父母对孩子作业的督促仅仅停留在口头上。鉴于这种情况，王老师打算跟阿鹏的父母进行一次深入的沟通交流。

二、启迪语

启迪语，是指教师运用点拨的方法去开启学生心灵的大门，促使学生沿着正确的方向自主发展的教育言语。青年学生思想活跃，上进心强，但由于思想单纯、涉世未深，看问题容易肤浅、片面、偏激，在复杂的社会生活中，

---

① 范国睿、程灵主编：《诗意的追求——教师实践智慧案例导引》，华东师范大学出版社2007年版，第146页。

也容易迷失方向，陷入苦闷、彷徨、悲观的境地，从而影响他们的顺利成长。为此，教师应该经常启发他们探索未知，明白事理，提高他们对经验的升华和对真理的领悟能力，从而促使他们学会生活，学会学习，学会自我教育。

抛砖引玉

阅读下面的案例，你能说一说启迪语的特点吗？

（1）有这样一位班主任，发现班上有些同学纪律性不强，总是违规违章，让班上扣了不少分。事后还振振有词地说："不是我不规矩，而是学校的条条框框太多。我们不太自由了，在家里受父母的管制，在学校受纪律的约束，什么时候我们才能自由自在、无拘无束地生活啊？"班主任听在耳里，记在心头。几天后他，在开班会时便给大家讲了个《风筝和风线》的故事：

空中飘飞的风筝，傲慢地对风线说道："你老是拽着我，约束我的行动，使我不能自由飞翔，真扫兴啊。"风线想了想回答说："那好吧，我满足你的要求，你可别后悔哟！"说完风线便脱离风筝而去。风筝可以自由自在地在空中飘飞了。可惜，好景只在瞬间，它发现自己不再上升翱翔，而是可怕地往下坠落，当它醒悟过来呼唤风线的援助时，已经来不及了，它一头栽到地上，摔得粉身碎骨。它不知道风线看起来是一种约束，实际上它是风筝的生命线啊！

这位教师巧妙地利用风筝和风线的关系告诉学生自由和纪律的关系，利用故事启迪学生，不着痕迹，又能取得很好的效果。

（2）一位班主任发现班上个别学生有"早恋"的苗头，但证据又不足，尤其考虑到在班上把话挑明，极有可能使个别学生陷入难堪而产生对抗心理，同时还可能在其他学生中产生负面效应，他思前想后，给学生讲了下面一段话：

我们村子周围有好大一片果树园，寒来暑往，春华秋实。有一年秋末冬初，我惊奇地发现，有些就要落叶的果树枝上竟然又开出了一簇簇小小的白花。不久，花谢了，居然也结出了山楂般大小的果子。可惜没过几天，霜冻就来了，叶子落尽了，小果实也烂掉了。小时候，我捧着这些可怜的小果子发呆。后来，我才明白，不该开花的时候开花了，不该结果的时候结果了，是会受到自然规律的惩罚的。今天，同学们中的一些事情，同样引起了我的思索，你们是否也能从中得到一些启迪呢？

通过上面的两个案例，结合你自己的理解，你能说一说运用启迪语时应该注意哪些问题吗？

知识仓库

教师在运用启迪语时要注意下面这些要求：

（一）从生活出发，直观生动

《论语》中说："不愤不启，不悱不发。"这虽然是孔子在教学时采用的方法，但是同样适用于启迪语中。由于学生抽象思维能力还有所欠缺，所以教师在教育学生的时候，可以从身边的人、事、物出发来启发学生。据《资治通鉴》记载，唐太宗李世民教育太子李治的经验，称为"遇物则诲"。意思是遇到什么事物就进行相关内容的教育。他看到李治在骑马，便告诫应知马有劳有逸，不能一下子耗尽其力，这样才能经常骑它；他遇到太子在树下休息，便启发他木头依靠墨线才能锯直，而君主必须听从别人的规劝，才能做好皇帝……"遇物则诲"的教育方式，很值得我们借鉴。启迪语要切合学生的思想实际和认识水平，选取学生最易接受的角度和直观形象的事物，调动和开启学生的积极思维。班主任应善于从学生身边的一事一物中引出道理，教育和启迪学生。

（二）找准切入点，循循善诱

教育工作者要根据学生的情况和事情的特殊性出发，找准切入点，选择好启迪的方式和角度，然后再由此及彼，使学生在不知不觉中受到教益。例如，《列子》中有个"薛谭学讴"的故事。薛谭师从秦国著名歌手秦青，过了一段时间，他自觉艺成，便要辞师而归。秦青在野外设宴为他送行。席间，秦青引吭高歌，声振林木，响遏行云。薛谭由此幡然悔悟，终身不敢言归。名师秦青很善于启发教育，他明知徒弟学业未成而辞归不对，却不直言，而是设置情景，启迪他明白学无止境、习艺应当精益求精的道理。

（三）从心出发，春风化雨

启迪语只有"入耳"、"入脑"，才能"入心"。教师热情的话语，易使学生感受到温暖。青年学生喜欢抄录名人语言以及富于生活哲理的格言、警句，用来鞭策、激励自己。据此，教师应当时常运用闪光的语言去启迪学生。例如，当学生不珍惜时间时，可以告诉他"一寸光阴一寸金"；当学生缺乏学习计划时，可以告诉他古人说"凡事预则立"；当学生耐心和坚持精神不够时，可告诉他拿破仑的名言"胜利就在最后五分钟"等等。通过这些启迪语，教师可以使学生在潜移默化中受到影响，达到春风化雨的效果。

（四）深入剖析，理性升华

启迪可分为情感启迪和理性启迪。理性启迪是通过分析、说理来启发学生提高认识。它从提高理性认识入手，使学生分辨是非、明白得失。教师的情感启迪的最终目的也是为了使学生进行深入思考，反省自身，获得理性思考。教育工作者如果善于运用概括、总结的启迪语把学生思维上升到理性高度，便有助于强化学生对规律和真理的认识，这样产生的启迪效果往往是持久的。

沙场点兵

（一）赏析下面案例中教师的启迪语，说说教师采用了什么技巧进行启迪？有什么好处？

（1）某中学一段时间内掀起了一股“玄幻热”。许多男生一时都被玄幻小说所吸引，以至于在课堂上都爱不释手。尽管学校采取了一些措施，但还是不能完全阻止学生的沉迷。在一次数学课上，数学老师居然在前排学生中发现了一个学生的数学教材下就躺着一本小说，一有机会就漏出来看几行。数学老师神情严肃而且颇有感慨地说道：“我真佩服我们班的某位同学！首先，他深知最危险的地方就是最安全的地方，在老师的眼皮底下看小说，说不定就被老师忽略了，这种胆识，别人少有。其次，他充分锻炼了自己的注意分配能力。既要听课，又要看小说，还要防范老师，全面兼顾，真是难得！最后，他能勇敢地按照自己的兴趣去办事，全然不管学校、老师的劝告与约束，只要是自己迷恋的事，不管好坏，连九头牛也拉不回来，这种明知是火坑，偏要往里跳的品格，非常罕见。基于他如此特别，现在我决定，这位同学在数学课上可以继续将小说看下去，一直看到毕业时拿不到毕业证为止！”在全班压抑着的哄笑声中，那位同学乖乖地收起了小说。

（2）一天下午的班会课上，我站在讲台前，从学生们那一张张天真活泼、充满稚气的脸上可以看出，他们准是又在猜测：老师会批评谁？表扬谁？

我不动声色地转过身，用粉笔在黑板上画了个圈，又在旁边写了“烧饼”两个字。我转过身，见同学们都在迷惑不解地发愣，有的还在悄声议论：“老师在黑板上画烧饼干什么呀？”

“大家上了一天的课，肚子都饿了吧？”我这一画一问，同学们都感到这堂班会课上得奇怪，心情也就轻松起来。

“饿了！”同学们异口同声地回答。

“你们看着黑板上这个烧饼就不饿了。”我又笑着说道，“画饼嘛！”

同学们哄笑起来，笑声里夹着对这荒唐话的反驳：老师开玩笑，这怎么可能呢？

一时间，教室里热闹起来，同学们议论纷纷。

我制止住议论，用和蔼的口气问：“大家再想想，假如饿了不吃饭，只看黑板上画着的这个饼，这个人会怎样呢？”

“那是自己欺骗自己。”同学们七嘴八舌地回答。

见时机成熟，我因势利导：“同学们，大家说得很对。可有些同学做作业遇到困难，不自己动脑筋，也不问老师，只是一味取巧，抄别人的。这样做的同学像不像一个‘画饼充饥’的小傻瓜呢？这样抄来的作业不就是一张‘画饼’吗？”①

（二）请根据下面的情境设计教师的启迪语。

高中毕业之前，学校发出了举行广播体操比赛的通知。听到这一消息，班里同学议论纷纷，有的同学说：“马上就要高考了，谁还有心思参加比赛。”有的同学还说：“都要毕业了，比这个有什么用？”甚至有的同学提出弃权不参加比赛了。同学们这种心情，班主任是理解的，但是考虑到这一阶段学生学习比较紧张，增加体育运动可以缓解学生学习的紧张情绪，班主任决定对班级学生进行一次启迪教育。

（三）请根据下面的案例，分别设计沟通语和启迪语，并比较这两种教育言语的不同作用。

四年级男生张震很聪明，平时学习不太用功，家庭作业经常抄袭同学的，但成绩倒还不错。父母和老师批评过他，却总是不见效。

三、说服语

说服语，就是摆事实、讲道理，使学生改变原来错误的观念、观点、行为，接受正确的观点、意见、主张或办法的教育言语。在学校，有些学生会出现各种不良行为和不良习惯，这些不良行为和习惯轻则影响学生自身的学习，重则影响学校正常的秩序，造成一定的社会影响。要杜绝这些现象的发生，不能简单地禁止或者处罚，而要耐心说服教育。

抛砖引玉

说一说下面的案例中，教师是怎样运用说服语的。

（1）汤老师担任班主任的那个班，一直是全校的优秀班集体。可是在汤老师住院治疗期间，这个班明显地滑坡了。尤其是在单元考试中，全班 53 个同学竟有 42 人严重舞弊。面对这种糟糕的局面，汤老师出院后的第一件事就是开班会。下面是汤老师在班会上的一段讲话：

师：我们每年的 3 月 15 号是个什么节日？

① 《人民教育》编辑部一编室：《班主任工作一百例》，福建教育出版社 1985 年版，第 285 页。

生：消费者权益保护日。

师：为什么要设这个节日呢？

生：因为市场上的伪劣产品太多，要保护消费者的权益。

师：不仅有这个节日，我国还专门制定了一部《消费者权益保护法》。今后，你们遇到了伪劣产品该怎么办？

生：拨打12315专线电话投诉、索赔，追究对方法律责任。

师：你们说得很对。伪劣产品危及着我们每个家庭，更重要的是危及我们这个国家，我们这个民族。如果工厂老是出伪劣产品，市场上到处都是假货，我们这个国家，我们这个民族还能生存下去吗？工厂出产品，学校出人才。产品和人才，孰轻孰重？产品不行，抓一抓就可以上来，人才不行，可是一生一世，一代人啊！你们是祖国的未来，民族的希望所在。如果你们在学习过程中也掺假，也出伪劣产品，国家和民族就更没有希望了。未来的世界是高科技的世界，科学可是来不得半点虚假。同学们，你们懂这个道理吗？

汤老师的话刚落，42名同学刷地站起来了，低着头。汤老师深情地望了大家一眼，又说了一句：

我以一个中国公民的身份感谢你们，感谢你们今天的诚实，感谢你们意识到了一种责任！

说完，她庄重地向学生鞠了一躬。全班同学无不热泪盈眶。从此，这个班的同学，不管在什么情况下，再也没有出现过舞弊现象，并继续保持了优秀班集体的光荣称号。

以情动人，是这段话能够说服人的一个重要方面。“与人说理，须使人心中点头。”所谓“心中点头”，就是指理念上的认同、情感上的接受，情与理结合，理借情动人。

（2）一位小学教师发现班里孩子对教室的椅子不爱护，于是这位教师是这样教育学生的：

师：现在老师请同学们仍然把椅子搬回来坐好。（学生诧异地看着老师）刚才你们搬椅子的时候，老师听到一个声音在叫：“疼死我啦！快救救我吧！”你们知道是谁在叫吗？

生：（齐）小——椅——子！

师：对！你们又在拖小椅子了。第一次拖小椅子，小椅子觉得疼；第二次拖椅子，它的腿就扭伤了；第三次再拖椅子，它的腿就骨折了。如果这样拖下去，它的整条腿就会断下来。你们说，大家这样做好不好？

你们知道这些小椅子是哪儿来的吗？这些小椅子是工人叔叔做出来的。石强的爸爸就是做小椅子的，他有时候上早班，有时候上中班，有时候还要上晚班哪，他多辛苦啊！

可是，咱们小朋友一点儿都不爱护小椅子，没用多少时间就搞坏了。要是这样的话，石强的爸爸就是不休息，天天在工厂里工作也来不及做呀！你们说，要是石强的爸爸知道了，他会不会生气呀？

生：会！

师：你们看，我们做了些多么不好的事情呀！要知道，乖孩子的小椅子用很长很长时间还是好好的。好了，以后啊，我们要爱护小椅子，轻轻拿，轻轻放。那样，我们的小椅子就是用了很久还会好好的。这样，石强的爸爸也会高兴的。

这位教师采用拟人的形式，一层一层地展示小椅子被拖的痛苦，然后用孩子家长做椅子的辛苦教育学生，使学生真正认识到要爱护小椅子。

知识仓库

教师在运用说服语时，请注意下面的要求：

（一）明确目的

目的不明确，心中无数，不仅不能说服学生，还会招致学生反感。教师在运用说服语时应该明确目的，目的不同，采取的方式方法就会有所差异。如果采取不恰当的说服方式，不仅不会解决问题，而且还有可能使问题更加严重。说服学生，要分析问题的根源，弄清楚问题出在什么地方，研究怎样才能使说服对象接受，要求他怎样行动等等。只有目的明确才可能有效地说服学生。

（二）了解对象

“知己知彼，百战不殆。”教师必须掌握和了解说服对象的情况，对不同的对象，采用不同的方式。例如，对性格内向而胆怯、自卑的学生，宜语气平缓，话语婉转，言辞中充满激励、信任和理解；对性格外向而又任性放纵的学生，宜单刀直入，明话实说，说话语气肯定，态度明确，使其感受到话语的力量。针对不同学生，刚柔并济，才能收到说服的实效。

（三）端正态度

教师不能利用自己的身份，逼迫学生接受自己的教育，或者为达到说服目的，而威胁学生。周恩来曾经说过：“与人说理，须使人心中点头。”欲使人心悦诚服，就要平等相待，以诚相见，不能板着面孔。“我说你服，我打你通”，这种居高临下的说服态度很难奏效。教师要根据学生的理解水平、承受能力、心理状况，和颜悦色、推心置腹地进行。尤其是要多联系学生的生活、工作、学习实际，用具体、朴实的道理说服、打动学生。

（四）把握时机

教师面对的教育对象是具有主观能动性的学生，因此在处理问题时，要把握情势，根据复杂的形势，找准时机，随机应变。顺事说理，自然贴切，易为人所接受。在说服学生时，教师要认识到一点，教育不是一蹴而就的事情，说服也不可能一次就达到效果。因此一时难以接受的，教师可以从长计议，不宜急于求成；一时难以达成共识的，教师可以求同存异，说些宽容体谅的话，给别人留点面子，以待时机。

（五）情感交融

教师在运用说服语时，除了要明确目的、了解对象、端正态度、把握时机之外，还必须注意消除学生的不良心理。学生常因为紧张、畏惧，产生戒备、对立、猜疑、逆反等不利于说服的心理。要使学生放下包袱，就必须从说服的内容和态度方面与学生的心理情感交融。比如，说服之初，可以淡化动机，从闲谈入手，或者先谈一些双方感兴趣的话题。有了良好的谈话气氛，双方心理相容，就容易取得理想的说服效果。

沙场点兵

1. 分析下面案例中的教育言语存在哪些问题？这位教师有多次机会可以改变这种局面，你能把它找出来吗？若是你遇到类似的事情，你将怎样避免事情严重化？

那是期中测试之后，我根据学生的成绩优劣、身高的差异以及半个学期以来各方面的表现，对部分学生的座位进行了调换。原来坐第五排中间座位的王志强同学，上课爱说话、做小动作，影响到其他同学，我把他调整到了前排，四周安排了一些女生，目的是在环境上对他实行“孤立”，使他的捣乱没有“市场”。

在宣布调换座位后，别的同学都立即行动，唯独王志强同学纹丝不动。我连喊他几次，他竟然毫不理睬。这时，班里的几个顽皮生嬉皮笑脸，有点幸灾乐祸的味道，那神情仿佛在说：“告诉你，我们哥儿们也不是那么好摆布的，看你能怎么样！”面对这骑虎难下的尴尬局面，我火了，一怒之下，将他连人带椅子拖出座位，命令他立即坐到新的位子上去。可是偏偏遇到个“铁头犟”，我刚走回讲台，他又气哼哼地在原座上坐了下来。

怎么办？为了维护我这个班主任的尊严，我在盛怒之下，把他的书包扔出教室，并宣布：“如不听我这个老师管教，请便！”

……

放学时，王志强向我要回了他的作业本，看样子，他真想辍学了。这出乎意料的局面，使我感到突然。怎么办呢？向他赔礼道歉吗？不行！要是那样子，那些调皮生更难管了。于是，我严厉地说道："不想读可以，但我劝你三思而后行。走了，就不要再来了！"没想到我这威胁的话语不但没有起到作用，反而使他的态度更加强硬起来："我不会回来的！"我又一次失败了。

2. 请根据下列情景设计教师的情境语。

(1) 张丹丹是班上的生活委员，平时工作认真负责，学习成绩优异。可是，这学期却一反常态，上课经常迟到，也不认真听讲，表现出一种心烦气躁的样子，有一天，班主任找她谈话，了解到张丹丹家里十分困难，由于母亲得了重病，需要很多钱，爸爸是个残疾人，平时也照顾不了她母亲，张丹丹考虑再三，决定辍学回家，在家里照顾父母。

(2) 学生甲和学生乙在课外活动时，为了争抢篮球场地互相争吵起来，甲乙双方互不相让，最后两个人打了起来。甲个子高、力气大，把乙推倒在地。围观的同学上前阻止，把他们两人拉开。乙认为自己当着同学的面被打倒在地，既吃亏又丢了面子，扬言迟早要报复甲，以牙还牙。

四、表扬语

表扬语是对学生良好思想品德行为给予肯定性评价的教育言语，它是教育工作者坚持正面教育常用的一种有效方法。心理学表明，每个人都有得到别人认可和赞许的心理需要。一旦这种需要得到满足，就会产生一种积极的情感，并转化为一种持久向上的动力，使其为实现个人所期待的目标而努力奋斗。现代教育理念以学生为主体，十分推崇悦纳教育、赏识教育，这就使诸如欣赏、肯定、称赞、表扬成为最能体现这些教育原则的教育方式。

抛砖引玉

根据下面的案例，说一说教师的表扬语有什么作用？

(1) 一位教师在一周的班级总结课上，针对学生一个星期的表现进行了总结，看看这位教师的言语重点是什么？

今天是星期五，老师要总结一下班级的学习工作情况。这一周的每一天，我都过得很高兴，为什么？因为我们班同学的表现特别好，进步特别大。星期一大扫除，劳动委员给大家分工，每一个同学都干得很好，王凌看到蓝兰力气小，拖地板费劲，主动跟她换了工作，学会了体谅他人；星期二，实习老师来听课，咱班的同学不但守纪律，而且做好了小主人，实习老师都夸大家特别能干；星期三，石磊和梁亮给大家上班会课，他们事先做了精心的准备，PPT 很精美，是不是让大家一饱眼福了？星期四，我们进行了语文单元考试，沈君同学进步很快，卷面整洁，作文写得很感人。这次考试有30个同学获得了优秀，这是很不容易的啊。今天早上，我走进教室，发现到校的同学都已经在认真地读课文了，尽管课代表、学习委员都还没到校，但是大家都非常自觉。老师突然发现，昨天的考试我们考得那么好，原来是有原因的。早读、自习时间我们已经学会好好利用起来了，希望大家下周继续努力。①

这位老师为了鼓励学生，发现学生在这一个周的进步，关注到了很多同学的闪光点，表扬具体又有针对性。

（2）有一位教师刚接手一个班级，前班主任对他说：××同学是全班最差的同学，简直没救了。果然，一开始，师生关系就弄得比较僵。可是他认为再差的学生也有他的特长。终于，在一次劳动课中他发现了该同学干活非常卖力。于是在总结会上突出表扬这个同学。从此，师生关系开始融洽起来。一次自习课上，该同学拿到作业本，一看上面打满了叉叉，满脸怒气，"嚓嚓"就把作业给撕了。老师发现了，立即向全班同学说道："同学们，××同学今天作业没做好，他自己很不满意，决心撕掉重做，我们都要学习他这种认真学习的态度。"

这位老师善于发现学生身上的优点，并且将学生的优点告诉大家，这样这位学生受到表扬，会更加注意自己的言行，逐渐进步。

知识仓库

教师在运用表扬语时，请注意下面的要求：

（一）抓住时机，方式多样

在表扬时，教师要善于捕捉教育过程中的有利时机，如考试和比赛活动之后，学生取得了好成绩，教师要把握好学生兴奋的状态来表扬学生，使学生产生心理满足感。如果表扬过晚，则不利于强化受表扬者当时的正确言行。教师要善于发现学生身上的闪光点，了解他们的细微进步，及时而适度地给予表扬。教师还要注意运用不同的方式对学生进行表扬，或当面表扬或背后表扬，或口头表扬或书面表扬，或点名表扬或点事表扬，或班会表扬或家访表扬。这样，表扬就能更有效地发挥作用。

（二）理性分析，掌握分寸

教师在对学生进行表扬时，要对人对事，不能泛泛而谈，如"你做得不错""这位同学表现很好""回答很正确"这样的表扬语，这种"廉价"的表扬语，会给学生一种敷衍的感觉。表扬要摆事论理，既有具体实在的内容，

① 吴雪青编著：《小学教师口才》，华东师范大学出版社2010年版，第239页。

又有理性的分析。这样，既能使受表扬的人认识自己行动的意义，受到鼓励，又能使其他学生知人知事又明理，从别人良好的行为中获得真、善、美的启迪，从而起到树立榜样、鼓励先进、带动后进的作用。另外表扬要适度，过多或过分，都会适得其反。有的学生受表扬太多，再受表扬会感到不安，其他学生也会不服气。正确的做法应该是客观公正，没有偏私；不任意拔高，也不说过头的话。对能力、水平较高的学生只需点头、微笑，同时提出更高的要求；对能力、水平较低的学生，则可加大力度，当众称赞。

（三）公平合理，具有广泛性

表扬的面要具有广泛性，教师不要吝啬表扬语，要对每一个有进步的学生进行表扬。首先受称赞的机会应该属于每一个学生，二是要特别关爱呵护弱势学生。在教育活动中，教师经常会表扬优秀的学生，而对于后进生的进步却选择“视而不见”。进步和表扬并不是优秀学生的专利，后进生也有要求进步、受到表扬的需要，有时这种需要甚至比优秀学生更强烈。教师亲切的话语、信任的目光，能给予他们极大的鼓励。所以就教育公平来讲，表扬对后进生应实行“倾斜”，并允许其反复。

沙场点兵

（一）赏析下面案例中陶行知的教育言语，具体分析这样做的好处。

陶行知先生在做校长时，一天，在校园里看到一名男生正想用砖头砸另一个同学。陶行知及时制止同时令这个学生去自己的办公室。

在了解情况后他回到办公室，发现那名男生正在等他，便掏出第一颗糖递给他：“这是奖励你的，因为你很准时，比我先到了。”

接着又掏出第二颗糖：“这也是奖励你的，我不让你打人，你立刻就住手，说明你很尊重我。”该男生将信将疑地接过糖。

陶行知又掏出第三颗：“据了解，你打同学是因为他欺负女生，说明你有正义感。”

这时那名男生已经泣不成声了：“校长，我错了。不管怎么说，我用砖头打人是不对的。”

陶校长这时掏出第四颗糖：“你已经认错，我们的谈话也结束了。”

（二）根据下面的情境，设计表扬语。

王磊是班级里的体育生，每天都要到操场上踢足球，上课时不认真听讲，打瞌睡，同学们都不愿意跟他坐在一起，他认为大家看不起他，所以自暴自弃，集体活动也不参加。有一次，班里一位同学的家长遇到了车祸，班干部组织同学们到该生家里探望，发现这个同学家里十分困难。王磊听说后，就把自己过年时家长给的压岁钱100元送给了这位同学，老师知道这件事情后，在班上对王磊进行了表扬。

（三）下面案例中教师的教育言语存在哪些问题？如果是你，你该怎样设计表扬语？

一位男同学拿着98分的单元试卷给老师看。这位同学平时少言寡语，不爱说话，还有些害羞，但是学习很踏实，从不马虎了事。老师问："你考了多少分？"他说："考了98分。"老师挥挥手，说："哦，知道了，下去吧。"老师连试卷也没有看一眼，这个同学下台时表情有些复杂，似笑非笑的，看不出高兴，也看不出难过，满不在乎的样子。

五、批评语

批评语是对学生的缺点、错误进行否定性评价的教育言语。批评的目的在于帮助学生认识错误，改正错误，回到正确的发展轨道上来。批评跟表扬一样，是思想教育工作者使用频率很高的一种教育方式。从某种意义上讲，"没有批评就没有教育"，或者至少是一种不完善、不健全的教育。虽然"以儿童为中心"的现代教育理念反复强调"没有爱就没有教育"。但正是出于对学生负责的态度，才需要在学生出现错误时，通过批评给予纠正，使学生能够健康成长。同时我们也承认，批评对学生产生的心理刺激比其他方式要强烈、敏感得多。因此教师在使用批评语的时候，要注意讲究艺术。

抛砖引玉

阅读下面的案例，说一说批评应该怎样把握好"度"。

（1）一位小学余老师曾经教育过这样一位后进生：他经常和同学打架，对人态度蛮横，多次教育不改。

有一天上课时，他居然打了后面的同学一顿。余老师知道后，并没有立即批评他，而是先去了解情况。谁知他不但不说，还摆出一副傲慢、满不在乎的样子。

余老师并没有因此而生气，而是静下心来耐心地与该学生做了一次长谈。最后，该学生说出了事情的经过，原来是后面的那位同学在上课时不断地骂他，还用圆珠笔戳他，他忍无可忍才打了他。

余老师问他："为什么不告诉老师？"

他说："他骂我，老师没有看见。我说了，老师肯定也不相信，因为后面的学生是'三好生'，老师肯定会说我冤枉他。"

余老师听了他的话，郑重其事地告诉他："在我的班上，不管是'三好生'还是'后进生'，不管是班干部还是一般的学生，老师都会公平对待，不管谁犯了错误老师都会批评！"

余老师的话改变了该学生对老师的态度。他再犯错时，余老师批评他，他也不再顶嘴，而是心悦诚服地接受批评。此后，余老师还多次在班上提及：学生一旦出现问题，要在第一时间请求老师解决，她会不偏不向，公正处理。

想一想，为什么余老师再批评这位学生时，他能够心悦诚服地接受批评呢？

（2）初三（3）班与（4）班举行排球比赛。场地上比赛激烈，场外两班观众加油呐喊，热闹非凡。双方比分不分上下。当打到12：11的时候，（3）班的两位同学为使本班稳操胜券，将小黑板上的比分偷偷地改成了13：11，球赛最终以15：14结束，（3）班获胜。（4）班有个同学发现了他们偷改比分的举动，并广为传播，舆论哗然。

事后，（3）班班主任郑老师将全体同学带回教室，面对兴高采烈的大家，他神情严肃，一语不发。良久，等大家情绪平稳后，他声调低沉地说："这场球我们赢了，但我很难受。因为在精神上、在道义上我们输了。这样得来的荣誉我想我们也不能要。这不公平，也不光彩，得了名次夜晚也睡不着觉。过去，我们曾辛辛苦苦地挣来了卫生红旗，好不容易夺得运动会的团体冠军，前天校长来听课，又夸我们的手抄报办得好，市教育局还来录了像。这都是我们的荣誉。但这是光明正大得来的，我们为此付出过努力。可今天这场球赛，只因我们改动了比分，不仅让我们在球场上脸上无光，而且使我们以往的荣誉也受到影响。这个恶劣的影响我们要付出加倍的代价，并且要用很长的时间才能挽回。我们不应该高兴，应该伤心，应该反思，应该赶快想个办法来弥补过失。请大家发言……"

同学们讨论的结果是：由班长带两名涂改分数的同学一起去（4）班，向全体同学道歉，并向他们发出下周末重新比赛的正式邀请。

这位教师以严肃诚挚的言语对"排球获胜"一事进行了评价，指出了错误，向学生进行了实事求是的思想品德教育，使学生认识到什么是真正的荣誉。思想境界高，话语有分量，有说服力。

知识仓库

教师在运用批评语时，请注意下面的要求：

（一）软化处理，和风细雨

批评是必要的，但批评的前提，应该是理解、尊重和爱。教师在对学生进行批评时，应该做到“温情脉脉”，更多地表现为一种提示、告诫和建议。因为学生本身犯了错误就会有一种羞愧心理，如果教师在批评时，用严厉甚至辱骂的方式批评学生，会给学生带来很大伤害。正如戴尔·卡耐基所说：用建议的方法容易让人改变错误。为什么？因为这种方法首先是将受批评者置于受尊重的位置，让他明白老师是出于对自己的爱护。其次，这种经软化处理的批评，会让学生觉得老师不是在硬邦邦、冷冰冰地“为惩罚而惩罚”，而是对自己改正缺点的自觉性充满信任。

（二）选择场合，尊重学生

马斯洛提出需求层次理论，他认为人类需求像阶梯一样从低到高按层次分为五种，分别是：生理需求、安全需求、社交需求、尊重需求和自我实现需求。其中“尊重需要”被置于较高的层次上。维护自尊是每个正常人的基本需要，任何人在接受批评时，都会产生一种自我保护的本能。即使老师的态度非常诚恳，批评的方式十分温和，只要有他人在场，学生也会感到伤面子。因此，批评尤其是较为严厉的批评，教师应该选择没有第三者的场合进行，懂得尊重学生。此外，中学生特别注意自己在异性心目中的形象，在有异性的场合，他们的自尊需要会表现得更为强烈。所以，在异性同学面前，老师也不宜对学生进行严厉的批评。否则，轻者影响批评效果，重者产生逆反心理，导致学生当面顶撞。

（三）讲究方法，掌握分寸

教师在对学生进行批评时，要讲究一定的方法，如通过暴露自己过失的办法，引导学生自我教育，也是批评的一种。教师在批评学生时，要注意语言的选择和语气的把握。针对学生自尊、敏感的特点，考虑到学生自我认识能力的提高也需要有个过程，教师批评学生时不宜尖酸刻薄、穷追不舍，只要让其明白错误所在就可以了。另外教师批评学生时，应该做到“对事不对人”，不能翻旧账。有的教师常常爱提及这个学生以往的一些错误，这种“翻箱倒柜”式的做法，也不利于学生正确对待错误。

（四）细心观察，做好善后

对于学生的批评，即使再温和，也会让学生感到低落、沮丧。受批评之后，学生很可能产生诸如自卑、情绪低落、意志消沉等反应。因此教师在批评完学生之后，不能不管不顾，应细心观察学生的状态，多角度地反馈信息。如果学生出现不良情绪，一方面要引导其正确对待批评，另一方面要对其受批评后的进步，哪怕是微小的进步，给予肯定性评价。这样，学生就不至于因“元气大伤”得不到“恢复”而背上包袱或走向批评的反面。

沙场点兵

（一）赏析下面案例中教师的批评语，具体分析这样说的好处。

数学教师走进教室，发现地面很脏，脱口而出："同学们，我们班真是物产丰富！五彩斑斓的纸屑布满地面，还有瓜子壳、香蕉皮点缀其间。我们生产了这么多'垃圾产品'，总得想办法出口外销吧。"同学们听了，哄然大笑，那些垃圾生产者们立即动手把教室打扫得干干净净，讲课也在愉快的气氛中开始了。

（二）根据下面案例中的教育情境，设计教育批评语。

女生小艾在科学课上看漫画书，同桌在下课后告诉了老师。老师找小艾谈话，小艾说："又不是我一个人看，上课时很多同学都看了，为什么老师就批评我？"还嘀嘀咕咕地说："我知道，一定是某某打的小报告。"

（三）阅读下面的文章——毕淑敏的《谁是你最重要的人》，你认为这位教师批评得对吗？请你给这位老师写一封信，告诉她你的思考。

谁是你最重要的人

她是我的音乐老师，那时很年轻，梳着长长的大辫子，有两个很深的酒窝，笑起来十分清丽。当然，她生气时候酒窝隐没，脸绷得像一块苏打饼干，很是严厉。那时我大约十一岁，个子长得很高，是大队委员。

学校组织"红五月"歌咏比赛，最被看好的是男女声小合唱，音乐老师亲任指挥。我很荣幸被选中。有一天练歌的时候，长辫子音乐老师，突然把指挥棒一丢，一个箭步从台上跳下来，侧着耳朵，走到队伍里，歪着脖子听我们唱歌。大家一看老师这么重视，唱得就格外起劲。

长辫子老师铁青脸转了一圈儿，最后走到我面前，做了一个斩钉截铁的手势，整个队伍瞬间安静下来。她叉着腰，一字一顿地说，毕淑敏，我在指挥台上总听到一个人跑调儿，不知是谁。现在总算找出来了，原来就是你！一颗老鼠屎坏了一锅汤！现在，我把你除名了！

我木木地站在那里，无法接受这突如其来的打击。刚才老师在我身边停留得格外久，我还以为她欣赏我的歌喉，唱得分外起劲，不想却被抓了个"现行"。我灰溜溜地挪出队伍，羞愧难当地走出教室。

三天后，我正在操场上练球，小合唱队的一个女生气喘吁吁跑过来，毕淑敏，原来你在这里！音乐老师到处找你呢！

从操场到音乐教室那几分钟路程，我内心充满了幸福和憧憬。走到音乐教室，长辫子老师不耐烦地说，你小小年纪，怎么就长了这么高的个子?!

我听出话中的谴责之意，不由自主地就弓了身子塌了腰。从此，这个姿势贯穿了我整个小学和青年时代。

老师的怒气显然还没发泄完，她说，你个子这么高，唱歌的时候得站在队伍中间，你跑调走了，我还得让另外一个男生也下去，队列才平衡。小合唱本来就没有几个人，队伍一下子短了半截，这还怎么唱？现找这么高个子的女生，合上大家的节奏，哪那么容易？现在，只剩下最后一个法子……

长辫子老师站起来，脸绷得好似新纳好的鞋底。她说，毕淑敏，你听好，你人可以回到队伍里，但要记住，从现在开始，你只能干张嘴，绝不可以发出任何声音！说完，她还害怕我领会不到位，伸出细长的食指，笔直地挡在我的嘴唇间。

我好半天才明白了长辫子老师的禁令，让我做一个只张嘴不出声的木头人。我的泪水憋在眼眶里打转，却不敢流出来。我没有勇气对长辫子老师说，如果做傀儡，我就退出小合唱队。在无言的委屈中，我默默地站到了队伍之中，从此随着器乐的节奏，口形翕动，却不能发出任何声音。长辫子老师还是不放心，只要一听到不和谐音，锥子般的目光第一个就刺到我身上……

小合唱在“红五月”歌咏比赛中拿了很好的名次，只是我从此遗下再不能唱歌的毛病。毕业的时候，音乐老师已经换人，并不知道这段往事，很是奇怪。我含着泪说，老师，不是我不想唱，是我真的唱不出来。

后来，我报考北京外国语学院附中，口试的时候，又有一条考唱歌。我非常决绝地对主考官说，我不会唱歌。

在以后十几年的岁月中，长辫子老师竖起的食指，如同一道符咒，锁住了我的咽喉。禁令铺张蔓延，到了凡是需要用嗓子的时候，我就忐忑不安，逃避退缩。我不但再也没有唱过歌，就连当众演讲和出席会议做必要的发言，我也是能躲就躲，找出种种理由推脱搪塞。有时在会场上，眼看要轮到自己发言了，我会找借口上洗手间逃溜出去。有人以为这是我的倨傲和轻慢，甚至以为是失礼，只有我自己才知道，是内心深处不可言喻的恐惧和哀痛在作祟。

直到有一天，我在做“谁是你最重要的人”这个游戏时，写下了一系列对我有重要影响的人物之后，脑海中不由自主地浮现出了长辫子音乐老师那有着美丽的酒窝却像铁板一样森严的面孔，一阵战栗滚过心头。于是我知道了，她是我的“重要的人”。虽然我已忘却了她的名字，虽然今天的我以一个成人的智力，已能明白她当时的用意和苦衷，但我无法抹去她在一个少年心中留下的惨痛记忆。烙红的伤痕直到数十年后依然冒着焦煳的青烟。

我们的某些性格和反应模式，由于这些“重要的人”的影响，而被打上了深深的烙印。那时你还小，你受了伤，那不是你的错。但你的伤口至今还在流血，你却要自己想法包扎。如果冒着污浊的气味，还对你的今天、明天继续发挥着强烈的影响，那是因为你仍在听之任之。童年的记忆无法改写，但对一个成年人来说，却可以循着“重要的人”这条缆绳重新梳理，重新审视我们的规则和模式。如果它是合理的，就把它变成金色的风帆，成为理智的一部分；如果它是晦暗的荆棘，就用成年人有力的双手把它粉碎。

当我把这一切想清楚之后，好像有热风从脚底升起，我的咽喉处的冰霜噼噼啪啪地裂开了。一个轻松畅快的我，从符咒之下解放了出来。从那一天开始，我可以唱歌了，也可以面对众人讲话而不胆战心惊了。从那一天开始，我宽恕了我的长辫子老师，并把这段经历讲给其他老师听，希望他们谨慎小心地面对孩子稚弱的心灵。童年时被烙下的负面情感，是难以简单地用时间的橡皮轻易擦去的。

第五章　教师书面言语

书面言语是在口头言语的基础上发展而来的，是经过加工、提炼和发展的口语的书面形式。与口头言语相比，书面言语要更加准确和规范。教师书面言语因其特殊的职业要求，则更加具有专业性。本章对教师书面言语的介绍，主要涉及板书和多媒体课件两种。

第一节　规范的汉字和标点符号

书面言语主要是以汉字和符号的形式呈现的，因此教师要掌握书面言语技能，就必须书写规范正确的汉字和符号。书写规范的汉字和符号既是国家法令的要求，也是教师职业道德的要求。另外在信息化社会中，电脑在人们生活中的应用越来越广泛，给人们的书写能力带来很大影响。这就更要求教师在教育和教学中，重视汉字和符号的规范书写。

抛砖引玉

（一）找出下列词语中的错别字，并在后面改正。

按步就班	目不遐接	别出新裁	穿流不息
阴谋鬼计	卑恭屈膝	貌和神离	火中取粟
毛骨耸然	如火如茶	记忆尤新	改弦更章
莫中一是	出奇致胜	妄费心机	望风披糜

（二）下列句子中，每句都有一个错别字，请找出并改正。

（1）他从唐诗下手，目不窥园，足不下楼，兀兀穷年，历尽心血。

（2）站在景山的高处望故宫，重重殿宇，层层楼阁，道道宫墙，错宗相连。

（3）设计者和匠师们因地制宜，自出心裁，修建成功的园林当然各个不同。

（4）这里看不到什么东西，和前几天令人毛骨耸然的单调没有什么任何区别。

（5）已经决别的故乡的久经逝去的春天，却就在这天空中荡漾了。

（6）你讲的话很有道理，不愧为法律界的中流底柱。

（三）下列句子中的标点符号有错误，请改正。

（1）李白的诗多豪迈：“君不见黄河之水天上来，奔流到海不复回”。

（2）晚上开大会，张书记宣布：厂里要实行两项改革措施：一是持证上岗，二是脱产培训。

（3）看上去十七、八岁，一副瘦骨伶仃的样子。

（4）我不知道这条路谁能走通？但我一定要坚定不移地走下去。

（5）一、学习贵在自觉。要有笨鸟先飞的精神，自我加压；二、学习贵在刻苦。要有锲而不舍的精神，持之以恒；……

（6）《上海文学》新开《自由谈》一栏，本期刊登王安忆、陈丹青关于当代影视剧的长篇对谈《生活与故事，故事与影视》之一，广征博引，分析精当。

（四）下面的短文中有多处差错，你能找出来五处以上吗？

威廉本是一个颇有名气的律师。第二次世界大战时，为了躲避战乱，他背井离乡，只身逃到瑞典。飘泼流浪，很快，他的家底花废怠尽。

为了维持生计，威廉不得不寻找工作。他从报纸上搜罗招聘信息，并投递求职信。他自持懂得多种语言，认为找个进出口公司的秘书岗位不成问题。不到一个多月时间，威廉投了近百封求职信，但大都石沉大海，音信杳然。

这天，威廉终于等来了一封回信。他颤抖着双手剪开了信封。不料信中这样写道：“先生，你寄信给我们求职，却根本不了解公司的业务是什么！别说我们根本不缺秘书，就算需要也不会要态度如此轻浮的人。你的信中夸夸其谈，声称自己掌握了多门语言，真是如此吗？至少你的瑞典语就没有真正掌握，信中语句漏洞百出！”

威廉愤怒地把信扔在地上，他简直气疯了！在异国他乡陷入穷途陌路，竟还遭到如此羞辱。他立刻愤笔疾书，写了封言辞犀利的回信，一定要让对方看了也火冒三丈不可。

在把信投出去之前，威廉的脑袋冷静了下来。他开始反思：“我只知道那家公司招聘员工，确实没弄清他们的岗位要求。我虽然学了不少语言，但都谈不上‘精通’，也许我的瑞典语确实很糟糕。”整理好心情，威廉重写了信。他在心中说：“谢谢您能不厌其烦地给我回信，尤其是当你们不需要秘书的时候。您指出了我的诸多错失，感谢您的直言不诲！”

寄出信后没几天，威廉意外地收到了那家公司的邀请函，约他去公司面谈。后来，他在这家公司找到了一份工作。

知识仓库[1]

一、制定汉字的规范

汉字在历史上有过几次较大规模的规范化运动，比如，秦始皇的“书同文”政策，20 世纪上半期的限制和减少汉字字数的研究等。但是，最大规模的汉字规范化运动则发生在 20 世纪 50 年代以后，也就是人们所说的以“汉字简化、异体字淘汰、标准字形的确立”等作为标志的汉字改革运动。

从 20 世纪 50 年代起，汉字的规范工作如火如荼地进行着。在字形的简化方面，国家文字改革委员会做了大量的工作。1950 年中央人民政府教育部社会教育司编制了《常用简体字登记表》，选出了 5000 多个常用简化字。1956 年经由国务院汉字简化方案审定委员会审定，国务院公布了《汉字简化方案》。1964 年中国文字改革委员会在《汉字简化方案》的基础上编辑出版了《简化字总表》，公布了 2236 个简化字。1986 年国家语言文字改革委员会重新发表了《简化字总表》，又对个别字做了调整，总字数为 2235 个。

在异体字的规范整理方面，国家文字改革委员会也做了大量的工作。1955 年文化部和中国文字改革委员会联合公布了《第一批异体字整理表》，根据“从俗从简”的原则，共淘汰 1055 个异体字，公布了 810 组异体字，共 1865 个汉字异体字。1964 年文化部公布了《印刷通用汉字字形表》，这个表共收印刷通用汉字 6196 个，在这个表中给每一个汉字规定了笔画数、结构和书写顺序。1981 年国家标准局发布了 GB 2312—80《信息交换汉字编码字符集》（基本集），收字 6763 个。1988 年，国家新闻出版署，国家语言文字工作委员会发布了《现代汉语通用字表》，收录了 7000 个现代汉语通用的文字。

1959 年国务院公布了《统一我国计量制度的命令》。1977 年中国文字改革委员会和国家标准计量局联合公布了《关于部分计量单位名称统一用字的通知》，对计量单位的名称用字作了统一。

1979 年 10 月中国地名委员会发出了《关于颁发〈外国人名汉字一些通则〉（试行）和六种外语译音表（试行）的通知》，规定了用汉语译写外国地名的办法。1987 年 3 月国家语言文字工作委员会、中国地名委员会联合发布的《关于地名用字的若干规定》，要求各类地名不得使用自造字、未简化的繁体字和已淘汰的异体字。

---

① 刘敬瑞主编：《新编教师书写技能与书面表达训练》，华东师范大学出版社 2007 年版，第 13—15 页。

二、贯彻汉字的规范

贯彻汉字的规范包括贯彻国家通用语言文字法、贯彻汉字规范化的原则等。

2000 年 10 月 31 日，《中华人民共和国国家通用语言文字法》（以下简称《语言文字法》）正式公布，实施时间为 2001 年 1 月 1 日。这是为语言文字正式立法。该法明确规定：中华人民共和国的通用语言为普通话，通用文字就是规范的汉字。

《语言文字法》对于应该使用规范汉字的职业有明确的要求：国家机关的公务员用字；学校及其他教育机构的教学用字；汉语文出版物的出版用字；公共服务行业的服务用字。

《语言文字法》还规定以国家通用文字为基本用字的几种情形：广播、电影、电视用字；公共场所的设施用字；招牌、广告用字；企业事业组织名称；在境内销售的商品的包装、说明；信息处理和信息技术产品中使用的国家通用文字等应当符合国家的规范和标准。

《语言文字法》还规定了可以保留和使用繁体字、异体字的几种情形：文物古迹；姓氏中的异体字；书法、篆刻等艺术作品；题词和招牌的手写体；出版、教学、研究中需要使用的；经国务院有关部门批准的特殊情况。

《语言文字法》明确规定国家通用语言文字以《汉语拼音方案》作为拼写和注音的工具。《汉语拼音方案》是中国人名、地名和中文文献罗马字母拼写法的统一规范，并用于汉字不便或不能使用的领域。对外汉语教学应当教授规范的汉字。

贯彻汉字规范化的原则包括按照规范的字形写字、使用规范的简体字、不使用异体字、不使用错别字等。

资料超链接

下面是《河南日报》和中国青年网刊载的一篇关于网络用字规范问题的文章。

网络用字需规范

徐善景

当老师的朋友发来一张图片，说是她的学生写的作文，要与我“奇文共赏”。

“偶刚做完老班布置的作业，妈咪就喊我吃饭。‘好滴，有木有炸汉宝呀？’妈咪得知偶把炸馍说成炸汉宝后，夸偶是个油麦大王。吃完饭，偶衣衣不舍地送别了去上班的妈咪。”

读着这样的文字，我除了无语、无奈和惆怅之外，没有感到“奇”在哪里，反而有许多担忧。

曾几何时，在我们成人的聊天世界里，很多人把好端端的字故意打成谐音的错别字，并视之为幽默。比如把“我”打成“偶”，把“同志”打成“筒子”，把“好的”打成“好滴”，把“幽默”打成“油麦”，把“同学”打成“童靴”等等。开始是费解，明白过来后，也曾认为这样的故意有点意思，但这种披着“网络语言”外衣的“幽默”，对祖国的文字，却有着极大的伤害，尤其是对于正在长知识、学文化的中小学生而言，伤害更大。

近年来，确实有不少网络语言因各种各样的原因走红，有的甚至还被收录进了汉语词典，比如“雷人”“草根”“粉丝”“点赞”等，但网络语言也讲究表意和优美，对于粗俗的、暴力的、有歧义的网络用语，从文明的角度讲，人人都有责任和义务去拒绝。更何况，网络语言绝对不是简单地把词语打成错别字。

故意打错字制造幽默的不止是在QQ或微信聊天里，打开一些网站论坛，类似的帖子可谓连篇累牍，特别是一些网文标题，为了吸引读者眼球，怎么离谱怎么写，将好端端的汉字“异化”。如今虽然进入网络时代，但作为开放的共享资源，成人能浏览，未成年人也一样能够浏览，不规范的网络用字势必给上网阅读的学生们造成误导，这种负面影响绝对不容小觑。

因此，每一个在网络上发布文字的使用者，特别是文字工作者和教师，更应以身作则，正确使用汉字。而网络的管理者，也应负责任地监督在网络上传播的文字是否规范，从而使祖国灿烂的文化、文字能纯洁健康发展。

教师的书写能力①

李振村

写字能力，是教师必备的一项教学基本功，教师书写的工具是笔，有钢笔、粉笔、毛笔、铅笔、圆珠笔、蘸水笔等，教师应当了解各种书写工具的性能、特点，并正确掌握它们的使用方法。

1. 小学教师书写能力的要求

（1）掌握汉字的书写方法，准确无误地把握常用汉字的间架结构、偏旁部首、笔画顺序等，并能在书写过程中加以熟练地运用。第一，要掌握有关坐姿的常识。例如，桌椅的高度要适当；坐姿要端正；身体坐正，腰背挺直，

① 李建刚主编：《小学教育大全》，山东教育出版社1987年版。

两手平放，两脚并排自然着地，头与上身稍向前倾，胸部离开桌边一拳，眼睛与本子保持一尺左右的距离等等。第二，要掌握常用书写工具的执笔及运笔方法。例如，钢笔、铅笔的拿法，毛笔的执笔和运笔方法等。执笔的总要求是松紧适度，太松则笔杆容易摇动，太紧则易转动不灵；运笔的总要求是用力适当，五指、腕肘等有关身体部位密切配合，使笔画线条流畅，优美。第三，要掌握笔画笔顺、偏旁部首及间架结构的基本知识，这是形成一定书写能力的知识基础。例如，关于点、横、竖、撇、捺、提、折、钩八种基本笔画各自的特点及其细微的区别；正确的笔顺规则，常用汉字的偏旁部首，常用汉字的间架结构（独体、上下结构、左右结构、内外结构）等等。这些知识，教师都应当了然于胸。

（2）写字准确无误、美观大方。所谓正确无误，是指笔画分明、笔顺正确、偏旁无误；所谓美观大方，是指字体端正、行款整齐、结构匀称、大小适度、笔画圆润流畅、衔接自然。这二者是检验教师书写能力的一个重要尺度。

（3）书写具有一定的速度。较高的书写速度能够节省编写教案、批改作业、写文章等工作的时间，提高其效率；写粉笔字更要求写得既快又好。因为如果教师板书速度太慢，会影响整节课的教学进度。有些特殊情况例外，如小学低年级教师示范汉字书写方法时速度要慢。

（4）语文教师应具备一定的书法功底。能够掌握篆书、隶书、楷书、草书、行书的基本形体特点，对书法艺术之美有一定的鉴赏能力，能够大致了解几位古今书法名家的书法艺术特点，能够用毛笔写出出色的或较好的字。

2. 教师书写能力的意义

（1）直接影响教育教学活动的效果。教师的书写能力，直接影响学生书写能力的发展，青少年儿童具有较强的模仿力，几乎没有一个学生在写字方面不受教师书写风格的影响；较高的书写速度，可以提高课堂教学的效率；生动的板书，有利于学生进入教学情境，有利于激发学生学习兴趣。

（2）优美的板书能给学生以美的享受；独具魅力的书法艺术能在潜移默化中陶冶学生的性情。

3. 教师提高书写能力的途径

（1）学习有关汉字的基本知识。如古今汉字的演变、汉字的造字法，以及前面提到的间架结构、笔画笔顺等常识。

（2）严格正字，刻苦练习，循序渐进，逐步提高。正字，就是使所写汉字的形体标准化、规范化，先要写得正确，才能求快求好。书写作为一种基本技能，必须通过刻苦的练习才能掌握方法，形成能力。练习不等于动作的机械重复，而是要使动作向完善化的方向改变，不必要的动作被抑制，需要的动作得到合理的组织和强化，形成稳固的条件反射系统，从而使书写能力得到提高和巩固。刻苦练习应有一定的计划性，字不是一天就能写好的，能力不是一下子就能提高的。合理安排练习写字的时间（可以给自己规定每天必须有一小段时间练字)，订出科学的训练计划，长期坚持，定能逐步提高书写能力。

中国古代的书法教育

商代学校教育中已有文字书写的内容。如在殷墟出土的一个甲片上，重复地刻有五行“甲子、乙丑、丙寅、丁卯、戊辰、己巳、庚午、辛未、壬申、癸酉”连续的干支表，其中一行字迹特别工整，大概是教师所刻的范本，其余四行则歪斜不齐，显然是学生的习刻。这表明殷商时期的学校已经很重视对学生书写、锲刻能力的训练了。

西周继承了夏、商的学校教育制度，建立了典型的政教合一的奴隶制官学体系，逐渐形成了一个以“六艺”为主体的教育体系。“六艺”即六门课程——礼、乐、射、御、书、数。书即识字与书写，表明当时文字的书写训练已作为“六艺”之一，成为学校教育的一项基本内容，据说当时的识字课本有《史籀篇》等。

秦始皇统一六国后，下令“书同文”，推行统一文字的政策。“书同文”是以秦国文字为基础，废掉其他六国文字中与秦文字不同的字，由此小篆成为现今各种书体的鼻祖。秦王朝对童蒙教育相当重视，在“书同文”后用小篆字体编写了不少识字课本，如李斯的《仓颉篇》、赵高的《爰历篇》、胡毋敬的《博学篇》等，这些字书，起到了对儿童进行书法基础教育的作用。

汉代十分重视文字教育，并辅以相应的制度来推广普及。据《汉书·艺文志》记载：“汉兴，萧何草律，亦著其法，曰：‘太史试学童，能讽书九千字以上，乃得为史’又以六体试之，课最者以为尚书、御史、史书、令书。吏民上书，字或不正，辄举劾。”东汉鸿都门学实际上是一个进行书法交流、教育的场所，蔡邕的一些书法活动就和鸿都门学有着密切的关系。由他主持书写的《熹平石经》，在当时既是一本标准经书，又是一部标准字帖，对书法学习起到了订正字体的作用。汉代的书法教育与文化启蒙紧密地联系在一起，为汉代书法的辉煌成就打下了良好的基础。

魏晋南北朝时期，尽管各政权统治下的教育形式不同，但书法教习普遍受到重视，特别在上层士族中，书法成为童蒙教育的必修课。晋时在秘书监特设书博士一人，作为专职的书法教师，负责对书吏进行教育与培训。魏晋南北朝时期，士人阶层和平民阶层皆重视和喜爱书法，出了很多书法家，如王羲之、王献之等。书法在当时已成为一个专门的学业，师徒相授。

隋唐时期的书法是继汉晋之后的又一座高峰。据《隋书·百官志下》载："学生国子一百四十人，太学、四门各三百六十人，书四十人，算八十人。"可见，隋朝的高等学校中已设立了书法专业。唐代则延续了隋朝的做法，在唐朝的教育体制中，书法是一项必修课程，设有专门的书法教育机构。据《新唐书》载："书学，博士二人，从九品下，助教一人。"如著名书法家褚遂良、柳公权等均为侍书出身。唐代考察、选拔人才，主要看四个方面：身、言、书、判。"书"的要求是"楷法遒美"，就连武官在读文职时，也要取精于书法者。

两宋三百多年间，朝廷多重文轻武，教育、考试制度比唐代更加成熟，书法教育也同步提高。宋代学习书法的学生不仅要篆、隶、草兼习，而且还要学孔孟之道。对书法的评判不仅仅限于"均齐可观"，还要"气清韵古"，"方圆兼备"，强调学习书法要具备全面的素养。宋代的这种书法学习的要求是史无前例的。

元代，汉族文化受到一定的冲击，学校的书法教育也比不上前朝。明清时期的书法教育与唐宋时期一样，也是贯穿于整个学校教育的，《明史》中提到国子监的学生须"每日习书二百余字，以二王、智永、欧、虞、颜、柳诸帖为法"。从书法教育为科举考试服务这一点来讲，明清时期的书法教育带有很浓重的干预色彩，因而"台阁体"大行其道，士子竞相模仿，以邀功名。值得一提的是，虽然清王朝是满族贵族统治，但由于政治需要，他们很快地接受了汉族的文化传统。识汉字、写汉字是接受汉文化的一条必由之路，从某种角度而言，不掌握书法艺术，就不能深入了解中国传统文化，所以清代的帝王，自顺治以下，都酷爱书法，且小有成就。

近代以来，虽然学校教育内容有所改革，增加了西方传来的自然科学等，但毛笔书写仍是文人中最常见的书写形式。

第二节　书面言语的基本类型

书面言语，是指用文字记载下来供"看"的言语，它在口语的基础上形成，是口语的加工形式，使听说的语言符号系统变为"看"的语言符号系统。在本节中，我们重点介绍教师板书内容和多媒体课件制作的知识。

一、板书

板书，从动态的角度理解，它是教师上课时在黑板上书写的文字、符号以传递教学信息、教书育人的一种言语活动方式，又称为教学书面语言。从静态的角度理解，它是教师在教学过程中为帮助学生理解掌握知识而利用黑板以凝练、简洁的文字、符号、图表等呈现的教学信息的总称。

牛津大学出版社出版的《教育学》一书中对板书作过这样的强调："在所有的直观教具中，要数板书最普遍、最重要、最灵活。"教师讲课是以有声言语为主，声音瞬息即逝，不具备存留性，这是有声言语的一大缺陷。板书的运用，在很大的程度上弥补了有声言语的这一缺陷。

如今，随着现代科学技术被引进课堂，粉笔与黑板逐渐被课件 PPT、影像等所取代。即使如此，同样需要教师的精心设计与操作，同样需要学生的听与看。更何况粉笔与黑板作为一种传统教学辅助手段，仍然是更便捷、更直观的教学手段，仍然在课堂上占有一席之地，仍然值得继承和发扬。

抛砖引玉

下面是不同学科、不同类型的几种板书，你能说一说板书有什么特点，在运用板书时，我们应该注意什么问题吗？

（一）苏教版八年级下册的课文《马说》板书设计

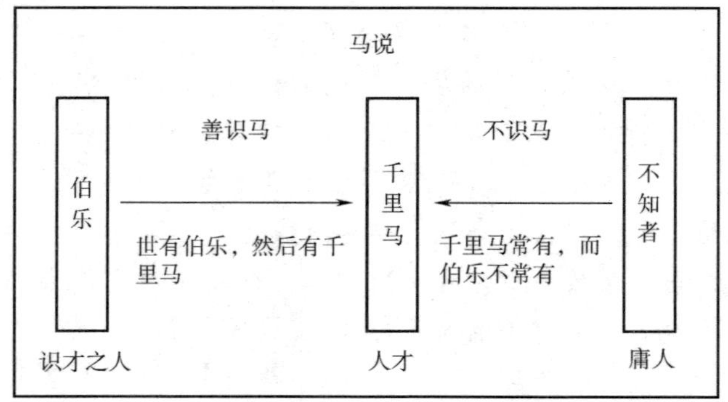

这幅板书，以简要文字为主，利用巧妙的线条构图，表明了千里马、伯乐及不知者三者之间的关系，且明示了三者各自的比喻意义。综合来看，这幅板书的特点是：字主线辅、布局合理、重点突出、逻辑严密。

（二）这是数学课中《位置的表示方法》的板书设计

位置的表示方法

横轴表示列数，纵轴表示行数
先横　后纵
数对　既清楚又准确地表示位置

城堡（4，6）　烽火台（9，2）　岩洞（11，11）
椰树林（9，1）　古塔（5，10）　码头（0，0）

这位教师通过板书设计揭示了思维活动的过程，对于容易混淆的概念，用比较的方法，区别其异同。

（三）这是物理课《物质的三态及其结构》一节的板书设计

<table>
<tr><th colspan="2" rowspan="2"></th><th colspan="3">宏观特征</th><th colspan="4">微观特征</th></tr>
<tr><th>形状</th><th>体积</th><th>流动性</th><th>分子间距离</th><th>分子间作用力</th><th>分子排列</th><th>分子运动</th></tr>
<tr><td colspan="2">气体</td><td>不定</td><td>不定</td><td>有</td><td>大</td><td>无</td><td>无规则</td><td>无规则运动，碰撞时改变速度方向、大小</td></tr>
<tr><td colspan="2">液体</td><td>不定</td><td>一定</td><td>有</td><td>较小</td><td>较大</td><td>无规则</td><td>无规则振动，能移动</td></tr>
<tr><td rowspan="2">固体</td><td>非晶体</td><td rowspan="2">一定</td><td rowspan="2">一定</td><td rowspan="2">无</td><td rowspan="2">小</td><td rowspan="2">大</td><td>无规则</td><td rowspan="2">在平衡位置附近无规则振动</td></tr>
<tr><td>晶体</td><td>有规则</td></tr>
</table>

这位教师通过表格的方式总结了物质三态的宏观特征和微观特征。通过对比帮助学生正确认识物质的内部结构与其宏观特征的内在联系。

（四）下面是化学学科中“物质的分类”复习课的板书设计

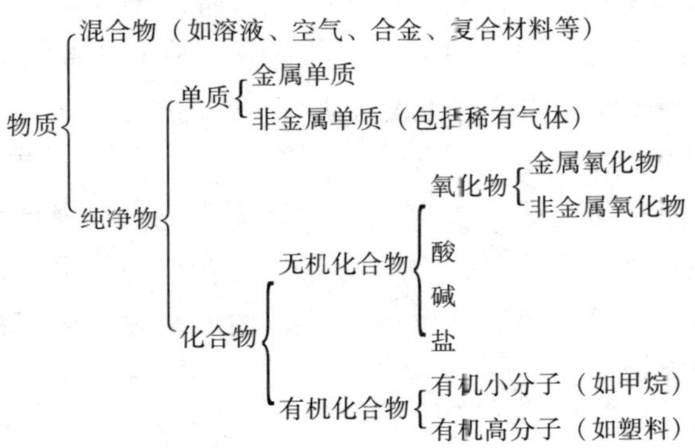

该教师通过概念图帮助学生梳理内容，拓宽了知识面，让学生深刻理解所学知识。其板书具有科学性、简洁性和逻辑性的特点。

（五）下面是地理课中关于中国地势地形的板书

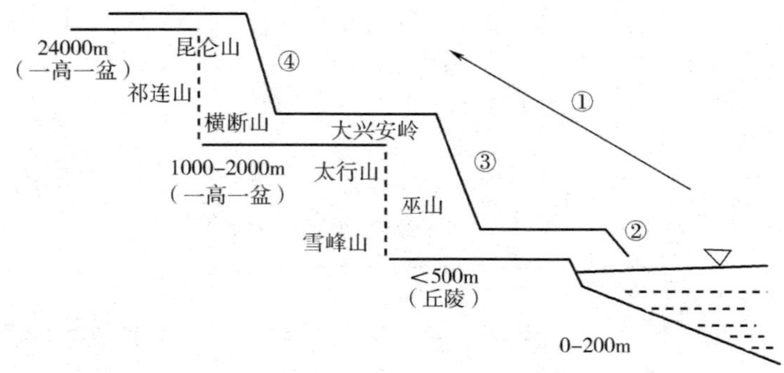

注：①海洋气流深入内陆；②黄河源远流长，东流入海，沟通东西交通；③④大河水流湍急，产生巨大水能。

这个板书以图片的方式，形象、直观地呈现了我国地形地势的特点。同时在黑板上标注出重要的地点名称，加深学生印象。

知识仓库

（一）板书的类型

1. 提纲式板书

提纲式板书是教师根据教学重点内容的内在联系和教学设计程序，用大小括号和编号编排的成系统的板书。这种板书优点在于条理清楚，重点突出，字句简洁，教学思路清晰，是各科教学常用的板书形式。

2. 对比式板书

对比式板书是教师根据教学内容和学生已有的相关知识，运用对比方法显示出知识异同的板书。这种板书通过对比，帮助学生区分容易混淆的知识点，帮助学生理解不同知识之间的联系与区别，有利于指导学生分清知识的共性与个性，有利于学生求异思维能力训练。

3. 词语式板书

词语式板书是教师根据对教学内容的分析研究，从中提炼出关键性的重点字、词组成板书提纲。这种板书的特点是简明扼要，富有启发性，通过几个具有内在联系的关键词语引起学生思考，加深对教学内容的理解，有利于学生迁移思维能力的培养。

4. 表格式板书

表格式板书是教师根据可以明显分项的教学内容的特点设计的。教师根据教学内容设计表格，提出相应问题，让学生思考后提炼出简要的词语填入表格，也可教师边讲解边把关键词语填入表格，还可先把内容分类有目的地按一定位置书写，归纳、总结时再形成表格。这种板书能够将知识点进行横向和纵向的对比，使学生全面掌握知识。

5. 线索式板书

线索式板书以教材提供的线索为主，反映教学的主要内容。这种形式的板书把教材的梗概一目了然地展现在学生面前，使学生对其全貌有所了解。这种板书的特征是能够显示出事情发生、发展的过程，能够突出知识形成的过程，有利于学生自主学习。

6. 图画式板书

图画式板书是根据教学内容显现出的特征，采用图中夹文或文中夹图的办法形象地勾画出事物间的内在联系的板书。这种板书生动、形象、直观，事物的内在关系显现得淋漓尽致，能有效地激发学生的学习兴趣，促进抽象思维能力的发展。

7. 图示式板书

图示式板书是通过具有意义的线条、箭头、符号等组成某种文字图形的板书。它的特点是形象直观地展示教学内容，使复杂的知识一目了然。

（二）板书的原则

1. 书写规范，有示范性

教师的板书是为了展示给学生的，因此教师的板书应该使用规范的汉字和符号，必须遵循汉字的书写规律，做到工整规范。书写规范的汉字，教师要把握汉字的基本笔画和笔顺规则，不倒插笔，不写自造简化字。板书工整要求字的大小以后排学生能看清为宜，布局合理。教师板书时，一定要一笔一笔地写字，一笔一笔地画图，让学生看清楚，对一字一句，甚至标点符号都要有所推敲。教师的板书除了传授知识外还有一个引导和训练学生养成良好的书写习惯的重要任务。板书规范、书写准确、有示范性，是教师在教学中应时刻信守的一条原则。

2. 言语准确，有科学性

言语准确，有科学性是对教师的板书言语提出的更高要求。教师在授课的过程中，板书是贯穿课堂的，在授课结束后会形成一个整体。因此板书一旦形成，就不容易进行修改，所以教师在板书时，要推敲言语，选择恰当词语来表示，不要含糊其辞，模棱两可。总体来说，板书用词要恰当，造句准确、图表规范、线条整齐，这是板书设计中不容忽视的一个方面。

3. 层次分明，重点突出

在课堂教学中，板书和口头讲述是同步进行的两种教学手段，教学内容具有较强的层次性、逻辑性和连贯性，所以板书也要层次分明有条理。要使板书发挥这个优势，要求教师必须做到层次清楚、条理分明、主线清晰、枝蔓有序，用板书体现和加强讲解中言语的这些特点。在达到层次分明的基础之上，教师的板书必须重点突出、详略得当，这是衡量一个教师教学水平的重要标志。重点突出要求教师在课堂有限的时间内，能详略得当地处理教材，抓住重点板书有关内容，使学生通过板书纵观全课、了解全貌，抓住要领。

4. 精心设计，合理布局

板书是教师整堂课思路的呈现，只有思路清晰，板书条理才能清晰，布局才能科学。要做到布局合理，没有课前认真的研究和精心的设计是办不到的。因此，课前教师要根据教学要求，从实际出发，进行周密的计划和精心的设计，确定好板书的内容，规划好板书的格式，预定好板书的位置，在教学时才能有条不紊地按计划进行，准确而灵活地加以运用。

5. 形式多样，新颖有趣

好的板书设计会给学生留下鲜明深刻的印象，形成理解、回忆知识的线索。教师在运用板书时，应该根据教学内容，灵活多样地设计板书，使板书充满趣味性。充满情趣的板书设计，好像一幅美丽的图画，给学生以美的享受，拨动着他们的心弦，引起浓厚的学习兴趣，加深理解和记忆，增强思维的积极性和持续性。

（三）板书应处理好的几对关系

1. 内容与形式的关系

板书的目的是为了将教学内容呈现在学生面前，板书的设计应内容重于形式，形式为内容服务，如果过于重视形式，那就是本末倒置。教师不能为了追求某种形式，而使内容失真、遗漏，或者表达不准确。要在保证知识系统性和完整性的前提下，考虑适当的形式，使板书具有较高的可教育性，否则会弄巧成拙，使板书成为教学中的干扰性因素，那就事与愿违了。

2. 书写和讲解的关系

教师的授课主要通过教学言语来完成，中间伴随着板书的书写。教师该怎样处理好讲解和书写的关系呢？是先讲后写，还是先写后讲抑或是边讲边写？有时可以边讲边写，有时可以先写板书，然后师生一起分析，也可以先讨论、分析、归纳，然后再写板书，这些都根据教学的需要来决定板书出现的最佳时刻。教学中那种因讲解而忘记板书，然后再去补写，或者因过多板书而影响讲解时效的现象应该避免，要坚决克服板书中随意性和盲目性。

3. 设计和运用的关系

板书设计是教师在课前认真备课的基础上，根据教学需要而设计的，然后在实际的课堂教学中加以运用。但是由于真实的课堂千变万化，教师设计好的板书有时并不能完全应用到真实课堂。例如有时板面不够写，部分间距小而文字写不下，有时来不及书写等。另外，有时教师和学生在课堂上碰撞出火花，有了新的思路，这时就需要对板书进行调整。解决这些矛盾除了在实践中不断积累经验外，还可靠课前进行必要的试写，另外也要根据情况进行适当的增减和调整，但必须保证板书的完整性。

4. 科学与艺术的关系

教学是一门科学也是一门艺术，作为教学重要呈现方式的板书也同时具备了科学与艺术的特点。板书作为书面表达的一种，有充分的时间去推敲，因此在书写时应反复修改，斟字酌句，尽量使表达准确，条理分明。板书要展示在学生面前，言辞表达要严密，推理要严谨，表述要清晰，要有逻辑。更要注意概念的准确性，从而达到科学性的要求。同时板书又具有艺术性，加强板书艺术性是为了在教学中更好地运用这一教学手段。所以，平时要加强文字、书法、板画等教学基本功的训练，在教学中大胆实践，并且不断总结板书的理论和实践经验，使板书作为一门教学艺术而进一步完善起来。

沙场点兵

（一）指出下面板书存在的问题。

（1）下面是语文学科《落花生》一文的板书设计，结合教学目标，指出这个板书设计的问题所在。

这位教师在具体备课时，预设了三个教学目标：第一，明确文章哪些内容是详写，哪些内容是略写，并初步体会这样写的好处；第二，初步了解借物喻人的写作手法；第三，学习花生不求虚名、默默奉献的品格，懂得“人要做有用的人，不要做只讲体面，而对别人没有好处的人”。

落花生

种花生：买、翻、播、浇

收花生：居然

议花生：姐弟说——花生的好处（直接叙述）

父亲说——花生的可贵（对比）

做有用的人（引申）

（2）下面是语文学科《琵琶行》的板书设计，结合板书设计的特点和要求，请指出下面板书的问题所在。

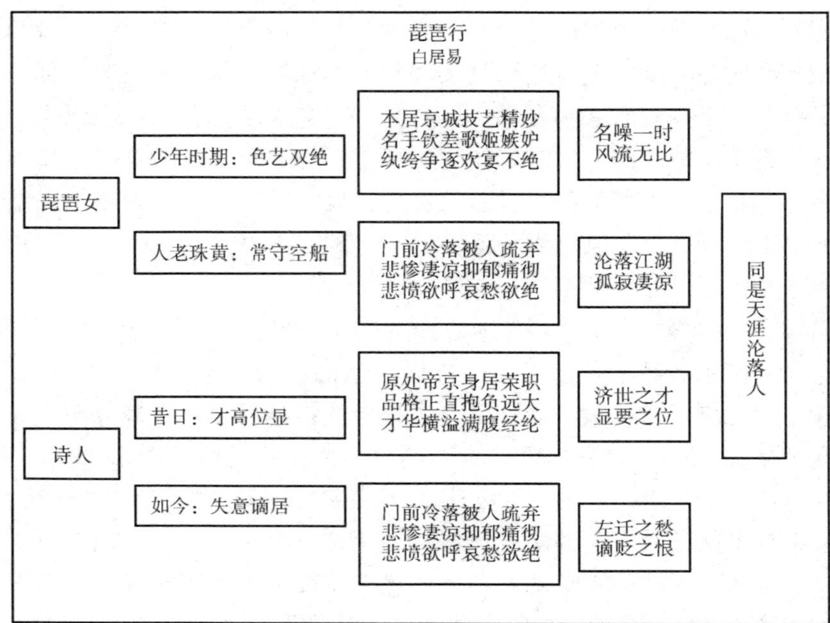

（二）请为下面的教学内容设计一幅板书。

理科生请为第一题设计板书，文科生请为第二题设计板书。

（1）请为人教版七年级上册数学“第四章图形认识初步”中的“多姿多彩的图形”一节设计图形板书。

（2）请以下面的文章为教学内容，设计一幅线索式板书。

老王

作者：杨绛

在我们周围，有一些像老王这样生活艰难的人。他们不被人重视，却有一颗金子般的心。你体悟到这些人的善良了吗？你是怎样对待他们的？读一读这篇课文吧，也许你会有不少感触。

我常坐老王的三轮。他蹬，我坐，一路上我们说着闲话。

据老王自己讲：北京解放后，蹬三轮的都组织起来，那时候他“脑袋慢”“没绕过来”“晚了一步”，就“进不去了”，他感叹自己“人老了，没用了”。老王常有失群落伍的惶恐，因为他是单干户。他靠着活命的只是一辆破旧的三轮车。有个哥哥，死了，有两个侄儿，“没出息”，此外就没什么亲人。

老王只有一只眼，另一只是“田螺眼”，瞎的。乘客不愿坐他的车，怕他看不清，撞了什么。有人说，这老光棍大约年轻时不老实，害了什么恶病，瞎掉了一只眼。他那只好眼也有病，天黑了就看不见。有一次，他撞在电杆上，撞得半面肿胀，又青又紫。那时候我们在干校，我女儿说他是夜盲症，给他吃了大瓶的鱼肝油，晚上就看得见了。他也许是从小营养不良而瞎了一眼，也许是得了恶病，反正同是不幸，而后者该是更深的不幸。

有一天傍晚，我们夫妇散步，经过一个荒僻的小胡同，看见一个破破落落的大院，里面有几间塌败的小屋；老王正蹬着他那辆三轮进大院去。后来我在坐着老王的车和他闲聊的时候，问起那里是不是他的家。他说，住那儿多年了。

有一年夏天，老王给我们楼下人家送冰，愿意给我们家带送，车费减半。我们当然不要他减半收费。每天清晨，老王抱着冰上三楼，代我们放入冰箱。他送的冰比他前任送的大一倍，冰价相等。胡同口蹬三轮的我们大多熟识，老王是其中最老实的。他从没看透我们是好欺负的主顾，他大概压根儿没想到这点。

“文化大革命”开始，默存不知怎么的一条腿走不得路了。我代他请了假，烦老王送他上医院。我自己不敢乘三轮，挤公共汽车到医院门口等待。老王帮我把默存扶下车，却坚决不肯拿钱。他说：“我送钱先生看病，不要钱。”我一定要给他钱，他哑着嗓子悄悄问我：“你还有钱吗?”我笑着说有钱，他拿了钱却还不大放心。

我们从干校回来，载客三轮都取缔了。老王只好把他那辆三轮改成运货的平板三轮。他并没有力气运送什么货物。幸亏有一位老先生愿把自己降格为“货”，让老王运送。老王欣然在三轮平板的周围装上半寸高的边缘，好像有了这半寸边缘，乘客就围住了不会掉落。我问老王凭这位主顾，是否能维持生活，他说可以凑合。可是过些时老王病了，不知什么病，花钱吃了不知什么药，总不见好。开始几个月他还能扶病到我家来，以后只好托他同院的老李来代他传话了。

有一天，我在家听到打门，开门看见老王直僵僵地镶嵌在门框里。往常他坐在蹬三轮的座上，或抱着冰伛着身子进我家来，不显得那么高。也许他平时不那么瘦，也不那么直僵僵的。他面如死灰，两只眼上都结着一层翳，分不清哪一只瞎，哪一只不瞎。说得可笑些，他简直像棺材里倒出来的，就像我想象里的僵尸，骷髅上绷着一层枯黄的干皮，打上一棍就会散成一堆白骨。我吃惊地说：“啊呀，老王，你好些了吗?”

他“嗯”了一声，直着脚往里走，对我伸出两手。他一手提着个瓶子，一手提着一包东西。

我忙去接。瓶子里是香油，包裹里是鸡蛋。我记不清是十个还是二十个，因为在我记忆里多得数不完。我也记不起他是怎么说的，反正意思很明白，那是他送我们的。

我强笑说："老王，这么新鲜的大鸡蛋，都给我们吃？"

他只说："我不吃。"

我谢了他的好香油，谢了他的大鸡蛋，然后转身进屋去。他赶忙止住我说："我不是要钱。"

我也赶忙解释："我知道，我知道——不过你既然来了，就免得托人捎了。"

他也许觉得我这话有理，站着等我。

我把他包鸡蛋的一方灰不灰、蓝不蓝的方格子破布叠好还他。他一手拿着布，一手攥着钱，滞笨地转过身子。我忙去给他开了门，站在楼梯口，看他直着脚一级一级下楼去，直担心他半楼梯摔倒。等到听不见脚步声，我回屋才感到抱歉，没请他坐坐喝口茶水。可是我害怕得糊涂了。那直僵僵的身体好像不能坐，稍一弯曲就会散成一堆骨头。我不能想象他是怎么回家的。

过了十多天，我碰见老王同院的老李。我问："老王怎么了？好些没有？"

"早埋了。"

"呀，他什么时候……"

"什么时候死的？就是到您那儿的第二天。"

他还讲老王身上缠了多少尺全新的白布——因为老王是回民，埋在什么沟里。我也不懂，没多问。

我回家看着还没动用的那瓶香油和没吃完的鸡蛋，一再追忆老王和我对答的话，捉摸他是否知道我领受他的谢意。我想他是知道的。但不知为什么，每想起老王，总觉得心上不安。因为吃了他的香油和鸡蛋？因为他来表示感谢，我却拿钱去侮辱他？都不是。几年过去了，我渐渐明白：那是一个幸运的人对一个不幸者的愧怍。

二、多媒体课件

在现代的教学当中多媒体教学所占的比重已经越来越大，多媒体课件在某种程度上代替了板书的功能。对于难以理解的需要直观演示的内容，多媒体课件比板书更有优势。多媒体课件的制作和设计也成为教师书面言语技能的重要组成部分。

抛砖引玉

（1）下面是一名小学教师在教学“众”字时，运用多媒体课件的展示：

教学“众”字，先由课件分别从上、左、右顺次出现三个卡通人物，一起奔向中间，形成一个杂技滑稽动作，二人在下，一个在上，然后闪烁成了一个“众”字。新奇精彩的画面令学生惊叹不已，妙趣横生的卡通人物令学生开怀大笑。在艺术的感染、熏陶、启迪下，他们在不知不觉中记住了这个字，掌握了字义。

在这个案例中，信息技术的运用十分形象生动，学生学习起来既兴味盎然，又轻轻松松。在轻松又有趣的学习中，学生的学习负担无形之中就减轻了。

（2）在进行“原子核外电子的运动规律”以及“离子（共价）化合物的形成”的教学过程中；在揭示钠原子和氯原子的结构示意图（最外层电子闪烁）、电子的转移以及钠离子和氯原子的静电作用中，都可以通过动画的形式，把抽象的概念和规律变为具体的形象的过程展现在学生面前。通过对具体画面的讨论、分析，使学生能通过现象看本质，总结出科学的规律，了解和掌握一些较为抽象的概念。在具体分析、形象认识的基础上，教师适时地加以引导和讲解，能使学生们对应掌握的知识点理解得非常透彻。通过这样的设计，利用微机建立的虚拟世界和人机交互性，让学生们在这个环境中去体会想象不到的东西，让复杂的难点变简单，也就是所谓化不见为可见，化静态为动态，化抽象为直观，化简单为复杂，从而使得多媒体在化学教学中能充分发挥辅助教学的作用。

实验表明，多感官教学媒体的教学效果优于单感官教学媒体的教学效果。教师利用现代教育信息技术创设的启发、引导式的学习情境，能充分调动学生的思维，发挥学生学习的主动性，引导学生积极主动地完成学习过程。

（3）在教学《秋天到了》一课中，有这样一句“一片片叶子从树上落下来”，恰如其分地描绘了初秋景色，凉风一吹树叶纷纷落下，地上散落着几片树叶。教学中不仅要区别“一片片”和“一片”在数量上的区别，更不能忽略本课中“一片片”所蕴含的情感因素。但仅仅凭文字激活的表象毕竟是模糊的。教师通过软件的动画演示，形象具体地展示了在秋风的轻轻吹拂下，一片又一片的树叶从树上慢慢地飘落的情景，增强了美感。这时，老师再让学生闭上眼睛，边听边自由想象，然后通过声情并茂的朗读来唤起原有的现象。学生的眼、耳、口多种器官同时活动，渐渐地进入了意境，体味着课文中的“情”，认识了“一片片”所表达的“行”、“量”、“情”。

从案例中可以看到，为了帮助学生理解教学中的难点，教师课前制作了多媒体课件。课堂教学中课件的运用起到了很好的效果。

知识仓库

（一）多媒体课件的作用①

1. 改变传统教学方式，丰富课堂形式

传统的教学方式主要凭借教师的一张嘴、一本书、一张黑板和一支粉笔。多媒体课件在教学领域的应用克服了教师边示范、边讲解的传统教学模式带来的弊端，促进了传统教学方式的变革。教师通过板书呈现的内容是静止的、无声的、平面的。而多媒体课件通过声音、图片和动画演示，使教学内容丰富立体起来。多媒体课件克服人体感官的许多局限，延伸人的感官作用，可把物体由大缩小或由小扩大，把运动化慢为快或化快为慢，把景象变远为近或变动为静，还可将资料重现。多媒体课件的运用可以实现教学方法的整合，不断丰富和完善教学手段和方法，为创造更加多样化的教学模式提供物质上和技术上的保障。

2. 改变学习方式，促进自主学习

多媒体课件的运用不仅改变教师的教学方式，也改变学生的学习方式。传统课堂教师通过讲解和板书来作用于学生的听觉和视觉，教师与学生的关系是单一的讲与听、教与学的关系。而用多媒体课件来辅助教学克服传统教学单一的听与讲、教与学的局限性，为学生展现了一个有声有色、多彩立体的世界，学生的知觉被最大限度地调动起来。多媒体课件为学生的学习创设广阔的环境，拓延教学时空的维度，为自主学习、合作学习、探究学习提供现实基础。

3. 创设生动情境，激发学习兴趣

传统教学中教师多以挂图、幻灯、模型等来帮助学生理解抽象事物。这些手段多是静态的、平面的，有时很难让学生彻底地理解。多媒体课件具有集成性的特点，它可以对文字、数字、图形、声音、动画、视频等各种信息进行范围广泛的处理。因此它可以刺激学生的多种感官，帮助学生加深理解。教学中可针对不同的教学内容，运用信息技术模拟仿真，创设情境，实现抽象教学内容的具体化、形象化；可以通过信息技术将看不见、摸不着的微观世界，生动形象地模拟出来，真实可信地展示在学生面前。多媒体课件，手段多样，形式新颖，生动活泼，可以满足学生的求知欲望与追求新奇的心理

① 李冲锋编著：《教学技能应用指导》，华东师范大学出版社 2007 年版，第 224—227 页。

特点，启迪学生积极思维和创造性想象，不断提高学生的思维水平。

（二）多媒体课件的制作要求

1. 首页风格整洁

首页是一个课件等待正式上课前使用的页面，一般来说是一个欢迎页面，这里不需要太多的内容，不过不要是枯燥的纯文字，可以是一幅优美的风景画，或是一幅符合主题的画面加上一段简洁的欢迎词。为了让等待的过程不至于太枯燥，可以设置让欢迎词动起来。在这段等待的时间里，教师可以在首页插上轻音乐或者与授课内容有关的音乐，营造氛围。

2. 目录设置简洁

课件的目录就像是一个导向牌，指向观众想去的地方，所以完整的目录至少应该具备：标题、导航条和退出按钮。这个页面最重要的一点就是要有丰富的内容，但尽量做到简洁、统一，最好具有一定的风格。特别要注意的是，在目录里应该有一个退出按钮，使整个课件随时可以通过目录退出到结束界面，而不是一直播放到最后一张再退出。

3. 文字处理合理

多媒体课件虽然在形式上更加丰富，有音乐、有图片、有动画，但是文字还是最主要的。多媒体课件上呈现的文字根据内容需要有多有少，在处理时要注意以下几点：

（1）文字较少时可采用相对较大的字号，但不要让文字充斥整个屏幕，要留有一定的空间；比较少时可在空余的地方插入一些不太容易引人注意的图片或 GIF 小动画。

（2）文字较多时，字号也不能太小，要保证后排同学看起来不吃力。同时，排版不要太满，密密麻麻的文字会让学生失去兴趣，影响教学效果。

4. 图片布局恰当

在处理图片内容时可以运用大量的手法和手段。图片比较多时可采用进入、退出或移动等效果；比较少时可采用插入幻灯片、触发器等效果。但总的来说要符合课件的主题，如果是作为图片欣赏的话，建议采用移动、进入、退出等动态效果。但是作为作品介绍的话，建议还是采用插入幻灯片或触发器的手法。但是无论运用哪种手法都要注意以下问题：首先结构布局要合理。一个页面里有较多的图片同时出现时，图片和图片之间不要有重叠，并且尽量对齐，或按照一定的规则排列，松紧要得当。第二图文混排时要注意重点突出，不要让陪衬的其他配件喧宾夺主，文字尽量不覆盖在图片上。

5. 按钮设置统一

在课件中按钮相当于日常生活中的交通工具，它可以采用文字、图片或图标来设置。一般来说在主目录里除“退出”按钮以外都采用文字来作为按钮（即导航条），而在具体的内容里，一般采用图标作按钮。在设置时要注意：

（1）按钮的大小、位置要适当。尽量放在底部角落里，不要覆盖在要表达的主要内容上。

（2）按钮尽量不要吸引观众的注意力，但在需要时能让操作人容易找到，而且效果相同的按钮尽量使用统一图标。

6. 整体色调协调

一个优秀的课件其整体的色调、风格应该是相统一的，主要体现在对背景色的处理上，切忌花哨、凌乱。没有特别的需要一般不要更改背景设置的色调或风格。教师可以通过设置“背景——填充——效果——双色渐变”里的各种渐变来设置课件背景风格，设置时尽量不要改变基本色彩，但可以采用不同的渐变，来达到和谐但不单调的目的。

7. 设置动作完整

一个完整的课件中存在着大量的超链接和动作。超链接的设置可以使课件呈现的内容更加简洁、更加具有条理性。动作的设置可以丰富课件形式，使课件画面具有动态。在设置完链接和动画以后一定要通过播放来检查一下链接和动作的正确性，以防出现死链或不应有的动作，这是保证一个课件质量最重要的一个环节。

（三）多媒体课件运用应注意的问题

多媒体只是教学的辅助手段，我们应根据教学内容的需要，合理使用，才能发挥它的作用。

1. 合理控制放映速度

多媒体课件的使用，把原本需要教师板书的过程省略了，可以说多媒体课件在很大程度上解放了教师的双手。传统课堂中，教师板书花费的时间比较长，但是教师板书的时间正是学生进行思考的时间，而现在教师只需要轻轻一点就将原本需要很长时间板书的内容呈现在学生面前，学生没有可以思考的时间，因此教师在利用多媒体进行教学时，要特别注意控制呈现教学内容的速度。多媒体课件知识为我们提供了加快信息传递的可能性，传递信息的多少还需要根据实际情况而定。教师要明确课堂容量的大小并非取决于教学内容的呈现速度，而取决于学生的接受和理解程度。因此，要充分考虑学生的思维和认知规律，把握好多媒体课件所呈现的教学内容的速度。

2. 内容大于形式

教学无论采用什么形式的手段，最终的目的都是为了传递知识，促进学生智力的发展，情感的丰富。所有的形式和手段都是为教学内容服务的，都是为了更好地、更有效率地呈现和传递教学知识。教师在使用多媒体课件时，应始终意识到该课件是辅助本节课的教学内容，它的一切形式都要服务于教学内容。一个教师教学课件做得质量再好、水平再高，如果不在教学上下功夫，那么教学课件也只能是教学的一个门面，对教学难以起真正的支持和协助作用。教师在制作课件时要把主要精力用在教学内容重点、难点的突破上，而不是为了赶时髦，节节课，门门课都做成多媒体课件。总之，多媒体课件设计必须有度，不能一味地追求新奇，否则会喧宾夺主，分散学生的注意力。

3. 与传统教学相结合

随着电脑的普及和网络教学的推进，多媒体辅助教学出现了多用、滥用、乱用的现象。不可否认，多媒体课件在教学中的应用，为教学带来了新的发展。如何搞好传统教学与多媒体教学的衔接与融合，相互取长补短，当成为眼下紧迫的课题。多媒体教学带动了现代教育教学模式的发展，对提高课堂教学效率起到了促进作用。但传统教学也有着多媒体教学无法替代的优越性。例如，重点知识、公理、定理等，用传统的教学方法，可以写在黑板上，贯穿整堂课的始末，可以在学生眼前不停地出现，从而加深了这些知识在学生头脑里的印象。因此，多媒体辅助教学与传统教学相结合使用，优势互补，取长补短，才能取得更佳的教学效果。

沙场点兵

（一）下面是一则美术教学的案例，请对这则案例做出适当的评析。

教学《美丽的昆虫》一课时，教师利用多媒体课件播放了一段各类昆虫的“联欢会”并配上圆舞曲，学生看后都被深深地吸引了，并陶醉在由多姿多彩的画面和优美动听的旋律创设的情境中。老师问：“欣赏了这些画面有什么感觉?”学生回答“很美”、“好像在参加昆虫们的演唱会”、“仿佛在和它们跳舞呢”，等等。这时学生已经跃跃欲试要动手画了。见此情景老师便抓住时机，在投影仪里示范了一只造型可爱的小昆虫，学生更加兴致勃勃了。在学生动手练习前，教师提示，不要囿于老师的范画，而要把自己脑子里所想的画出来，学生欢呼应和。在兴奋中，学生画出了一幅幅动态不一、情趣可爱的昆虫图，评画小结时，教师把学生的作品集中在黑板上展示，仿佛一幅昆虫群图，然后由作者自评、生生互评、教师点评，再度播放音乐，音画并茂，学生们开心极了。

（二）多媒体课件制作练习。

(1) 生物学中“植物对水分的吸收”一节的教学重点和难点是根毛吸水

过程和细胞吸水原理，但它们既看不到，也摸不着，传统的教学方法只能靠翔实的语言、几幅挂图和几个静态的模型来进行，很难表达清楚，内容抽象而枯燥，学生学习兴趣低。请利用多媒体课件来解决这一难题。

（2）陶渊明的《桃花源记》中有两个段落：

林尽水源，便得一山，山有小口，仿佛若有光。便舍船，从口入。初极狭，才通人。复行数十步，豁然开朗。土地平旷，屋舍俨然，有良田美池桑竹之属。阡陌交通，鸡犬相闻。其中往来种作，男女衣着，悉如外人。黄发垂髫，并怡然自乐。

见渔人，乃大惊，问所从来。具答之。便要还家，设酒杀鸡作食。村中闻有此人，咸来问讯。自云先世避秦时乱，率妻子邑人来此绝境，不复出焉，遂与外人间隔。问今是何世，乃不知有汉，无论魏晋。此人一一为具言所闻，皆叹惋。余人各复延至其家，皆出酒食。停数日，辞去。此中人语云："不足为外人道也。"

请利用多媒体技术搜集资料，然后制作多媒体课件展现桃花源美丽的自然风景和淳朴的民风。

附录一：中华人民共和国国家通用语言文字法

目录

第一章　总则

第二章　国家通用语言文字的使用

第三章　管理和监督

第四章　附则

第一章　总则

第一条　为推动国家通用语言文字的规范化、标准化及其健康发展，使国家通用语言文字在社会生活中更好地发挥作用，促进各民族、各地区经济文化交流，根据宪法，制定本法。

第二条　本法所称的国家通用语言文字是普通话和规范汉字。

第三条　国家推广普通话，推行规范汉字。

第四条　公民有学习和使用国家通用语言文字的权利。

国家为公民学习和使用国家通用语言文字提供条件。

地方各级人民政府及其有关部门应当采取措施，推广普通话和推行规范汉字。

第五条　国家通用语言文字的使用应当有利于维护国家主权和民族尊严，有利于国家统一和民族团结，有利于社会主义物质文明建设和精神文明建设。

第六条　国家颁布国家通用语言文字的规范和标准，管理国家通用语言文字的社会应用，支持国家通用语言文字的教学和科学研究，促进国家通用语言文字的规范、丰富和发展。

第七条　国家奖励为国家通用语言文字事业做出突出贡献的组织和个人。

第八条　各民族都有使用和发展自己的语言文字的自由。

少数民族语言文字的使用依据宪法、民族区域自治法及其他法律的有关规定。

第二章　国家通用语言文字的使用

第九条　国家机关以普通话和规范汉字为公务用语用字。法律另有规定的除外。

第十条　学校及其他教育机构以普通话和规范汉字为基本的教育教学用语用字。法律另有规定的除外。

学校及其他教育机构通过汉语文课程教授普通话和规范汉字。使用的汉语文教材，应当符合国家通用语言文字的规范和标准。

第十一条　汉语文出版物应当符合国家通用语言文字的规范和标准。

汉语文出版物中需要使用外国语言文字的，应当用国家通用语言文字做必要的注释。

第十二条　广播电台、电视台以普通话为基本的播音用语。

需要使用外国语言为播音用语的，须经国务院广播电视部门批准。

第十三条　公共服务行业以规范汉字为基本的服务用字。因公共服务需要，招牌、广告、告示、标志牌等使用外国文字并同时使用中文的，应当使用规范汉字。

提倡公共服务行业以普通话为服务用语。

第十四条　下列情形，应当以国家通用语言文字为基本的用语用字：

（一）广播、电影、电视用语用字；

（二）公共场所的设施用字；

（三）招牌、广告用字；

（四）企业事业组织名称；

（五）在境内销售的商品的包装、说明。

第十五条　信息处理和信息技术产品中使用的国家通用语言文字应当符合国家的规范和标准。

第十六条　本章有关规定中，有下列情形的，可以使用方言：

（一）国家机关的工作人员执行公务时确需使用的；

（二）经国务院广播电视部门或省级广播电视部门批准的播音用语；

（三）戏曲、影视等艺术形式中需要使用的；

（四）出版、教学、研究中确需使用的。

第十七条　本章有关规定中，有下列情形的，可以保留或使用繁体字、异体字：

（一）文物古迹；

（二）姓氏中的异体字；

（三）书法、篆刻等艺术作品；

（四）题词和招牌的手书字；

（五）出版、教学、研究中需要使用的；

（六）经国务院有关部门批准的特殊情况。

第十八条　国家通用语言文字以《汉语拼音方案》作为拼写和注音工具。

《汉语拼音方案》是中国人名、地名和中文文献罗马字母拼写法的统一规范，并用于汉字不便或不能使用的领域。

初等教育应当进行汉语拼音教学。

第十九条　凡以普通话作为工作语言的岗位，其工作人员应当具备说普通话的能力。

以普通话作为工作语言的播音员、节目主持人和影视话剧演员、教师、国家机关工作人员的普通话水平，应当分别达到国家规定的等级标准；对尚未达到国家规定的普通话等级标准的，分别情况进行培训。

第二十条　对外汉语教学应当教授普通话和规范汉字。

第三章　管理和监督

第二十一条　国家通用语言文字工作由国务院语言文字工作部门负责规划指导、管理监督。

国务院有关部门管理本系统的国家通用语言文字的使用。

第二十二条　地方语言文字工作部门和其他有关部门，管理和监督本行政区域内的国家通用语言文字的使用。

第二十三条　县级以上各级人民政府工商行政管理部门依法对企业名称、商品名称以及广告的用语用字进行管理和监督。

第二十四条　国务院语言文字工作部门颁布普通话水平测试等级标准。

第二十五条　外国人名、地名等专有名词和科学技术术语译成国家通用语言文字，由国务院语言文字工作部门或者其他有关部门组织审定。

第二十六条　违反本法第二章有关规定，不按照国家通用语言文字的规范和标准使用语言文字的，公民可以提出批评和建议。

本法第十九条第二款规定的人员用语违反本法第二章有关规定的，有关单位应当对直接责任人员进行批评教育；拒不改正的，由有关单位作出处理。

城市公共场所的设施和招牌、广告用字违反本法第二章有关规定的，由有关行政管理部门责令改正；拒不改正的，予以警告，并督促其限期改正。

第二十七条　违反本法规定，干涉他人学习和使用国家通用语言文字的，由有关行政管理部门责令限期改正，并予以警告。

第四章　附则

第二十八条　本法自2001年1月1日起施行。

附录二：中华人民共和国国家标准标点符号用法

1　范围

本标准规定了标点符号的名称、形式和用法。本标准对汉语书写规范有重要的辅助作用。

本标准适用于汉语书面语。外语界和科技界也可参考使用。

2　定义

本标准采用下列定义

句子 sentence

前后都有停顿，并带有一定的语调，表示相对完整意义的语言单位。

陈述句 declarative sentence

用来说明事实的句子。

祈使句 imperative sentence

用来要求听话人做某件事情的句子。

疑问句 interrogative sentence

用来提出问题的句子。

感叹句 exclamatory sentence

用来抒发某种强烈感情的句子。

复句、分句 complex sentence，clause

意思上有密切联系的小句子组织在一起构成一个大句子。这样的大句子叫复句，复句中的每个小句子叫分句。

词语 expression

词和短语（词组）。词，即最小的能独立运用的语言单位。短语，即由两个或两个以上的词按一定的语法规则组成的表达一定意义的语言单位，也叫词组。

3　基本规则

3.1 标点符号是辅助文字记录语言的符号，是书面语的有机组成部分，用来表示停顿、语气以及词语的性质和作用。

3.2 常用的标点符号有16种，分点号和标号两大类。

点号的作用在于点断，主要表示说话时的停顿和语气。点号又分为句末点号和句内点号。句末点号用在句末，有句号、问号、叹号3种，表示句末的停顿，同时表示句子的语气。句内点号用在句内，有逗号、顿号、分号、冒号4种，表示句内的各种不同性质的停顿。

标号的作用在于标明，主要标明语句的性质和作用。常用的标号有9种，即：引号、括号、破折号、省略号、着重号、连接号、间隔号、书名号和专名号。

4　用法说明

4.1 句号

4.1.1 句号的形式为“。”。句号还有一种形式，即一个小圆点“.”，一般在科技文献中使用。

4.1.2 陈述句末尾的停顿，用句号。例如：

a）北京是中华人民共和国的首都。

b）虚心使人进步，骄傲使人落后。

c）亚洲地域广阔，跨寒、温、热三带，又因各地地形和距离海洋远近不同，气候复杂多样。

4.1.3 语气舒缓的祈使句末尾，也用句号。例如：

请您稍等一下。

4.2 问号

4.2.1 问号的形式为“？”。

4.2.2 疑问句末尾的停顿，用问号。例如：

a）你见过金丝猴吗？

b）他叫什么名字？

c）去好呢，还是不去好？

4.2.3 反问句的末尾，也用问号。例如：

a）难道你还不了解我吗？

b）你怎么能这么说呢？

4.3 叹号

4.3.1 叹号的形式为“！”。

4.3.2 感叹句末尾的停顿，用叹号。例如：

a）为祖国的繁荣昌盛而奋斗！

b）我多么想看看他老人家呀！

4.3.3 语气强烈的祈使句末尾，也用叹号。例如：

a）你给我出去！

b）停止射击！

4.3.4 语气强烈的反问句末尾，也用叹号。例如：

我哪里比得上他呀！

4.4 逗号

4.4.1 逗号的形式为“，”。

4.4.2 句子内部主语与谓语之间如需停顿，用逗号。例如：

我们看得见的星星，绝大多数是恒星。

4.4.3 句子内部动词与宾语之间如需停顿，用逗号。例如：

应该看到，科学需要一个人贡献毕生的精力。

4.4.4 句子内部状语后边如需停顿，用逗号。例如：

对于这个城市，他并不陌生。

4.4.5 复句内各分句之间的停顿，除了有时要用分号外，都要用逗号。例如：

据说苏州园林有一百多处，我到过的不过十多处。

4.5 顿号

4.5.1 顿号的形式为“、”。

4.5.2 句子内部并列词语之间的停顿，用顿号。例如：

a）亚马孙河、尼罗河、密西西比河和长江是世界四大河流。

b）正方形是四边相等、四角均为直角的四边形。

4.6 分号

4.6.1 分号的形式为“；”。

4.6.2 复句内部并列分句之间的停顿，用分号。例如：

a）语言，人们用来抒情达意；文字，人们用来记言记事。

b）在长江上，瞿塘峡像一道闸门，峡口险阻；巫峡像一条迂回曲折的画廊，每一曲，每一折，都像一幅绝好的风景画，神奇而秀美；西陵峡水势险恶，处处是急流，处处是险滩。

4.6.3 非并列关系（如转折关系、因果关系等）的多重复句，第一层的前后两部分之间，也用分号。例如：

我国年满十八周岁的公民，不分民族、种族、性别、职业、家庭出身、宗教信仰、教育程度、财产状况、居住年限，都有选举权和被选举权；但是依照法律被剥夺政治权利的人除外。

4.6.4 分行列举的各项之间，也可以用分号。例如：

中华人民共和国行政区域划分如下：

（一）全国分为省、自治区、直辖市；

（二）省、自治区分自治州、县、自治县、市；

（三）县、自治县为乡、民族乡、镇。

4.7 冒号

4.7.1 冒号的形式为“：”。

4.7.2 用在称呼语后边，表示提起下文。例如：

同志们，朋友们：

开会了。

4.7.3 用在“说、想、是、证明、宣布、指出、透露、例如、如下”等词语后边，表示提起下文。例如：

他十分惊讶地说：“啊，原来是你！”

4.7.4 用在总说性话语的后边，表示引起下文的分说。例如：

北京紫禁城有四座城门：午门、神武门、东华门和西华门。

4.7.5 用在需要解释的词语后边，表示引出解释或说明。例如：

外文图书展销会

日期：10 月 20 日至 11 月 10 日

时间：上午 8 时至下午 4 时

地点：北京朝阳区工体东路 16 号

主办单位：中国图书进出口总公司

4.7.6 总括性话语的前边，也可以用冒号，以总结上文。例如：

张华考上了北京大学，在化学系学习；李萍考进了中等技术学校，读机械制造专业；我在百货公司当售货员：我们都有光明的前途。

4.8 引号

4.8.1 引号的形式为双引号““””和单引号“‘’”。

4.8.2 行文中直接引用的话，用引号标示。例如：

a）爱因斯坦说：“想象力比知识更重要，因为知识是有限的，而想象力概括着世界上的一切，推动着进步，并且是知识进化的源泉。”

b）“满招损，谦受益”这句格言，流传到今天至少有两千年了。

c）现代画家徐悲鸿笔下的马，正如有的评论家所说的那样，“神形兼备，充满生机”。

4.8.3 需要着重论述的对象，用引号标示。例如：

古人对于写文章有个基本要求，称为“有物有序”。“有物”就是要有内容，“有序”就是要有条理。

4.8.4 具有特殊含意的词语，也用引号标示。例如：

a）从山脚向上望，只见火把排成许多“之”字形，一直连到天上，跟星光接起来，分不出是火把还是星星。

b）这样的“聪明人”还是少一点好。

4.8.5 引号里面还要用引号时，外面一层用双引号，里面一层用单引号。例如：

他站起来问：“老师，‘有条不紊’的‘紊’是什么意思？”

4.9 括号

4.9.1 括号常用的形式是圆括号“（）”。此外还有方括号“[ ]”、六角括号“〔〕”、和方头括号“【】”。

4.9.2 行文中注释性的文字，用括号标明。注释句子里某种词语的，括注紧贴在被注释词语之后；注释整个句子的，括注放在句末标点之后。例如：

a）中国猿人（全名为“中国猿人北京种”，或简称“北京人”）在我国的发现，是对古人类学的一个重大贡献。

b）写研究性文章跟文学创作不同，不能摊开稿纸搞“即兴”。（其实文学创作也要有素养才能有“即兴”。）

4.10 破折号

4.10.1 破折号的形式为“——”。

4.10.2 行文中解释说明的语句，用破折号标明。例如：

a）迈进金黄色的大门，穿过宽阔的风门厅和衣帽厅，就到了大会堂建筑的枢纽部分——中央大厅。

b）为了全国人民——当然包括自己在内——的幸福，我们每个人都要兢兢业业，努力工作。

4.10.3 话题突然转变，用破折号标明。例如：

“今天好热啊！——你什么时候去上海？”张强对刚刚进门的小王说。

4.10.4 声音延长，象声词后用破折号。例如：

“呜——”火车开动了。

4.10.5 事项列举分承，各项之前用破折号。例如：

根据研究对象的不同，环境物理学分为以下五个分支学科：

——环境声学；

——环境光学；

——环境热学；

——环境电磁学；

——环境空气动力学。

4.11 省略号

4.11.1 省略号的形式为“……”，六个小圆点，占两个字的位置。如果是整段文章或诗行的省略，可以使用十二个小圆点来表示。

4.11.2 引文的省略，用省略号标明。例如：

她轻轻地哼起了《摇篮曲》：“月儿明，风儿静，树叶儿遮窗棂啊……”

4.11.3 列举的省略，用省略号标明。例如：

在广州的花市上，牡丹、吊钟、水仙、梅花、菊花、山茶、墨兰……春秋冬三季的鲜花都挤在一起啦！

4.11.4 说话断断续续，可以用省略号标示。例如：

“我……对不起……大家，我……没有……完成……任务”。

4.12 着重号

4.12.1 着重号的形式为“.”。

4.12.2 要求读者特别注意的字、词、句，用着重号标明。例如：

事业是干出来的，不是吹出来的。

4.13 连接号

4.13.1 连接号的形式为“—”，占一个字的位置，连接号还有另外三种形式，即长横“——”（占两个字的位置）、半字线“-”（占半个字的位置）、和浪纹“~”（占一个字的位置）。

4.13.2 两个相关的名词构成一个意义单位，中间用连接号。例如：

a）我国秦岭—淮河以北地区属于温带季风气候区，夏季高温多雨，冬季寒冷干燥。

b）复方氯化钠注射液，也称任-洛二氏溶液（Ringer-Locke solution），用于医疗和哺乳动物生理学实验。

4.13.3 相关的时间、地点或数目之间用连接号表示起止。例如：

a）鲁迅（1881-1936）中国现代伟大的文学家、思想家和革命家。原名周树人，字豫才，浙江绍兴人。

b）“北京-广州”直达快车

c）梨园乡种植的巨丰葡萄已进入了丰产期，亩产1000公斤~1500公斤。

4.13.4 相关的字母、阿拉伯数字等之间，用连接号，表示产品型号。例如：

在太平洋地区，除了已建成投入使用的HAW—4和TPC—3海底光缆之外，又有TPC—4海底光缆投入运营。

4.13.5 几个相关的项目表示递进式发展，中间用连接号。例如：

人类的发展可以分为古猿—猿人—古人—新人这四个阶段。

4.14 间隔号

4.14.1 间隔号的形式为“·”。

4.14.2 外国人和某些少数民族人名内各部分的分界，用间隔号标示。例如：

列奥纳多·达·芬奇

爱新觉罗·努尔哈赤

4.14.3 书名与篇（章、卷）名之间的分界，用间隔号标示。例如：

《中国大百科全书·物理学》

《三国志·蜀志·诸葛亮传》

4.15 书名号

4.15.1 书名号的形式为双书名号“《》”和单书名号“〈〉”。

4.15.2 书名、篇号、报纸名、刊物名等，用书名号标志。例如：

a）《红楼梦》的作者是曹雪芹。

b）你读过鲁迅的《孔乙己》吗?

c）他的文章在《人民日报》上发表了。

d）桌上放着一本《中国语文》。

4.15.3 书名号里边还要用书名号时，外面一层用双书名号，里边一层用单书名号。例如：

《〈中国工人〉发刊词》发表于1940年2月7日。

4.16 专名号

4.16.1 专名号的形式为“____”。

4.16.2 人名、地名、朝代名等专名下面，用专名号标示。例如：

司马相如者，汉蜀郡成都人也，字长卿。

4.16.3 专名号只用在古籍或某些文史著作里面。为了跟专名号配合，这类著作里的书名号可以用浪线“﹏﹏”。例如：

屈原放逐，乃赋离骚，左丘失明，厥有国语。

5　标点符号的位置

5.1 句号、问号、叹号、逗号、顿号、分号和冒号一般占一个字的位置，居左偏下，不出现在一行之首。

5.2 引号、括号、书名号的前一半不出现在一行之末，后一半不出现在一行之首。

5.3 破折号和省略号都占两个字的位置，中间不能断开。连接号和间隔号一般占一个字的位置。这四种符号上下居中。

5.4 着重号、专名号和浪线式书名号标在字的下边，可以随字移行。

6　直行文稿与横行文稿使用标点符号的不同

6.1 句号、问号、叹号、顿号、分号和冒号放在字下偏右。

6.2 破折号、省略号、连接号和间隔号放在字下居中。

6.3 引号改用双引号“『』”和单引号“「」”。

6.4 着重号标在字的右侧，专名号和浪线式书名号标在字的左侧。

第六章　教师体态言语

在日常生活中，我们都有这样的体验：不必听别人讲什么话，只要通过眼睛观察就可以从他的面部表情及身体动作体察出他真正在想什么、准备说什么或准备做什么。这就是说，人们彼此间传播信息，除了靠有声的口头言语、无声的书面言语，还可以借助人们的表情、体态、动作。这种通过人的表情、体态和动作的变化传递信息的无声言语，叫作人的体态言语，简称“体语”。

第一节　教师体态言语概述

徐志摩有一首著名的诗叫《沙扬娜拉——赠日本女郎》，其中有一句是“最是那一低头的温柔，像一朵水莲花不胜凉风的娇羞”，通过一个低头的动作，写出了日本女郎的温柔、羞赧，写出了自己对分离的不舍。一个动作中包含着丰富的情感，这也许是言语所无法企及的。我们说，一个人差不多浑身是嘴，这绝对不是夸张。美国心理学家艾伯持·梅瑞宾认为：一条信息的传递效果中，词语的作用占7%，声音的作用占38%，而面部表情占55%。研究体态语较早的专家也提出类似的统计：人在面对面交流中，有声部分低于35%，而65%的交际信号是无声的。正如体态语研究的先驱欧文所指出：“尽管一个人可能停止说话，但是他不能停止身体习惯动作的传播。”

请你结合体态言语的内涵以及下面的案例，说一说什么是教师体态言语。

抛砖引玉

（1）下面是一节县级小学语文教学观摩课，一位刚从师范学校毕业的年轻女老师在教学“看图拼音识字”中的“上、中、下”三个字。

面对从县教研室主任到各乡镇教研员的众多听课者，她显得非常紧张。她站在讲台正中间，双手撑在讲桌上，给学生讲解字义：“上，就是上面的‘上’；同学们看图，在滑梯顶部的小朋友，就是在‘上面’；在滑梯底下的小朋友，就是在‘下面’；这两位小朋友之间，正在往上爬，就是在滑梯的‘中间’。”

她的讲解不可谓不细致、不具体。然而再看一年级的小学生，却一个个懵懵懂懂、混混沌沌。

在这40分钟的课堂教学过程中，她的手臂只以三种姿态变换着：一会儿双手撑着讲桌，一会儿手捧课本，一会儿板书几个字。

听完课，小学教师出身的教研室主任很不满意，“这是什么课！一年级的小娃娃怎么听得懂！”他宣布，下午他要亲自上一课。

老主任果然不凡。他月小木棍制作了一个小巧的滑梯模型放在讲桌上，然后把他的一个手指轻轻置于“滑梯”的顶部，他的另一只手指着这个手指说：“小朋友们，我的这个手指就是一位小朋友，仔细观察，他坐在滑梯的什么地方呀？”“上面！”小学生齐声回答。“仔细看，这位小朋友正在爬滑梯。”他一边把另一个手指置于中间位置，一边说，“这个小朋友是在滑梯的什么地方呀？”“中间！”又是响亮而整齐的回答，学生的眼睛瞪得圆溜溜的，看这位老师还能“变”出多少“小朋友”来。老主任把半截粉笔置于“滑梯”的旁边，微笑着说：“这里又来了一位小朋友，也要爬滑梯玩儿，他现在在什么地方呀？”“下面！”“好，咱们读拼音——‘shàng’，上，‘上面’的‘上’……”

……

一节课，轻松愉快地结束了，所有听课者都不由自主地热烈鼓掌——包括那位刚毕业的年轻女教师。

这节课的成功，取决于这位经验丰富的老主任巧妙地使用实物和手势演示来说明教学内容，“上，中，下”已不是抽象的表示位置的词语了，而是老主任的手指充当的“小朋友”在“滑梯”上玩耍的位置，学生从形象的、感性的手势演示入手，理解抽象的词语也就不再是多么困难的事情。

（2）一位小学语文教师引导学生辨别“披”“盖”“穿”的含义，便运用了动作演示。

师：（用卡片出示“披”字）

生：披着的“披”。

师：什么意思？

生：盖在身上，

师：（用双手模拟盖的动作）这是“披”吗？

生：不对。“披”就是放在身上。

师：放？（用一只手模拟把物体放在身上的动作）××同学，你说。

生：就是穿在身上。

师：谁能做个“披”的动作给大家看看？（一个学生做“披”的动作）

师：嗯，对了。盖呢？（教师重做“盖”的动作）

生：盖就是把全身都盖住了，只露一个头。(一片笑声)

师：披、盖、穿的意思都是不同的，所以我们要学会正确的用词。你看，书上用的词，多么准确，多么恰当。

这位教师讲课时，巧妙地运用动作来让学生区分“披”“盖”“穿”的含义，使学生在动作中很清楚地明白三个动作的区别。

(3) 下面是鲁迅先生《从百草园到三味书屋》中对先生的一段描写，其中包含神态描写和动作描写：

第二次行礼时，先生便和蔼地在一旁答礼。他是一个高而瘦的老人，须发都花白了，还戴着大眼镜。我对他很恭敬，因为我早听到，他是本城中极方正，质朴，博学的人。

不知从哪里听来的，东方朔也很渊博，他认识一种虫，名曰“怪哉”，冤气所化，用酒一浇，就消释了。我很想详细地知道这故事，但阿长是不知道的，因为她毕竟不渊博。现在得到机会了，可以问先生。

“先生，‘怪哉’这虫，是怎么一回事？……”我上了生书，将要退下来的时候，赶忙问。

“不知道！”他似乎很不高兴，脸上还有怒色了。

我才知道做学生是不应该问这些事的，只要读书，因为他是渊博的宿儒，决不至于不知道，所谓不知道者，乃是不愿意说。年纪比我大的人，往往如此，我遇见过好几回了。

……

人们便一个一个陆续走回去；一同回去，也不行的。他有一条戒尺，但是不常用，也有罚跪的规则，但也不常用，普通总不过瞪几眼，大声道：

“读书！”

于是大家放开喉咙读一阵书，真是人声鼎沸。有念“仁远乎哉我欲仁斯仁至矣”的，有念“笑人齿缺曰狗窦大开”的，有念“上九潜龙勿用”的，有念“厥土下上上错厥贡苞茅橘柚”的……先生自己也念书。后来，我们的声音便低下去，静下去了，只有他还大声朗读着：

“铁如意，指挥倜傥，一坐皆惊呢；金叵罗，颠倒淋漓噫，千杯未醉嗬……”

我疑心这是极好的文章，因为读到这里，他总是微笑起来，而且将头仰起，摇着，向后拗过去，拗过去。

文段中，有对老先生神态的描写，如初见他时的“和蔼”，问他“不该问”的问题时“脸上还有怒色”，贪玩回教室时“瞪几眼”，都表现出老先生是一个和蔼又严厉的老师；文段对老先生读书入迷时的动作描写“将头仰起，摇着，向后拗过去，拗过去”，写出了先生沉醉于文章中的状态。

（4）某位老师因为嗓子疼，无法说话，给同学们上了一堂“哑巴”课，下面我们一起来看看这位老师是怎样上完这一节课的呢？

开始上课，我在黑板的最上边写下这样的一行字：请原谅，今天我嗓子疼，无法说话。请大家配合好。同学们见了都自觉地端坐好，教室里出奇地静。

我板书课文题目后，便伸出手掌示意一名同学站起来。他马上站起来，“背吗，老师？”我会意地点点头（凡讲古诗，我必先在讲解前检查背诵）。他很快背了下来，我满意地点头让他坐下。接着我又朝大家举起了手，很快地，能背诵的同学都举起了手……我在黑板上将诗的定义和分类及第一首古诗的作者等知识性东西写了下来。大家记得格外认真，速度也格外地快。我把诗的头两句“移舟泊烟渚，日暮客愁新”工整地板书下来。（字距拉大），然后我朝大家环视一下，右手食指点住“舟”字，左手执教鞭指一名基础较好的同学，他马上站起来回答：“舟，船的意思。”于是，我在“舟”的下面写了一个“船”字，用箭头连接起来……就这样，诗句中逐个字的意思解释通了，我便在诗句下画了一道曲线，冲着大家举了举手。静了一会儿，马上有同学站起来，边思考，边总结，解释着整句话的意思。在这个过程中，我时而侧首倾听回答，时而点头微笑。之后，我把补充完整的诗义写在黑板上……一首诗就这样顺利地讲完了，我感到无比高兴，颔首向同学们表示感谢，教室里响起了一片热烈的掌声。同学们很兴奋，纷纷要求继续“讲授”下一首。可是，下课铃声响了，同学们都望着我，无不惋惜。

虽然是一堂“哑巴”课，但是教师很好地运用了无声的言语——表情和动作，意外地取得了良好的效果。

知识仓库

一、教师体态言语的含义

通过上面的案例，我们可以看出，体态言语不仅在日常交流中有着重要作用，而且在教学中也发挥着重要作用。一位教师如果不具备良好的体态言语技能，就不能称为一名好教师。正如马卡连柯所说：“高等师范学校应当用其他方法来培养我们的教师。如怎样站、怎样坐……怎样笑和怎样看等等‘细微末节’……这里，我们就会触及众所周知的演剧方面以及舞蹈方面的技巧……音调、视线和动作上的技巧。如果没有这些技巧，那就不能成为一个好教师。”所谓教师体态语就是教师为配合有声言语的教育目标，对学生进行暗示、引导和鼓励等而采取的手势、姿势、动作、表情和眼神等身体言语。

那教师体态言语有哪些特点，我们又该怎样运用教师体态言语呢？

二、教师体态言语的特点

体态言语作为一种无声语言的特殊表达形式，有其自身的特殊属性。在课堂教学过程中，这种非言语的表达方式既有人类非言语表达的特点，又有教师使用非言语表达的个性。

（一）形象性和表情性

体态言语作为口头言语的必要补充，通过人体自身的动态和静态形象，如表情、手势、站姿、坐姿等动作来表情达意。体态言语具有动作性和形象性的特点，给人们一种直观形象、动态变化的感觉，增强人们的感性体验。用手势或眼神示意不注意听讲的学生，可以改变学生分心的状态，使学生认真听课；上课铃声响起后，学生还没有从兴奋的状态中转换到上课的状态，教师可以伸出食指，放在嘴上，学生立刻会明白，这是教师让他们保持安静。另外，当人们的言语表达与非语言表达相互矛盾时，人们往往更相信非语言表达。因为它能更真实可信地反映一个人内心感情世界的微妙变化。有研究表明，一切面部表情都与各种具体相同的感情联系，充满了感情色彩。当一个人内心悲伤时，他很难做出开心的表情；当一个人愤怒时，他再怎么掩饰，面部表情、身体的动作也会出卖他。这种表情性特点告诉教师：只有感情丰富的人，其体态语言的表达才能以情感人，离开感情基础去单纯追求表情技巧，乃是舍本逐末。

（二）丰富性和灵活性

体态言语表达的信息量是非常丰富的。据心理学家研究，人的可观测的面部表情有25000种，手势有7000多种之多，眉毛可有40多种动态，眼皮的闭合，眼球的转动所表达的意思有几十种之多……这足以见体态言语的丰富性。另一方面，体态言语表达的词汇意义在不同的情境下或者对于不同的接受对象来说，又可表示不同的含义，因此它又是灵活多变的。例如，老师在讲课时发现有一个学生在做小动作，老师并未停止授课，而是边讲边走到这个同学身边，轻轻地拍了拍他的肩膀。在这里拍肩膀有批评的意味。而当一个学生考试失利时，老师走到他身边拍拍他的肩膀，却表示关心和鼓励。

（三）伴随性和情境性

早在两千年前，古罗马政治家和雄辩家西塞罗就说过："一切心理活动都伴随有指手画脚等动作。"在教学中，教师体态言语是对口头言语表达信息量的重要补充，是帮助口头言语以引起学生注意，从而增强言语表达说服力和感染力的重要手段。教师的体态言语一般伴随口头言语出现，在教学过程中，如果只有口头言语而没有体态言语伴随，就显得呆板而无生气，效果就不会好。教师和学生通过体态言语进行沟通，是在具体的情境下实现的。相同的体态言语在不同的情境下会有不同的意思，因而要确切地分辨，判断其具体符号意义，不仅要综合身势情态的各种符号信息，还应体察表现的环境。如果孤立地理解某一体态言语，就会出现曲解、误会以至完全理解错误的问题。可见，教师与学生只有掌握了体态言语在特定情境中的暗示性，才能够准确理解他人意图。

（四）差异性和约定俗成性

所谓差异性一方面是指不同国家、不同民族之间由于文化背景、历史传统、行为习惯等的原因，存在许多明显差别，具有不同的表现意义。如在世界大多数地方，点头表示“是”，摇头表示“不是”，而在某些地区，像保加利亚，则正好相反。另一方面是指教师个体由于生理、年龄、经历、气质、性格、性别、地位等的不同，在体态言语的表达形式上有其个别差异，这种差异性对每个教师来说都有重要的启发意义。所以，离开特定的对象和社会文化环境，就很难理解体态言语的含义。体态言语的这种差异性又恰恰体现了体态言语约定俗成的一方面。它是某些特定群体共同认可、形成习惯的，是在课堂教学过程中师生双方都能领会、接受、掌握并运用的，同时也必须是符合本民族或本地区的文化传统和道德规范的特定非言语行为。如果失去了约定俗成性，那人与人之间就无法通过体态言语进行交流。

三、教师体态言语的作用

（一）丰富信息，增加效益

课堂信息容量受两个方面因素影响，一是教师教学信息的发射量，另一个就是学生对有用信息的接收量。而学生对教学有用信息的接收量是衡量课堂教学效果和效率的重要指标。因此教师在教学时，应该通过各种手段增加学生对有用信息的接收量。体态言语含有丰富的信息量，就像有人所说：“我们以我们的发声器官发声，却以我们的整个身体交谈。”如果教师在保持有声言语发射信息量的同时，恰当运用体态言语作用于学生视觉系统，就能扩大对学生感官的刺激面，引起和保持学生大脑皮层的兴奋，增强他们接受系统的摄取功能，从而有效地提高课堂教学效果。美国文化人类学家爱德华·蒂·霍尔在其《无声的语言》一书中也说过：“无声语言所显示的意义要比有声语言多得多，而且深刻得多，因为有声语言往往把所要表达的意思大部分，甚至绝大部分隐藏起来。”这个论述不难使我们看到体态言语对增加人际交往中信息传输量所起到的重要作用。因此，体态言语在师生交流中起着不可替代的作用，它可以增进师生间信息的交流，增加课堂信息容量，提高课堂教学效益。

（二）调控气氛，增进感情

良好的课堂教学气氛能有效地促进课堂教学管理，顺利地完成课堂教学任务。我们都知道，学生思维活跃，容易受外界环境的干扰，注意力容易分散，如果在课堂上，教师只是通过干巴巴的口头言语进行教学，很难使学生一直保持注意力，也就很难形成令人满意的课堂气氛。而如果教师能将体态言语引入课堂，在教学中灵活、机智地运用各种必要的体态言语，就可能创造出一种轻松活泼、昂扬振奋的课堂气氛。此外，体态言语含有丰富的情感，课堂上师生之间的情感交流是创造和谐的课堂气氛和良好的智力环境的重要因素。因此教师运用体态言语可以拉近与学生之间的距离，增进师生之间的情感。学生可以从教师的微笑里感受到教师对他们的关心、爱护、理解和友谊，因而他们会喜爱老师，又会从喜爱老师这个人进而延伸到爱听老师的课，再到欣然接受老师的要求和教育，从而营造一个令人满意的课堂气氛。

（三）调动积极性，提高效率

体态言语具有很强的感染力，教师运用体态言语可以比较容易地调动起学生参与课堂的积极性。此外教师的体态言语还可以节省用于组织课堂教学和管理的时间。在教学过程中，当教师给学生下达指令或要求时，有时无需详细讲解，而只要教师的一个眼神、一个动作即可让学生意会并立即执行；当课堂中出现种种轻度问题行为时，一些教师也无须停止讲课，花过多精力过长时间专门处理类似事件，他们一个简单的表情或者动作就可以达到效果。教师体态言语对学生课堂知识的及时巩固与强化起着重要作用。心理学研究表明，个体在接受信息时，如果只用听觉则在事后大概能回忆其内容的15%，只用视觉则能记忆25%，而能同时兼用这两种方式接受信息则能记忆65%。体态言语在课堂教学中的恰当运用，使教师的教学不仅“有声”，而且“有色”，使学生在接受语言信息的同时，又看到了生动的形象，从而便于学生对课堂知识的理解和记忆，促进了学生对课堂知识的及时巩固与强化，提高学习效率。

四、教师体态言语运用原则

（一）辅助性原则

体态言语虽然在丰富信息、增进感情、提高效率方面有其独特作用，但是它不能完全取代言语行为而成为课堂教学的主要手段。试想，如果教师在授课过程中完全放弃口头言语教学，只依赖体态言语，“挤眉弄眼”“指手画脚”，是肯定不实际的。体态言语在课堂教学中只是一种重要的辅助手段，虽然它也能在特定情境下独立地向学生传递信息，但其作用的发挥更主要的是体现在与言语行为的配合上，只有口头言语与体态言语默契配合，才能使二者相得益彰，共同促进有效教学。

（二）准确性原则

教师在运用体态言语时，必须做到准确。如果失去准确性，那体态言语就将失去它的作用。因此教师在课堂教学中必须遵循准确性原则来运用体态言语。教师表情应该准确。如果教师对某个学生的进步满怀喜爱，而面部表情却冷若冰霜；对某个学生的错误进行批评，却喜笑颜开，这恐怕会让学生会如坠云雾之中，不知师之所意。教师的动作应该准确。教师运用体态言语时，应该遵循约定俗成性。如竖起大拇指表示赞扬，点点头表示对学生肯定或应允，这些象征性体态言语的意义都是固定的，是约定俗成的，是大家都可以理解、明白其含义的。如果竖起除拇指外的其他某个手指表示赞扬，摇摇头表示肯定，肯定会妨碍交流。恰当、贴切的体态言语能使学生更容易地接受教师所要传输的信息。反之，如果说明不确切，则会把学生的认识引向一个错误的方向。因此，教师在运用体态言语进行辅助说明时，一定要恰当、贴切。

（三）和谐性原则

体态言语的运用讲究协调、和谐的状态。教师在选用体态言语时，应当注意与特定的课堂气氛、具体的教学情境、不同的教学对象相协调。否则，教师的体态言语就可能是画蛇添足，大煞风景。如全班同学都在思考问题的时候，教师不可在讲台上来回走动；在热烈、愉快的课堂讨论中，教师不可突然拉下脸来严厉训斥某个做小动作的学生。此外，教师在同时运用多种体态言语时，必须注意最佳组合，注意和谐一致，那种拖泥带水、画蛇添足之举只能让人感到费解或可笑。

（四）灵活性原则

教师体态言语既有约定俗成的一面，又有灵活变化的一面。所以教师在运用体态言语时还应遵循另一原则——灵活性原则。灵活性原则是教师教育机智、教学灵感的体现。不同的教学内容，应选择不同的体态言语；不同性格、性别、不同智力水平的学生，应选择不同的体态言语；不同的教学时机，应选择不同的体态言语；不同的教育教学情境，应选择不同的体态言语。这些都是灵活性原则的具体要求，如果违背了这些要求，体态言语不但不能发挥积极的作用，反而会给教育教学带来负面影响。

五、教师体态言语的训练与养成①

俗话说得好，“台上一分钟，台下十年功”。教师体态言语的训练与养成

① 庄锦英、李振村著：《教师体态语言艺术》，山东教育出版社 1993 年版，第 354—359 页。

是一个循序渐进、不断学习、不断完善的过程。体态言语对于教师具有重要意义，要求广大教师应在教育教学实践中掌握丰富的体态言语，不断学习、训练自己的体态言语，不断提高自己的体态言语修养水平，以便更好地为教学服务。为此，我们必须做到以下几点。

（一）注重实践，掌握丰富的体态言语

实践出真知，教师想要熟练掌握丰富的体态言语，必须在实践中学习积累体态言语，丰富自己的体态言语词汇库。首先，教师要明确表达教师的基本感情和对学生的基本态度都有哪些常用的体态言语。这些感情或态度有哪些不同的体态言语表达方式，这些方式的变化规律是什么。其次，教师应该明白掌握执教的学科可以用哪些体态言语来说明、演示，在教学中能够依据课堂需要而灵活地运用常用的体态语。因此教师应该在生活中注重观察、注重体会、注重积累。阅读有关描述人类体态言语方面的书籍，从他人的研究成果中丰富自己的体态言语词汇。第三，在生活中注重实践，多加练习。熟练的运用依赖于反复的练习。只有在教育教学活动中刻苦训练，才能使体态言语表达能力有切切实实的提高。真诚亲切的目光、自然大方的微笑需要训练，而恰当的手势、优雅的举止、标准的动作、协调的姿态、丰富的表情这些体态的方方面面，无不需要付出巨大的努力，洒下辛勤的汗水才能获得。

（二）多读善思，提高综合素质修养

“腹有诗书气自华。”人的外在气质里隐藏着内在的修养和文化。因此，提高体态言语修养水平还必须加强其他方面的修养，使体态言语的展示具有丰厚的基础，丰富的底蕴。首先教师要加强思想道德修养。拥有一颗善良、正直、美好的心灵，这种美好的心灵能外化于教师的行为，使教师的体态言语在其举手投足之间散发馨香。其次教师要加强知识修养。精深的专业知识、广博的文化底蕴、系统的教育理论，三者合一才构成了教师完整的知识体系。只有具备这三方面的丰富的知识修养，教师在课堂上才能挥洒自如、气质动人；才能举止得体、气度儒雅。最后还要加强美学修养。马克思曾说过：“社会进步就是人类对美的追求的结晶。”教师应当加强美学修养，确立高雅的审美情趣，力求美的心灵和美的言语行为与非言语行为的和谐统一，从而引发学生积极而愉快的情绪体验，并使学生产生敬爱和模仿的心理倾向。

沙场点兵

（一）请结合具体情境，说一说下面的案例中教师在课堂教学中运用体态语的具体作用。

（1）于漪老师在教《卖油翁》时的课堂实录片段。

（卖油翁心里给人的感觉是）胸有成竹，讲得很好。很沉着，很冷静。一是火冒三丈——“尔安敢轻吾射!”一个是“以我酌油知之。”——讲这句话好像很轻描淡写。“你怎么知道?”“我是以我舀油的经验知道的呀!”然后胸有成竹、不慌不忙、从容不迫地进行现场表演。你们看一连串那么多的动作：要把葫芦拿出来（拿出的动作），放在地上（放葫芦的动作），再拿一个钱盖在它的口上（拿钱，盖口动作），然后用勺子舀油（舀油的动作），再把油灌进去（灌油的动作），这一连串的动作，如果心急慌忙行吗？对，不要讲钱湿掉了，钱都有可能掉到地上了。

（2）这是某位学生多年之后对老师上课的回忆，找出教师的体态语，并结合情境说一说这位教师运用体态语起到了哪些作用。

我记得清楚极了，倘若有同学回答得正确、深刻，他便静静地伫立在教室一角，微仰着头，眯起眼睛，细细地听，仿佛在品味一首美妙的乐曲。然后，又好像从沉睡中醒来，长舒一口气，满意地在记分册上写下分数，亲切、大声地说：“好，五分!”倘若有同学回答得不好，他就吃惊地瞪大眼睛，关切地等着同学，一边细声说：“别紧张，想想，想想，再好好想想。”一边不住地点头，好像每次点头都能给学生注入一次启发。这时候他比被考试的同学还要紧张。这情景已经过去了30年，然而今天想起来，依旧那么清晰，那么亲切。

（二）结合下面的案例，与同伴合作，将这段课堂实录展现出来，练习体态语。

师：《故乡》的主人公是谁？是“我”还是闰土？（环视，疑问的神情，生1举手，教师抬手示意请答或点头示意。）

生1：是“我”。

师：为什么？（注视生1，疑问深情）

生1：……（引者略）

师：（示意生1请坐）有不同意见吗？（环视，睁大眼睛，微笑，期待神情，抬手示意生2回答）

生2：有。我的意见是：《故乡》的主人公是闰土而不是“我”。

师：理由呢？（微笑，睁大眼睛，注视、微侧头表示关注）

生2：……（略）

师：（示意请坐）大家的意见呢？（环视，睁大眼睛，微笑，期待的眼神）

（有争论，多数人支持生2，气氛热烈。）（教师安心等待，微笑环视表示对课堂气氛满意，抬起双手略下压示意安静，走到讲台正中间，表示要下重

要结论）

师：我赞成主人公是闰土。（上举手或食指或有力地点头，表示这是重要看法）判断谁是小说的主人公，不能简单取决于出场次数或篇幅的多少（微微摇头），而是看他是否在小说的情节（由里向外翻掌一次）、结构（由里向外翻掌一次）、矛盾冲突（由里向外翻掌一次）占中心地位（握起拳头轻顿）。闰土在《故乡》中是处于中心地位的，因此，他是主人公（坚定的点头，或指示黑板上“闰土”二字，以示结论的核心）。

师：鲁迅是怎样描写闰土的？童年的闰土和中年的闰土有什么不同？（环视，微笑，期待的眼神）

（生3、生4、生5、生6回答问题，略去）（每位学生举手时均示意起答和请坐）

师：如今，他的确成了一个“木偶人”了！从“小英雄”到“木偶人”。（前伸手在说到“小英雄”处切了一下，平移手掌至“木偶人”处切了一下，示意变化的两极）这是多么大的变化！（感动的表情）鲁迅为什么要写这些变化？又是怎样写这些变化的？大家先概括一下少年闰土和中年闰土的形象特点（轻按讲台示意第一个思考层次），再说说作者是如何描写这些特点的，在描写中渗透了作家什么样的思想感情。（轻按讲台示意第二思考层次）

（生7、生8回答问题，略去）（体态1同前学生回答时操作）

师：大家说得很好（点头赞许，微笑鼓励）。课文正是通过从“小英雄”到“木偶人”的人物形象的刻画，在鲜明的对比描写中，揭露和控诉了帝国主义和封建主义的罪恶，表达了作者的鲜明爱憎。（由里向外有节奏地翻掌表示一字一顿的结论的重要性）那么是什么使闰土从“小英雄”变成了“木偶人”呢？（环视，询问的神情，期待的神情）

生9：是“多子，饥荒，税，兵、匪、官、绅”。

师：说到了要害。（重重点头，表示赞许）这就充分地揭示了帝国主义和封建主义的残酷剥削和压榨，是使中国农村经济日益破产，广大劳动人民生活日趋贫困的总根源。这就是鲁迅描写闰土形象变化所揭示出来的深刻社会意义。（体态同前下结论时）

师：作品对闰土的描写在写作上对我们有什么启示？（同前提问时体态）

生10：……（略）

师：分析具体、深刻。（同前赞许体态）我们写记人的文章也应当努力学习这种写法。同学们写人，往往是千人一面，千部一腔，没有个性特色。我们应克服这些缺点（手指上举示意注意之点）。

（三）文学作品中，特别是小说中，有许多对人物体态语的描写，为我们提供了学习体态言语的资源。下面这段文字是钱锺书先生《围城》中的一个片段。请根据这段文字，设计一份教学设计，运用适当的体态言语，在课堂展示。

高松年看方鸿渐和颜悦色，不相信世界上会有这样脾气好或城府深的人，忙问："碰见赵先生没有？"

"还没有。我该来参见校长，这是应当的规矩。"方鸿渐自信说话得体。

高松年想，糟了！糟了！辛楣一定给李梅亭缠住不能脱身，自己跟这姓方的免不了一番唇舌："方先生，我是要跟你谈谈——有许多话我已经对赵先生说了——"鸿渐听口风不对，可是脸上的笑容一时不及收敛，怪不自在地停留着，高松年看得恨不能把手指为他撮去——"方先生，你收到我的信没有？"一般人撒谎，嘴跟眼睛不能合作，嘴尽管雄赳赳地胡说，眼睛懦怯不敢平视对方。高松年老于世故，并且研究生物学的时候，学到西洋人相传的智慧，那就是：假使你的眼光能与狮子或老虎的眼光相接，彼此怒目对视，那野兽给你催眠了不敢扑你。当然野兽未必肯在享用你之前，跟你飞眼送秋波，可是方鸿渐也不是野兽，至多只能算是家畜。

他给高松年三百瓦特的眼光射得不安，觉得这封信不收到是自己的过失，这次来得太冒昧了，果然高松年写信收回成命，同时有一种不出所料的满意，惶遽地说，"没有呀！我真没收到呀！重要不重要？高先生什么时候发的？"倒像自己撒谎，收到了信在抵赖。

"咦！怎么没收到？"高松年直跳起来，假惊异的表情做得惟妙惟肖，比方鸿渐的真惊惶自然得多；他没演话剧，是话剧的不幸而是演员们的大幸——"这信很重要。唉！现在抗战时间的邮政简直该死。可是你先生已经来了，好得很，这些话可以面谈了。"

鸿渐稍微放心，迎合道："内地去上海的信，常出乱子。这次长沙的战事恐怕也有影响。一大批信会遗失，高先生给我的信假如寄出得早——"

高松年做个一切撇开的手势，宽宏地饶赦那封自己没写、方鸿渐没收到的信："信就不用提了，我深怕方先生看了那封信，会不肯屈就，现在你来了，你就别想跑了，呵呵！是这么一回事，你听我说，我跟你先生虽然素昧平生，可是我听辛楣讲起你的学问人品种种，我真高兴，立刻就拍电报请先生来帮忙，电报上说——"高松年顿一顿，试探鸿渐是不是善办交涉的人，因为善办交涉的人决不这时候替自己说许下的条件的。

可是方鸿渐像鱼吞了饵，一钓就上，急接口说："高先生电报上招我来当教授，可是没说明白什么系的教授，所以我想问一问。"

"我原意请先生来当政治系的教授，因为先生是辛楣介绍的，说先生是留德的博士。可是先生自己开来的履历上并没有学位——”鸿渐的脸红得像有一百零三度寒热的病人——“并且不是学政治的，辛楣全搞错了。先生跟辛楣的交情本来不很深罢?”鸿渐脸上表现的寒热又升了华氏表上一度，不知怎样对答，高松年看在眼里，胆量更大——“当然，我决不计较学位，我只讲真才实学。不过部里定的规矩呆板得很，照先生的学历，至多只能当专任讲师，教授待遇呈报上去一定要驳下来的。我相信辛楣的保荐不会错，所以破格聘先生为副教授，月薪二百八十元，下学年再升。快信给先生就是解释这一回事，我以为先生收到信的。”

鸿渐只好第二次声明没收到信，同时觉得降级为副教授已经天恩高厚了。

第二节　教师体态言语的类型

近年来，国内外对体态言语的表达系统有许多研究，从体态言语类型上来看，由于研究视角不同，分类也各不相同。我们从体态言语在教育教学过程中的运用价值和地位出发，将教师体态言语分为目光语、表情语、手势语和身姿语四种类型。

一、目光语

白居易在《长恨歌》中描写杨贵妃“回眸一笑百媚生，六宫粉黛无颜色”，之所以“百媚生”且让“六宫粉黛”黯然失色，既与“一笑”有关系，但更主要的恐怕还是“回眸”的作用。假若只有“一笑”而无“回眸”，这“百媚”就要大打折扣了。眼睛是人心灵的窗户，可见眼睛对我们的重要性。眼睛不仅能看东西，而且还能“说话”。爱默生认为：“人的眼睛和所说的话一样多，不需要字典就能够从眼睛的语言中了解心灵世界。”这正如苏联作家费定在小说《初欢》中对人物眼睛描写的那样：“李莎初次发现，人的眼睛会表示很多含义，……眼睛会放光，会发火花，会变得像雪一样暗淡，会变成模糊的乳状，会展开无底的深渊，会像火花像枪弹一样向人投射，会把冰水向人浇灌，会把人举到从来没有到的高处，会质问，会拒绝，会取、会予，会表示恋恋之情，会允诺，会充满祈求和难忍的表情，会毫不吝啬地折磨人，会准备履行一切和无所不加拒绝。啊，眼睛的表情，远比烦琐不足道的语言来得丰富。”

抛砖引玉

请阅读下面文学作品中关于人物眼睛的描写，总结概括眼睛对于人表情达意的作用，并思考如何在教学中合理运用目光语。

（1）下面是法国作家福楼拜的小说《包法利夫人》中一段描写，是包法利醒来之后，细心观察妻子眼睛的情景。

早晨他躺在床上，枕着枕头，在她旁边，看阳光射过她可爱的脸蛋的汗毛，睡帽带有齿形缀饰，遮住一半她的脸蛋。看的这样近，他觉得她的眼睛大了，特别是她醒过来，一连几次睁开眼睑的时候，阴影过来；眼睛是黑的，阳光过来，成了深蓝，仿佛具有层层叠叠的颜色，深处最浓，越近珐琅质表面越淡。他自己的视线消失在颜色最深的地方，他看见里面有一个小我，到肩膀为止，另外还有包头帕子和他的衬衫领口。

这段文字通过包法利的眼睛来观察包法利夫人的眼睛，写出了包法利夫人眼睛的美丽，也反映了包法利对夫人的爱慕之情。

（2）下面的一段文字来自法国大仲马的《基督山伯爵》，非常精彩地描写了诺梯埃的眼睛。

诺梯埃的头发又长又白，一直披到他的肩头；睫毛密而黑，在睫毛底下的那一对眼睛里，集中着所有的活力、言语和智慧；这原是常有的事，在一个只用一种器官来代替其他各种器官的人，以前分散在全身的精力就会凝聚在一处。当然罗，他的手臂已不能动，他的嗓子已不再能吐出声音，他的身体已失去了活力，但那一对有力的眼睛已足够代替一切了。他用他的眼睛来发号施令；他用他的眼睛来表示感激。总之，他用一对活的眼睛表达出一具尸体脑子里的全部感想，在那个大理石似的脸上，有时会射出一道愤怒的火花，有时会流露出一片喜悦的光芒，看了令人非常吃惊。

诺梯埃是法官维尔福之父，曾是拿破仑分子骨干，后来他瘫痪了，只有在眼睛里，“集中着所有的活力，言语和智慧”。作者通过他的眼睛，写出他的喜怒哀乐的情绪。

（3）这是老舍先生《四世同堂》中的一段关于眼睛的文字描写，请仔细阅读，并分析“她”眼睛的独特之处在什么地方。

她的眼最好看，很深的双眼皮，一对很亮很黑的眼珠，眼珠，眼珠转到眶中的任何部分都显得灵动俏媚。假若没有这一对眼睛，她虽长得很匀称秀气，可就显不出她有什么特别引人注意的地方了。她的眼使全身都灵动起来，她的眼把她所有的缺点都遮饰过去，她的眼能替她的口说出最难以表达的心意与情感，她的眼能替她的心与脑开出可爱的花来。尽管她没有高深的知识，没有什么使人佩服的人格与行动，可是她的眼会使她征服一切；看见她的眼，人们便忘了考虑别的，而只觉得她可爱。她的眼中光会照到人们的心里，使人立刻发狂。

(4) 下面这段文字出自俄国大文豪列夫·托尔斯泰的笔下，他在《安娜·卡列尼娜》中，安排渥伦斯基与安娜在车站相遇。

当他回过头来看的时候，她也掉过头来了。她那双在浓密的睫毛下面显得阴暗了的闪耀着的灰色眼睛亲切而注意地盯在他的脸上，好像她在辨认他一样，随后又立刻转向走过的人群，像是在寻找什么人似的。在那短促的一瞥中，渥伦斯基已经注意到了有一股被压抑的生气在她脸上流露，在她那亮晶晶的眼睛和把她的朱唇弄弯曲了的轻微的笑容之间掠过。仿佛有一种过剩的生命力洋溢在她的全身心，违反她的意志，时而在她的眼睛的闪光里，时而在她的微笑中显现出来。她故意地竭力隐藏在她眼睛里的光辉，但它却违反她的意志在隐约可辨的微笑里闪烁着。

"眼睛是心灵的窗户。"渥伦斯基在和安娜交臂邂逅的刹那间，就被"亮晶晶的眼睛"吸引住了，透过"她那双在浓密的睫毛下面显得阴暗了的闪耀着的灰色眼睛"，就要可以洞察到这位少妇"被压抑"的心灵的奥秘。

知识仓库

眼睛素来被人喻为"心灵的窗口"，人们内心的思想感情可以通过这个"窗口"折射出来。眼睛非常复杂、深刻、微妙，眼神是一种富有表现力的体态言语。

在课堂教学中，学生在听课时，眼睛往往是注视着教师的。教师与学生之间进行眼神交流是非常重要的。如果教师与学生没有眼神交流，只管按照自己设计的程序讲课，学生在下面听得如何，他一概不知，这种"有眼无珠"的讲课方式让教师无法掌握学生获取知识的程度，更无法与学生进行信息沟通与交流。如果教师以一种和蔼的目光一边讲课，一边巡视学生，用目光语来询问、了解，与学生沟通，学生就会觉得老师是在对自己讲课，不禁会集中注意听课，做到心领神会。如果学生在回答问题时，教师用亲切的目光注视他，学生会有一种被鼓舞、信任的感觉。因此，在课堂教学中，教师采用一种亲切、关注、持续不断的目光巡视全班同学，能随时把握学生的动向，及时沟通信息。因此教师要重视眼神的交流作用。下面介绍在课堂教学中教师常用的三种目光语的方法。

第一是环顾法。教师运用环顾法就是用眼睛环视学生，一般来说，教师通过环视，目光扫过的区域比较大，能覆盖较多学生。环顾时，目光在全班按一定部位自然地流转，运用这种方法要神态自然，视线向前流转，以观察场内前后左右的学生。环顾可以控制全班情绪，还可以了解学生反映、检查自己表达的效果。第二即专注法。教师在授课过程中把视线集中到某一点或某一方面的方法，这种方法覆盖范围比较小，只是同局部的学生进行交流。根据内容表达和教学情境变化的需要，教师可以集中注视某一点或某一区域，只同个别或部分学生交流视线。教师可以在个别学生不认真听讲，开小差的时候注视学生，让学生意识到自己在走神；教师也可以在学生回答问题时，运用这种目光语，让学生感到老师正在关注自己。第三是虚视法。虚视法即教师用眼睛似看非看，让学生觉得老师正在注视自己，而实际上教师的关注点在全班同学身上。这种眼神能够控制全场，还可以克服怯场心理。虚视与专注配合使用还可以消除专注法容易造成呆滞的缺点。在回忆某种情景时，虚视法还可以思考，可以把学生带进想象的理想境界，使学生受到优美意境的熏陶或感染。

总之，在课堂上，教师要注意使自己的目光与全班学生的目光保持交流，既不要长时间直视某个同学，也不要使任何一个学生有被忽视、被冷落的感觉。同时还要用眼神的变化，以目光语随时对学生施加影响，从而维持良好的课堂教学秩序。

二、表情语

所谓表情语，是指眉、目、鼻、嘴组成的“三角区”和脸部肌肉、脸色等对于情感体验的反应动作。体态言语专家伯德惠斯·戴尔的研究成果表明，人的面部表情有25000种之多。法国著名作家罗曼·罗兰说：“面部的表情是多少世纪培养成功的‘语言’，是比嘴里讲的语言更复杂到千百倍的‘语言’。”喜、怒、哀、乐等感情，都可以通过面部表情传达出来，教师要善于运用面部表情来说话。

沙场点兵

（1）语文特级教师支玉恒老师教授小学三年级《画杨桃》一课，先让学生自己读课文，读完后说自己想说的话，也可以提问题。有两个学生分别汇报了“和颜悦色”和“严肃”这两个词的意思。片段实录如下：

师：这两个词正好怎么样啊？

生：相反。

师：你过来。（让学生上台）这位同学要讲“和颜悦色”，咱们看看他是不是和颜悦色呢？你和颜悦色地给大家看看。

生：我不太会。

师：哈！面无表情。笑一个，你对大家微笑。抬起头来，别不敢看大家。（学生笑了）这回有点和颜悦色了。你过来，（让另一学生上台）你不是要讲

“严肃”吗？根本就不用讲，你给严肃一下，好，你会做这就说明你懂了。但有点悲哀。（众笑）把眼抬高，敢于看大家，（学生依言而行）这次可以不可以呀？

生：可以。

（2）斯霞老师曾在她的著作《我的教学生涯》一书中，提到过这样一段课堂教学实录：

有一次她讲“笑嘻嘻”这个词。

她对学生说：“你们看老师的脸上怎么样？”

学生回答：“老师脸上笑嘻嘻的。”

由于老师的表情，个个学生脸上自然地露出笑嘻嘻的样子。

她又问：“除了笑嘻嘻，还有什么词表示笑的呢？”有的说笑眯眯，有的说笑哈哈，有的说笑呵呵。

她问：“笑哈哈和笑呵呵有什么不同？”学生争先恐后地回答：“笑哈哈，张开嘴；笑呵呵，嘴张得更大。”

她问：“那么和笑嘻嘻有什么不同呢？”学生说：“笑哈哈、笑呵呵都有声音；笑嘻嘻没有声音。”

以上两位教师在进行教学时，都充分利用了表情语，使学生能够很直观很形象地理解知识，掌握知识。

（3）下面这段文字选自鲁迅先生的小说《孔乙己》，请找出关于孔乙己表情的描写，并分析他为什么会有这样的表情。

孔乙己一到店，所有喝酒的人便都看着他笑，有的叫道，“孔乙己，你脸上又添上新伤疤了！”他不回答，对柜里说，“温两碗酒，要一碟茴香豆。”便排出九文大钱。他们又故意的高声嚷道，“你一定又偷了人家的东西了！”孔乙己睁大眼睛说，“你怎么这样凭空污人清白……”“什么清白？我前天亲眼见你偷了何家的书，吊着打。”孔乙己便涨红了脸，额上的青筋条条绽出，争辩道，“窃书不能算偷……窃书！……读书人的事，能算偷么？”接连便是难懂的话，什么“君子固穷”，什么“者乎”之类，引得众人都哄笑起来：店内外充满了快活的空气。

……

孔乙己喝过半碗酒，涨红的脸色渐渐复了原，旁人便又问道，“孔乙己，你当真认识字么？”孔乙己看着问他的人，显出不屑置辩的神气。他们便接着说道，“你怎的连半个秀才也捞不到呢？”孔乙己立刻显出颓唐不安模样，脸上笼上了一层灰色，嘴里说些话；这回可是全是之乎者也之类，一些不懂了。在这时候，众人也都哄笑起来：店内外充满了快活的空气。

知识仓库

在现代汉语中，有许多关于表情的成语，如神采奕奕、眉飞色舞、大惊失色、垂头丧气、喜笑颜开等，可见表情在情感表达中应用之广泛。表情语是体态言语中最基本的一种，它是教师向学生施加心理影响并产生积极作用的手段之一，是向学生传达思想情感的桥梁，它可以把某些难以用言语表达的微妙、复杂的内心世界准确地表露出来。教师在运用表情语时，要做到以下要求：

首先是准确。教师的表情应该与自己的内心活动相一致。教师要避免言行不一，那种“愤怒显喜色，哀痛露笑容”都只会导致学生惊疑不安、无所适从。另外面部表情的变化不仅要与内心情感相一致，而且还要符合教学内容的要求，要与教育意图相吻合。

其次是亲切。教师面对的是学生，对于学生而言，教师如果过于严肃会使学生产生距离感。因此教师的面部表情还要温和、亲切。当教师在课堂上表情温和、亲切、平易近人时，师生之间的心理距离就会缩短，学生的思维就会非常活跃，接受信息速度就快。反之，如果教师表情厌烦，则会使学生产生惧怕心理而妨碍师生的感情交流，阻碍学生的思维，从而给学生心理和学习带来不良影响。

再次是适度。教师的表情必须讲究分寸，不温不火、适可而止。教师运用表情只要能恰当表达自己内心情感即可，或者与教学内容要求的情感相协调，切不可在课堂上咧嘴大笑、瞪眼咬牙、尖酸刻薄，或做鬼脸。这些表情都属过火之举，它们只能适得其反，不利于教学工作的顺利进行。

三、手势语

手势语作为一种辅助语，是人们在交往或谈话过程中用来传递信息的各种手部动作。手对于人类来说是非常重要的，我们在生活中几乎时时处处都要用到手。在人的各部位中，手指的运用也许最为频繁。手势作为口语表达的辅助手段，常常伴随说话人说出某句话时表达出来。手势在说话的过程当中，起到增强表现力的作用。人可以通过简单的手势来表达多种情感。如有的手势通过做出圆、方、长、短等有描摹性的动作来增强直观性；有的手势通过挥拳、劈掌、捶胸等动作表达情感，增强感情色彩；有的手势通过扳指头、竖指头、敲桌子等指示性动作，引起听话人的特别注意。手指在教育教学活动中除了板书、批阅作业外，还对有声言语起着重要的辅助作用。

抛砖引玉

下面的文章题目是《挥手之间》，找一找文中共提到了几次挥手的动作，它们表现了什么？

打开记忆的相册，我的目光定格在这样一幅画面上：一个伟岸的身形，站在飞机舱口：坚定的目光，望着送行的人们群，宽大的手掌，握住那顶深灰色的盔式帽；慢慢地举起，然后有力地一挥，停止在空中……

那是1945年8月，日本投降了！人们抑制不住喜悦的心情，敲锣打鼓来到街上，庆祝抗战的胜利！

但是好日子只持续了两天，令人气愤的消息便接连传来：首先是蒋介石下命令不准八路军、新四军受降，然后是派兵进攻上党解放区……内战危机，已迫在眉睫！抱着国共和平的愿望，毛主席决定亲自去蒋介石的老巢——重庆，和国民党进行谈判。

8月28日清早，人们早早地奔向飞机场，给敬爱的毛主席送行。飞机场上人越来越多，一会儿就聚集了上千人。但是，谁也不讲话，沉默着：整个机场上空气十分严肃，就像是在前线，战斗将要打响前的一刹那。

终于，一辆熟悉的带篷子汽车进入人们的视线。立刻，人群像平静的水面上卷过一阵风，成一个整体地朝前涌去。当车门打开的时候，机场上响起了一阵雷鸣般的掌声。

毛主席走下车来。只见他穿着一套半新的蓝布制服，皮鞋，头戴深灰色的盔式帽。整个装束，完全是像出门做客一样。

主席在汽车边站定，望着全体送行的人，眼睛里露出亲切的、坚定的微笑，向人们点了点头。接着，伸出他那宽大的手掌，和大家一一握手道别。主席的脸色是严肃的，从容的，眼睛里充满了无限的关切和鼓舞之情。然后，又停下来，望着所有送行的人，举起右手，用力一挥，便朝停在前面的飞机一直走去。

人们屏住了呼吸，一动不动地望着主席走近飞机，踏上飞机的梯子，直到他在飞机舱口停住，回转身来，又向着送行的人群。人群又一次像疾风卷过水面，向着飞机涌了过去。主席站在飞机舱口，取下头上的帽子，注视着送行的人们，像是安慰，像是鼓励。人们不知道怎样表达自己的心情，只是拼命地一齐挥手，像是机场上蓦地刮来一阵狂风，千百条手臂挥舞着，从下面，从远处，伸向主席。

主席也举起手来，举起他那顶深灰色的盔式帽；但是举得很慢很慢，像是在举起一件十分沉重的东西。一点一点的，一点一点的，举起来，举起来；

等到举过了头顶，忽然用力一挥，便停止在空中，一动不动了。

飞机的发动机响了，螺旋桨转动起来。这架飞机该有多大的重量啊！它载负着解放区人民的心，载负着全中国人民的希望，载负着我们国家的命运！载负着我们民族的未来！

俱往矣，

数风流人物，

还看今朝！

延安机场上送行的情景，又出现在眼前了：主席伟岸的身形，站在飞机舱口；坚定的目光，望着送行的人群；宽大的手掌，握住那顶深灰色的盔式帽；慢慢的举起，举起，然后有力地一挥，停止在空中……

知识仓库

手势语具有“形象鲜明、醒目和动作大”的特点，它在课堂教学中是辅助教师有声言语表情达意的有力方式。教师的手势语主要是通过手掌、手指、拳头、手臂以及手与其他官能和部位的配合运用来完成的。教师常用的手势语主要有三种：第一，情感型手势。教师可以用竖大拇指的动作，表示对学生的赞赏；可以用鼓掌的方式表示对学生的鼓励和赞赏；可以轻拍学生肩部表示对学生的信任与关怀。第二，模拟型手势。教师可用手势模拟出事物的形状和大小，以加深学生的印象。如地理教师在课堂上通过握拳模拟地球自转的运动情况。第三，指示型手势。可用手指指向板书、教具、试验等，或者用手轻扣桌子，以引起学生的注意，感知授课内容。教师在运用手势语时应注意手势与表达内容的有机结合，一定要做到大方、潇洒、稳健、自如，要轻松自然，不要给人以做作的感觉。此外，教师要注意手势语的文明，背手、双臂交叉于胸前、用手指直指学生的鼻子、讽刺性地鼓倒掌、宣怒地拍桌子等消极性的体态言语都应该尽量避免。

在教学中，教师要注意拇指语、食指语、手掌语这三种手势语的运用。

（一）拇指语

拇指语就是我们通常所说的竖大拇指，这是人在社会交际中经常运用的一个肯定性的体态语。竖大拇指的含义是表示肯定与赞扬，教师多用这一手势表示对学生在思想品德方面或学习活动中的突出表现满意、欣喜的心理。比如，学生回答出一个非常困难的问题，或者学生的答案出乎教师的预料，这时老师可以伸出大拇指，同时说：“太棒了！”学生在心理上会有一种非常强烈的满足感。当学生取得成绩的时候，老师给予口头表扬，同时竖起大拇指，也许一位后进生会因此充满信心。教师在做出竖大拇指的动作时需要与面部表情密切配合。如果教师在做出竖大拇指的动作时，伴随着真诚、惊喜、满意的表情，那么学生觉得老师在真诚地夸赞自己；反之，如果教师在对学生竖起大拇指的同时，面部表情是不屑、冷漠，那么学生会认为教师不是真诚在夸赞自己，反而会觉得教师有讽刺之嫌。

（二）食指语

食指是五指中非常重要的手指，人类的许多创造性活动多以它为中心来完成。教师应注意正确适当运用食指来加强教育教学效果。最常运用的是静止性食指语——食指靠近嘴唇并与嘴唇交叉成十字型，表示“请安静”、“不要出声”的意思。这一手势，经常用来组织课堂教学秩序。这个手势表示教师的一种善意友好的制止，学生一般是会接受的。同时以食指轻点学生额头，表示对学生的批评，但是这种批评里又有对学生的喜爱，学生在这种批评中能很自觉地改正自己错误的言行。但是食指语经常被教师误用，如果使用食指指向别人，并发出指令，这是一种非常不尊重人的手势。在课堂中，如果教师需要某位同学起来回答问题，最好不要用食指指学生，可以手心向上平伸出去指向被你邀请的学生，同时说：“请你来回答好吗?”这样的手势语，会使学生感到老师对自己的尊重。学生得到了他人的尊重，会因此变得自尊，而自尊是人们进步永不会折断的阶梯。

（三）手掌语

手掌语在教育教学中有着非常重要的作用，经常被用来辅助教育教学活动。手掌语中最常用的就是鼓掌。鼓掌是一种积极的体态信号，鼓掌的含意是“赞许、肯定”。教师运用鼓掌表示对学生的赞许时，往往是想带动全体学生一同鼓掌，对某一学生给予鼓励与赞扬。这样就能形成浓厚的激励的氛围，促使学生努力学习。当教师把掌声献给学习较差或性格内向的学生的时候，会更强烈地激发起他们的自信心，唤起他们主动参与集体活动的积极性。另外，鼓掌还可以营造一种气氛，一般音乐课上教师会经常使用这一手掌语。音乐教师在组织学生唱歌时，可以拍掌来增强歌唱的节奏。有时掌声还用来表示提醒的意思。例如，分小组的讨论结束时，老师可先鼓几下掌，示意学生可以先停止讨论。当学生的讨论停下来时，教师可以宣布分组讨论结束。

总之，鼓掌是一种积极的体态语，运用适时适当会给教育教学带来非常好的效果。

四、身姿语

身姿语是指身体的动态姿势，是人的静态和动态等各种身体姿势所传递的交际信息。它是展现仪容、表现风度、传递信息的有效手段。教师的身姿，对于学生成长具有重要的立身和示范作用。

抛砖引玉

下面是一位作者对教师身姿语提出的要求，请阅读这三方面的要求，你认为除了这几个方面，我们还应该注意哪些问题。对照这三方面的要求，回忆你在平时的教学当中或者你观察到的教师身姿语，还存在哪些问题。

1. 站姿——站如松①

教师走进教室，站在学生面前互相问候，教师的站姿应给人以挺拔笔直、舒展大方、精力充沛、积极向上的感觉。俗话说：站如松，教师的站姿稳健、挺直能给学生传递出正直、挺拔之美的信息，令学生感到可信赖，有利于稳定学生的情绪，振作学生的精神。人们常说，身姿应该“三挺一正”，也就是说身体的挺直要颈挺、胸挺、腿挺，一正为头要正。具体地说，头部要端正。为了表达喜悦、愤恨等感情和肯定、否定的态度，头部可以作适度的上下左右的活动，但幅度不宜太大，而且要避免那些习惯性的摆头、点头、低头、伸头等有碍交流的毛病。身体的躯干部分要求挺胸、收腹、肩平，这样，不仅有利于树立教师良好的讲台形象，也有利于发音洪亮，底气充足。站立时两腿挺直，不能弯曲，两脚自然分开，但间距不宜宽于肩，可以两脚略成八字形，也可以一脚略前，一脚略后，这样，讲起话来就可给人一种动态之感。

2. 走姿——行如风

行如风不是让教师在课堂上讲课时，行走跟风一样，而是行走时，步伐稳健，步幅不大不小，步速不快不慢。上身正直，两肩要平，不能弯腰曲背。因为教师在课堂讲课时，来回走动是不可少的，但又受到教师职业特点的制约。在讲课过程中，教师一般不离讲台，只是偶尔围绕讲台缓慢走动而已。在板书时，可随势走至讲台左右；教师在领读、巡回教室时，可走到教室课桌行间，步履以慢、轻、静为宜。起步时以站姿为基础，上身略为前倾，身体重心在前脚掌上，步态轻盈稳健。行走速度适中，不要过快或过慢，过快给人轻浮印象，过慢则显得没有时间观念，没有活力。总的说来，教师行走的步幅、步频要依据不同的场合而定。一般在课堂行走，步频慢，每秒约1步左右，且步幅小；欢快热烈的场合步频较快，每秒约2.5步左右，步幅应较大。如带领学生外出浏览，步频以每秒2步为好，步幅自然，行走时挺胸

---

① 李印久：《论教师的态势语的运用》，《湖南农业大学学报》（社会科学版）2008年第9卷第2期，第41页。

抬头，目视前方，摆臂自然。

3. 坐姿——坐如钟

教师在课堂教学中，优美得体的坐姿可以优化教师形象，给学生以美感。坐姿要求身体挺直，双脚并拢或略微分开。女教师还可以并拢双膝或脚踝交叉，并要坐稳当。这种姿势显得文雅、庄重。教师的坐姿是一种静态造型。端庄优美的坐姿，会给学生以优雅、稳重、自然、大方的美感，从而提升教学效果。对教师坐姿的要求，首先是头要端正，整个头部看上去应当如同一条直线一样，和地面相垂直。教师在课堂上可以低头俯看桌上的文件、教材、教案、作业等物品，但在回答学生问题时，必须抬起头。在和学生交谈的时候，可以面部正向对方，或者侧向对方，不可以把头后部对着对方。其次是上身要直立，即落座后，身体要端正。在课堂就座时，不应把上身完全倚靠在座椅的背部。交谈时，为表示重视，不仅应面向学生，而且应同时将整个上身朝向对方。最后是手臂的摆放。一般说来，手臂要自然摆放，可以放在双腿上，两手单放，叠放或两手相握后再放都可以。手臂放在身前的桌子或椅子扶手上，都须得体、端庄、大方。

知识仓库

教育既是科学，又是艺术。艺术讲究言语的动作性。手的姿态、人的动作是表达形体言语和思想感情的有力手段。一个鲜明有力的手势，能给人以经久难忘的印象；一个寓意深刻的身姿能说明许多问题。俗话说："坐如钟、站如松、行如风"，这是指人与人交往中应有的正确身姿。在教学过程中，教师的站姿和行姿是最多的。站姿语是通过站立的姿态传递信息的言语，不同的站姿，传递着不同的信息。教师站在讲台上，弯腰曲背，给人一种精神萎靡不振的感觉，教师将这种状态展现在学生面前，无法调动学生上课的积极性；有的教师整堂课是侧身对着学生，是一种漫不经心的表现，这种站姿随意性很强，会使学生注意力集中不起来，课堂气氛不浓厚；有的教师整堂课是两手撑在讲台上，这种无精打采的站姿显示出一种单调感，学生会提不起精神来。因此，教师应该抬头挺胸，精神饱满地站在学生面前。除了站姿，教师在讲台上运用最多的身姿语还有行姿。教师经常通过行姿来传递信息。教师在讲课过程中，走下讲台，走到某位同学身边稍作停顿，可能是在提醒某位同学认真听课；当教师提问某位同学并走到他身边时，能拉近教师与学生之间的距离。但是有的教师在教室里来回不停地走动，这种不自觉的习惯性行姿会影响学生的思维。因此，教师在教学中要注意自己挺身直立，面对学生，给人以潇洒自如、稳重自信之感，给学生树立起行为规范的标本。

资料超链接

消极体态语

所谓消极性的体态语是指对教育教学效果起负作用的体态、姿势、动作。研究表明消极的体语损坏教师形象，分散学生的注意力，是教育教学活动的破坏性体态。下面做一简要的论述。

抠鼻孔。教师在课堂上或与学生谈话时，有时会用手抠鼻孔。这是一种非常不好的体态习惯，一是不文雅，二是不卫生。老师上课用粉笔写字，手上必沾上许多粉笔末，如果用右手抠鼻孔，便会在鼻孔里沾上许多粉末，既影响教师，又分散学生的注意力，而且不卫生。所以这种习惯，必须坚决改正。如果鼻痒难挨，必须处理时，可背过脸去用手纸或手绢轻擤。擤后要注意不要把纸随手乱扔地下，而要扔于纸篓中；手绢要折好放入口袋。

打哈欠。本来这是人的一种疲乏时的生理反应，我们列在这里是因为这种行为如果发生在课堂上会把疲倦感传染给学生，从而降低学习效率。如果教师实在疲倦，可以背过脸，或以手掌遮住嘴部，轻轻张开嘴，打一小哈欠。如果，教师有幽默感，还可以对学生说："老师的瞌睡虫千万不要传染给你们。让我们唱支歌，把瞌睡虫赶跑好不好。"这时课堂气氛会活跃起来，同时也消除了教师打哈欠的尴尬。如果是在与学生个别谈话时，要打哈欠，可以站起身来佯装去倒水或做其他的事情，以掩盖之。

拍脑门。用手掌轻拍额头一次或数次。这是一种轻度自我谴责行为，一般是在忘记完成某些事情，或忘记了某些知识时的习惯性动作。有人说这是一种积极体态语，有人说是消极体态语。说拍脑门是积极体语的人认为，教师在教育教学活动中忘记了某件事，或某个词等，拍拍脑门，再说上几句幽默的话，会让学生感到教师坦诚、直爽，课堂气氛会更加和谐，有助于学习效率或教育效果的提高。说拍脑门是消极体态语的人认为，拍脑门会降低教师的威信，降低学生的积极性。我们认为，拍脑门的动作的效果要视课堂情况而定，如果课堂上师生关系和谐融洽，在老师忘记了某事时，拍拍脑门也无妨，可能增加教育教学效果。如果师生关系紧张，教师随意拍脑门，会更降低教师威信。所以，这样的教师还是不拍脑门，或少拍脑门为好。

腿部抖动。有的教师讲话时，喜欢一脚踏在讲台的横木上并不停地抖动，采取坐姿时，将一条腿搭在另一条腿上，不停抖动。这是一种不好的体态。在成年人中，这种腿部抖动动作比较常见，但作为教师，应尽量避免，它会给学生留下轻浮、不稳重的印象。

瞪眼。瞪眼是发怒时的一种面部自然表情，本来是无可厚非的。但是对于教师，却应该有意加以控制。如果教师在生气发怒时，二目圆睁，双眉倒竖，一副凶神恶煞的样子，对教育教学工作没有什么益处。对于调皮的学生，看到老师的这副样子，他会觉得好玩；对于老实学生，他会觉得害怕，不知所措；对于优秀学生，可能会伤害了他的自尊心，造成师生关系的隔阂。所以，我们认为，教师在生气时最好先不要瞪眼发怒，静下心来，想一想对策最好。

漠视。最伤害人自尊心的一种眼神。有时，学生兴冲冲地跑到老师跟前说一件事，老师只是随意用眼睛一扫，便把学生放在一边，好像没有这个学生一样。这是一种令人伤透心的漠视，教师必须避免使用这种眼神对待学生。不管教师当时手头多忙，如果学生找你谈话，教师应放下手头的事情，亲切招呼学生，用一种关心的眼神，倾听学生的诉说。这是一种信任，是一种尊重，学生会从中得到自信。

沙场点兵

（一）阅读下面的文章《穆老师的眼睛》，找出文中关于穆老师眼睛的描写，并分析每一处对于穆老师眼睛的描写都有什么作用。

穆老师的眼睛

穆老师的眼睛双眼皮儿，乌黑的眼珠又圆又大。乍一看并没有什么特别，可是你仔细一瞧，穆老师的眼睛还会说话哪。

语文课上，我想起书桌里那块漂亮的新橡皮，手痒痒了，不知不觉地伸进去，想要摸一摸。正巧被穆老师看见了，她的眼睛好像在暗示：“你怎么做小动作啦！”我的手马上不痒了，赶紧缩回来，认真听老师讲课。

有一次，穆老师在大礼堂给我们讲《乌鸦喝水》这篇课文，有三百多位老师来听课。穆老师提问：“乌鸦为什么能喝到水?”我马上把手举得高高。穆老师叫我回答。我站起来，只见那么多老师看着我，心怦怦直跳，回答的声音很轻。穆老师的眼睛马上向我投来鼓励的目光，似乎在说：“说得对，就是声音再响亮点儿!”我看看穆老师的眼睛，胆子大了，声音也响亮了。这时，穆老师的眼睛又向我投来赞许的目光，好像在说：“讲得好!”

记得有一回，我生病住院了，过了一个多星期才上学。上课时，穆老师不时用眼睛看看我，仿佛对我说：“吃得消吗?”我病刚刚好，精神还不太足，但一看到穆老师的眼睛，精神就提起来了。

下课，穆老师和我们一起玩的时候，她的眼睛也会说话。一次，我们玩“老鹰捉小鸡”。穆老师当“老鹰”。她一下子跑到东，一下子跑到西，眼睛呢，睁得大大的，好像在提醒我们："哎，当心！我要捉住你们啦！"真糟糕！末尾的一只"小鸡"跑得太慢，被捉住了。这时候，穆老师的眼睛笑得弯弯的，似乎在说："哈哈，这回可让我捉住了！"

（二）下面的文段选自法国作家都德的《最后一课》。阅读下面文段，分析韩麦尔先生在这里用了几种体态语，并分析这些体态语表现了韩麦尔先生怎样的情感。

忽然教堂的钟敲了十二下。祈祷的钟声也响了。窗外又传来普鲁士兵的号声他们已经收操了。韩麦尔先生站起来，脸色惨白，我觉得他从来没有这么高大。

"我的朋友们啊，"他说，"我——我——"

但是他哽住了，他说不下去了。

他转身朝着黑板，拿起一支粉笔，使出全身的力量，写了两个大字："法兰西万岁！"

然后他呆在那儿，头靠着墙壁，话也不说，只向我们做了一个手势："放学了，你们走吧。"

（三）阅读下面三个文段，任选两个文段进行体态语的分析，将文字背后人物的情感展现出来，并进行教学设计，适当展现这些体态语。

1. 李清照《点绛唇·蹴罢秋千》

蹴罢秋千，起来慵整纤纤手。露浓花瘦，薄汗轻衣透。

见客入来，袜刬金钗溜。和羞走，倚门回首，却把青梅嗅。

2. 鲁迅《祝福》

我这回在鲁镇所见的人们中，改变之大，可以说无过于她的了：五年前的花白的头发，即今已经全白，全不像四十上下的人；脸上瘦削不堪，黄中带黑，而且消尽了先前悲哀的神色，仿佛是木刻似的；只有那眼珠间或一轮，还可以表示她是一个活物。她一手提着竹篮。内中一个破碗，空的；一手拄着一支比她更长的竹竿，下端开了裂：她分明已经纯乎是一个乞丐了。

我就站住，豫备她来讨钱。

"你回来了？"她先这样问。

"是的。"

"这正好。你是识字的，又是出门人，见识得多。我正要问你一件事——"她那没有精采的眼睛忽然发光了。

我万料不到她却说出这样的话来，诧异的站着。

"就是——"她走近两步，放低了声音，极秘密似的切切地说，"一个人死了之后，究竟有没有魂灵的？"

我很悚然，一见她的眼盯着，我的背上也就遭了芒刺一般，比在学校里遇到不及豫防的临时考，教师又偏是站在身旁的时候，惶急得多了。

3. 曹雪芹《红楼梦》

宝钗见他睁开眼说话，不像先时，心中也宽慰了些，便点头以道："早听人一句，也不至有今日！别说老太太、太太心疼，就是我们看着，心里也——"刚说了半句，又忙咽着，不觉眼圈微红，双腮带赤，低头不语了。宝玉听得这话如此亲切，大有深意；忽见她又咽住，不往下说。红了脸，低下头，含着泪，只管弄衣带，那一种软怯娇羞、轻怜痛惜之情，竟难以言语形容，越觉心中感动，将疼痛早已丢到九霄云外了。

第七章　朗读和吟诵

第一节　朗读

朗读，是把书面言语转化成有声言语的创作活动，也就是朗读者在理解作品的基础上用自己的语音塑造形象、反映生活、说明道理，再现作者思想感情的再创造过程。

著名的语言学专家徐世荣先生说过："朗读是我们现代文化生活中不可少的一项功夫。朗读就是把书面上写的语言变成口头上说的语言，把无声语言（文字、文章、文学作品）变成有声语言——更能表情达意的口头语言。"朗读是一项口头语言艺术，不是照字读音的简单过程，也不是书面材料的简单声音化，而是需要朗读者进行一番再创造，创造性地还原语气，把握作品的主题和结构，运用恰当的朗读技巧，准确生动地再现文章的思想内容和艺术形象，使无声的书面语言变成活生生的有声的口头言语，使听者得到明晰的信息和艺术的享受，引起共鸣，激起情感。

抛砖引玉

（一）根据朗读提示，读准下面文段的语气。

小故事《中计》[①] 说的是房东张大爷巧用计策，获知新战士小洪帮他干活，方得以表达感谢之情的事。当新战士小洪禁不住张大爷用计，以为自己闯了祸，急忙拦住佯作要去"找指导员说个清楚"的房东老两口时，说了这样一段话：

（1）"大爷、大娘别发火，昨天是我跑到菜地里去的。我看你们二老年纪大了，大爷又成天忙着队上的事儿，顾不了家，就抽空帮你们干了点活。谁知道我不会干，给你们添了麻烦，真是对不住你们，有多大损失我一定赔。"说着就伸手掏钱包。

战士小洪这段话的感情是很丰富的，有着具体的内心变化。他先是急忙劝阻房东张大爷大娘"别发火"，继而老实承认帮助老两口偷偷做事情，然后

---

① 贝思德教育机构编著：《教师口才训练教程》，西北大学出版社2002年版，第31—32页。

进行解释，因为自己没有干好，反而给他们添了麻烦，感到内疚自责，最后为了弥补自己的过失，执意赔偿。对于战士小洪的情感把握，我们不能以书面上的标点符号为界，必须深入到文章内部，体会战士小洪的心理，方可体察到其中语气的细微差异和变化。通过此例可以看出，只有深入细致的体验、揣摩，并辅以声音气息上的变化，才会带来语气上的变化，情感上的丰富性。

（2）张大爷得意地说："孩子，你中计了，从打你们到我们村来搞训练，给大家伙干了那么多的好事，可我们就是不知道是谁干的。昨晚上我和你大娘一合计呀，就想出这个小计策来。果不出所料，你们还真中计了。"

如果只从字面含义看，张大爷为自己用计成功的得意心情溢于言表。但是当我们读完整段，从张大爷得意的心情背后，是张大爷以及父老乡亲对解放军发自内心的感激之情，而且感激之情是张大爷最想表达的感情。"得意"是次要色彩，表现了一种老百姓与战士亲如一家的幽默感，"热爱"和"感激"才是这段话的主导色彩。相反，如果绘声绘色地以"重度"的分量表现"得意"之情，听起来倒是热闹，实际上必然冲淡以致淹没了"真挚深切的感激"这一主导的感情色彩，偏离了小故事的主题。

（二）根据阅读提示，读准下面故事的节奏。

3月6日上午，河北滦县城区一条公路上，三匹马拉着一辆大车向北箭一般地狂奔，车把式已被摔在路边。前面，有14名小学生正走在丁字路口，被这突如其来的险情惊呆了。

"快闪开！"路旁飞身闪出一位解放军同志，迎头去抓马缰绳，因惊马来势太猛，没有抓住。他又侧身一闪抱住马头，惊马长嘶一声，前蹄腾空而起，把他悬吊起来，他紧紧抱住马头不放，被拖出二十多米，车终于停住了。这时马车距离小学生只有三米多远，好险呀！

车把式赶上来紧紧握住解放军的手，可当人们追问他的姓名、住址时，他微笑着离开了人群。人们经过多方询问，才打听到他是当地驻军某部特务连指导员贾久玉。"六·一"前夕，部队召开大会，给他记了三等功。

在这段材料中，事件本身的情节就是扣人心弦的。首段险情的铺垫，预示着危险正在来临。在事件发生的过程中，贾久玉舍身勇拦惊马的几个动作"迎头""抱住""不放"一气呵成，在朗读的过程中应作为重音，强力、短促，使紧张的节奏在此更为显著。在结尾当危险结束，节奏应该舒缓下来，与事件发生的过程形成鲜明的对比，但是明快、赞扬的语气色彩与事件发生过程的段落有相似之处。

知识仓库

一、朗读的作用

朗读是一种艺术，它具有强大的艺术感染力，能给人们带来美的享受。在朗读的过程中，我们可以加深对语言艺术最基本的规律认识，提高对语言艺术的鉴赏与表现能力。这样，我们不但可以做到明其是非，还能辨其瑕瑜，最终做到修身养心，其乐无穷。因此，重视朗读的作用，培养朗读能力，对任何人来说都是一件必要的事情。

（一）增加知识，充实丰富词汇库

词汇通常可以通过生活环境和读书过程两个渠道获得。生活环境的局限性很大，我们需要对其进行筛选和组合。读书环境则有利于词汇的获取。博览群书，才有了更多的机会在知识的海洋中遨游，才有机会遇见丰富多彩的词汇。书就是海洋，它是知识的海洋，从书中，我们可以了解到很多的知识，天文地理、风土民情、文化习俗、思想观念，从古至今，无所不包。因此，通过朗读，可以不断充实与丰富我们的词汇，加深对词汇的认知，为自我的言语表达组建一个更加完善的语料库。

（二）培养语感，提高语言表达能力

阅读常常能够潜移默化、细致入微地提升语感。古人云："熟读唐诗三百首，不会作诗也会吟。"在朗读作品的过程中，我们不仅可以学习到作品优秀的语言表达、巧妙的修辞手法，还能通过一遍又一遍的朗读，融会贯通作品的思想情感，让自己和作者处于一个深层次的感情交流之中。朗读既有利于语言表现能力的增强，也可以使我们"下笔千言，倚马可待"或是"七步为诗，出口成章"。以古今中外名人作家的作品作为我们朗读的材料，通过仔细的分析、深入的体味，最终再通过自己的语言表达出来。这不仅仅是"念字出声"的被动思维的过程，而是动用了我们全部精力的第二次加工创作。通过听、说、读、写四部分的相辅相成，我们的言语表达能力会逐步得到提高。

（三）增强理解，提高文学审美能力

将朗读和看书进行比较，可以看出，朗读使得文字的接收渠道变得多种多样。我们不仅可以像读书一样，通过视觉神经刺激大脑，同时还可以通过大脑，将阅读的内容转化为有声语言。这种对大脑皮层的刺激，有利于朗读者锻炼其自身的思维能力。通过对文学作品的深入体会，可以掌握作品中的词语概念、修辞手法、构思布局，情景描写、逻辑顺序、韵律组合等，这些都十分具体地启迪着我们的思路。当朗读时，迫切地希望将这些表达出来，因此就需要各种技巧，使我们能够尽可能完美地表现作品中精美的内容。所以，朗读者在进行朗读的时候，他不仅仅是将文字通过自己的声音去表达出来，同时，他需要深入体会文字和语段，领会其中的含义，将文字作品内部所蕴含的深厚情感表达出来。每当我们在朗读时，会自觉发现“对味儿”或者“不对味儿”，“贴切”或者“不贴切”等这样那样的问题。于是，通过反复的再读，再悟，再体味，去一遍又一遍地尝试品味作品。这种精益求精的态度，意味着对文学作品更深的理解和感悟。

（四）规范发音，提高语言规范化程度

朗读同样在推动语言规范化方面有着不可或缺的作用。有些人并没有进行系统的普通话发音学习，在日常生活中往往也使用方言，不用普通话进行交流。但当他拿起文章进行朗读，一般能够符合普通话的标准规范。可见，朗读对语言规范化的意义深远。因此，学习普通话，往往可以通过朗读率先实现，这是一个既有效又便捷的方式。尽管文学作品种类丰富，涵盖古今中外。但一旦需要朗读，就应该讲究声、韵、调与轻重格式、儿化、音变和语句的声音样式。因此，朗读必须使用普通话。朗读是推广普通话的重要手段，是达到语言标准化的有效途径。学习朗读的过程，也是学习普通话的过程。通过朗读学习普通话，是一个行之有效的方法。

总的来说，朗读对于朗读者而言，除了需要具备识词组句、谋篇布局等基本能力以外，还需要拥有良好的理解概括能力、优秀的分析综合能力、有效的语言表达能力和丰富的情态语言表达能力。这些能力离开了朗读是很难获得的。此外，鉴赏审美能力、感受能力、艺术创新能力等，也是在朗读过程中逐渐需要注重培养的能力。朗读对于朗读者来说是一个“路漫漫其修远兮”的长路，是一个厚积薄发的过程。

二、朗读的基本要求

（一）识读生字，语言规整

朗读最先需要接触的就是语言。语言，是朗读的工具。要想准确而生动地再现文字作品的思想内容，需要朗读者做到语言准确无误。而要做到语言准确无误，朗读者首先需要具备正确识字的能力。如果作品中有许多生僻字，不知读音与语义，是不可能进行朗读的。在朗读前，我们首先需要扫清文字的障碍。通过排查生僻字，借助字典，正确地把握多音多义，形似音异和一字多音的现象。此外，再借助词典、注释等认识生词，弄懂语句。在朗读的过程中，要忠实于作品本身，做到不丢字、不改字、不插字、不读错字音。

语言规整，是指声音的形式规矩并且工整、严密而且恰到好处，朴实无华。规整的第一要求就是需要运用普通话进行朗诵。朗诵作品一般是运用现代汉民族共同语（普通话）写成，因此只有运用普通话进行朗诵，才能更好地将作品的思想情感表达出来。同时，普通话是汉民族共同语，用普通话朗诵，可以使得不同方言区的人理解与接受。因此，在朗诵时，首先要咬准字音，掌握语流音变等相关知识。其次声、韵、调、轻声、儿化和变调都要准确无误，对于生字、生词、成语典故等，要做到一清二楚，准确生动地传情达意。与此同时，还需要注意语句的流畅度、语速的快慢、语调的起伏、节奏的平稳程度、声音的高低起落等。

（二）理解品味，把握内容

准确地领会把握作品，深入地理解其内在含义，是进行作品朗读的前提和基础。朗读者在朗读时只有深入到文本之中，对文章进行细致的理解，把握文章的内容，品味其中的价值内涵，才能在阅读的基础之上，对作品进行一个由局部到整体的理解。局部理解，就是对作品的理解只停留在词语、句子、层次以及辞格义的理解。而整体理解就是朗读者对一个作品所表达的情感基调的初步把握。朗诵的各种艺术手段和方法固然重要，但如果离开了文本，没能准确透彻地把握内容这个前提，艺术技巧就成了无源之水、无本之木，就变成了一种泛泛而谈的形式主义，传情无从谈起，自然也无法让听众动情。而要准确透彻地把握住作品内容，应该注意几个方面：

（1）正确把握文章内容，概括文章中心思想。朗诵的基本要求是能够清楚地表达诵读材料的内容。所以必须对自己所朗诵的作品进行细致地分析和研究，理解并掌握作者的思想和感情，从而能够正确地表达作者的意思，将听众带入作者所描绘的画面境界之中。要做到这些，朗诵者必须对作者的时代背景、生平经历、思想观念和写作动机等，进行全面深入地了解和领会。对文章内容了解越透彻，便越能运用自己的声音、表情、语调和动作去感染打动听众。中心思想，是作者通过文章所要表达出来的主要看法、主张、情感倾向等。研究写作背景，通常可以帮助我们加深对文章的理解。在朗读《背影》时，如果对作者写作时的家庭状况有一个大致的了解，就会明白为什么作者后来被父亲的背影所感动。因此，在朗读之前，先对作品的背景进行一个大致的了解，然后在此基础之上去把握文章内容，最后提炼概括出作品的中心思想，这是朗读所需要做的第一步。

（2）了解文体的特点，分析篇章结构。不同的文体具有不同的情感表达方式。因此我们在朗读的时候，要注意不同文体的情感抒发。例如，抒情文应该注重表现出情感的流畅表达；说明文一般用语严谨准确，所以在朗读时要保持客观理性的情感；在朗读散文时，应该深入把握作者的情感线，调动自己内心的感受，来表达作品的思想情感；议论文要注重表现词句的转折或承接，突出其议论精密的部分。所以，我们应该依据作品的文体来进行最基本的情感判断，然后再研究段落。文章的每个自然段一般都具有一个相对独立的意义，通过抓住中心句，总结段落大意。段落有时候也由一正一反组成，可以通过总结和分析，理清脉络，区分主次。通过段与段的内在关系梳理后，便能清楚地掌握作品的结构，理清全篇的脉络。这样朗诵出来才能清楚明确，娓娓道来，听众也能更容易沉浸其中，受其感染。

（3）分析字、词、句与修辞技巧。一般朗诵材料，都具有一定的文学价值，因此才值得被朗诵。我们要仔细分析作品的一字一句与文学技巧的表现，朗诵时才能够将其文学价值完全表达出来。例如，“两个黄鹂鸣翠柳，一行白鹭上青天”这一句诗中有四种事物，“鹂、柳、鹭、天”；有四种颜色，“黄、翠、白、青”。这两句是工整的对偶，“两个、一行”是数词对，“黄鹂、翠柳”和“白鹭、青天”是形容词修饰名词对，“鸣、上”是动词对。如果我们兼论平仄，第一句是“仄仄平平平仄仄”，第二句是“仄平仄仄仄平平”，这两句基本上是符合平仄规定的。又如“春风又绿江南岸”采取了拟人的修辞手法，我们在朗读时要注意朗读出春天来临，大地在一夜之间变得生机勃勃时的那种欣喜的情感。

（三）揣摩色彩，确定基调

基调是朗诵材料的基本情调，是作品所涵盖的各种态度分寸、感情色彩混合之后总的取向。任何作品都具有其本身的基调，上到政府颁布的公告，下到广告公司的文稿，都不例外。因为文学作品在表达人情感方面有其独特的作用，因此基调也就各有不同。很多题材相同的作品，情感基调也会有所不同。基调的色彩，除了包括态度分寸，又包括感情色彩。但是基调这两个方面的内容并不是截然划分开来的，而是相互交融的。每一篇作品的基调都是一个整体，是部分、层次、段落和语句中具体思想的综合表达，是具体感的总和。没有整体感，具体感就会显得支离破碎；没有具体感，整体感也会呆板空洞。因此，朗诵者必须要深入、细致、认真地去理解、去探究、去把握作品中所蕴涵的情调，以及文章整体的精神倾向。把握住基调，正是把握住作品的整体思想倾向。基调的统一和谐、丰富多彩，有利于表现作品的意境和风格，有利于朗读者形成自身的语言表达特色。朗读必须要把握住作品的基调，并且要在理解感受与语言表达上相统一。在情与声的统一之中，让作品的基调完美地体现出来。

（四）感情真挚，唤起共鸣

朗读中，保持真挚的情感是最重要也是最核心的一点。“情动于中而形于言”，作者的思想感情都熔铸在其作品之中，字里行间都能体会到他的感情。在朗读时，朗读者本身就与作者融为一体，成为作者的“替身”。这个时候，朗读者不仅要做到达意，还要做到传情。因此，朗读者需要在对作品进行理解的基础之上，深入体会把握作品中所蕴含的那种丰富且细微的情感变化。尝试让自己设身处地，身临其境一般，这样将自己的思想情感都激发出来，使得作品中的字字句句都仿佛从自己内心中流淌出来的一样。这样的朗读才会具有感人的力量，才能最大程度上唤起听众的共鸣，达到朗读者与听者双方共同的感情升华。

三、朗读的基本技巧

朗读时，一方面要深刻透彻地把握作品的内容，另一方面要合理地运用各种表达手段，准确地表达作品的内在情感。进行朗读时，声音技巧方面，一般从停顿、重音、语速、语调、节奏五个方面入手，然后再加上眼神的运用、面部的表情、身姿仪态等的配合，便能声情并茂、淋漓尽致地把原作品再呈现出来。下面依次分述：

（一）停顿

停顿是指朗读语流中语句或词语之间声音上的间歇，可以说它是有声语言表达中的标点符号。停顿一方面是由于朗诵者在朗诵时生理上的需要；另一方面是句子结构上的需要，表示区分、转折、呼应、递进等各种联系；再一方面是为了充分表达思想感情的需要，在适当的地方停顿，造成声音时间上的暂歇和延读，给听者一个领略和思考、理解和接受的时间，帮助听者理解文章含义，加深印象。

1. 停顿的分类

（1）生理停顿

生理停顿即朗诵者根据气息需要，在不影响语义完整的地方作一个短暂的停歇。要注意，生理停顿不要妨碍语意表达，不割裂语法结构。

（2）语法停顿

语法停顿是反映一句话里面的语法关系的，在书面言语里就反映为标点。一般来说，语法停顿时间的长短同标点符号大致相关。例如句号、问号、叹号后的停顿比分号、冒号长，分号、冒号后的停顿比逗号长，逗号后的停顿比顿号长，段落之间的停顿则长于句子停顿的时间。如：

山是墨一般的黑，//陡立着，//倾向江心，//仿佛就要扑跌下来。///而月光，//从山顶上，//顺着深深的、/直立的谷壑，//把它那清冽的光辉，//一直泻到江面。////……（斜竖线的多少表示停顿时间的长短）

标点符号虽是停顿的重要标志，但也不能生搬硬套，要根据语意的表达和语气的需要灵活处理。

（3）强调停顿

停顿除了根据生理需要和语法逻辑的要求进行停顿之外，还可以根据心理的需要作出停顿。为了强调某一事物，突出某个语意或某种感情，而在书面上没有标点、在生理上也可不作停顿的地方作了停顿，或者在书面上有标点的地方作了较大的停顿，这样的停顿称为强调停顿。强调停顿主要是靠仔细揣摩作品，深刻体会其内在含义来安排的。

2. 停顿的主要方式

从语句的停顿和连续来看，强调停顿主要有以下四种方式：

（1）落停

即停顿时间相对较长，句尾声音顺势而落，声止气也尽。这种停顿多用在一个相对完整的意思讲完之后，句逗停顿中多用在句号、问号、感叹号处。

（2）扬停

即停顿时间相对较短，停之前声音稍上扬或持平，声虽止但气未尽，一听便知是只说了半句话，还有下文。扬停多用在一个意思还未说完，而中间又需要停顿之处。句逗停顿多用在分号、逗号、顿号处。

（3）直连

即顺势而下，连接迅速，不露连接的痕迹，多用于内容联系紧密，持续抒发感情的地方。一般与扬停配合使用。

（4）曲连

即在连接处有一定空隙，但又连环相接，迂回向前，多用于既要连接，又要有所区分处，常与落停配合使用。

（二）重音

重音是指朗读时为了突出主题、表达思想、抒发情感而对于句中的某些词语加以突出强调的音，它是体现语句内容的重要手段。重音有语法重音和强调重音两种。

1. 重音的分类

（1）语法重音

在不表示特殊的思想和感情的情况下，根据语法结构的特点，而把句子的某些部分重读的叫语法重音。语法重音的位置比较固定，常见的规律是：一般短句子里的谓语部分常重读，动词或形容词前的状语常重读，动词后面由形容词、动词及部分词组充当的补语常重读，名词前的定语常重读，有些代词也常重读。如：

小燕子在海面上斜掠着，浮憩着。（谓语）

我心里，有着说不出的兴奋和愉快。（定语）

这就是我——一个共产党员的自白。（指示代词）

值得注意的是，语法重音的强度并不十分强，只是同语句的其他部分相比较，读得比较重一些罢了。

（2）强调重音

强调重音指的是为了表示某种特殊的感情，强调某种特殊意义而故意说得重一些的音，目的在引起听者注意自己所要强调的某个部分。语句在什么地方该用强调重音并没有固定的规律，而是受说话的环境、内容和感情支配的。同一句话，强调重音不同，表达的意思也往往不同，例如：

我去过西藏。（回答“谁去过西藏”）

我去过西藏。（回答“你去没去过西藏”）

我去过西藏。（回答“北京、新疆、西藏等地，你去过哪儿?”）

因而，在朗诵时首先要认真钻研作品，正确理解作者意图，才能较快较准地找到强调重音之所在。

2. 强调重音的表现方法

重音的表现方法有很多种，常见的有以下三种情况：

（1）加强音量

即有意识地把某些词语读得重一些、响一些，使音量增强。

女孩穿过马路的时候，看见两辆马车冲过来，她赶紧避开，鞋跑掉了一只，怎么也找不着，另一只又叫一个男孩拾起来就拿着跑了。

（2）拖长音节

即有意将音节拖长一些，用延长音节的办法使重音突出。

太阳像负着什么重担似的，慢慢儿，一纵一纵地使劲向上升。

狂风吹不倒它，洪水淹不没它，严寒冻不死它，干旱旱不坏它。它只是一味地无忧无虑地生长。松树的生命力可谓强矣，松树要求于人的可谓少矣！

（3）重音轻读

表现重音，不一定非要增加音量，有时用减轻音量的方法，将重音低沉地轻轻吐出，效果反而会更好。一般在表达极为复杂而细腻的感情时，多用这种方法。

风一吹，芦花般的苇絮就飘飘悠悠地飞了起来。

我忍着笑，轻轻走过来。

真的，一直到现在，我实在再没有吃到那夜似的好豆，——也不再看到那夜似的好戏了。

（三）语速

语速是指说话或朗诵时每个音节的长短及音节之间连接的紧松。说话的速度是由说话人的感情决定的，朗诵的速度则与文章的思想内容相联系。思想感情的运动状态，是言语速度的根本。朗诵时，声音的抑扬顿挫、轻重缓急便叫节奏，它在声音表达过程中，呈现规律性的回环往复的特点，并且由原作品的思想感情所带动、与原作品的基调相一致。一般说来，热烈，欢快、兴奋、紧张的内容速度快一些；平静、庄重、悲伤、沉重、追忆的内容速度慢一些。而一般的叙述、说明、议论则用中速。语速的快慢表现在句中词或词组的停顿与相连上面，也表现在层次、段落的变换转折上面。

（四）语调

在汉语中，字有字调，句有句调。通常称字调为声调，是指音节的高低升降。句调则称为语调，是指语句的高低升降。语调由平升高，高亢激昂，称为“扬”；语调先平后降，低沉持重，称为“抑”；语调缺少变化，平缓舒展，称为“平”；语调升降频繁，起伏不定，称为“曲”。语调根据表示的语气和感情态度的不同，可分为四种：升调、降调、平调、曲调。

（1）升调（↑）。前低后高，语势上升。一般用来表示疑问、反问、惊异等语气。

（2）降调（↓）。前高后低，语势渐降。一般用于陈述句、感叹句、祈使句，表示肯定、坚决、赞美、祝福等感情。

（3）平调（→）。语势平稳舒缓，没有明显的升降变化，用于不带特殊感情的陈述和说明，还可表示庄严、悲痛、冷淡等感情。

（4）曲调。全句语调弯曲，或先升后降，或先降后升，往往把句中需要突出的词语拖长了念，这种句调常用来表示讽刺、厌恶、反语、意在言外等语气。

（五）节奏

节奏是指在朗读过程中由声音抑扬顿挫、轻重缓急而形成的回环往复的形式。常见的节奏类型有以下几种：

1. 轻快型

这种节奏语速较快，多扬少抑，多轻少重，声轻不着力，词语密度大，有时有跳越感。多用来描绘欢快、诙谐的情志。例如：

我爱看天上的一片云，那片白白的、会变的云。瞧它一会儿变成只小黄狗，摇着尾巴，追着太阳跑；一会儿变成一只小灰羊，在草原上撒欢儿跳高。

2. 沉稳型

这种节奏语势沉缓，多抑少扬，多重少轻，音强而着力，词语密度疏，常用来表现庄重，肃穆的气氛和悲痛、抑郁的情感。例如：

灵车队，万众心相随。哭别总理心欲碎，八亿神州泪纷飞。红旗低垂，新华门前洒满泪。E理万机的总理啊，您今晚几时回？

3. 舒缓型

这种节奏语速较缓，语势较平稳，声音轻柔而不着力，常常用来描绘幽静的场面和美丽的景色，也可以表现舒展的情怀。例如：

大海上一片静寂。在我们的脚下，波浪轻轻吻着岩石。像朦朦胧胧欲睡似的。在平静的深黯的海面上，月光劈开了一款狭长的明亮的云汀，闪闪地颤动着，银鳞一般。

4. 强疾型

这种节奏语速较快，多扬少抑，声音强劲而有力，常用来表现紧张急迫的情形和抒发激越的情怀。例如：

在苍茫的大海上，狂风卷集着乌云。在乌云和大海之间，海燕像黑色的闪电，高傲的飞翔。

一会儿翅膀碰着波浪，一会儿箭一般地直冲向乌云，它叫喊着，就在这勇敢的叫喊声里，乌云听出了欢乐。

以上四种节奏类型，只是大体的分类，每一种还可以再分小类，不再一一列举。在实际的朗读过程中，一篇作品的节奏不一定是单一的，往往随着内容情节的变化，节奏也会相应发生改变。因此在朗读过程中，节奏必须因文而异，切忌死板单一，一统到底。

资料超链接

“朗读”与“朗诵”的区别

一、含义不同

“朗读”是清晰响亮地把文章念出来，它本质上是一种“念读”，其主旨是将书面文字清晰准确地转换为相应的有声语言传递给听众，与朗诵相比，它不追求以情动人的艺术表达，而重在以义喻人，即追求听众对朗读文字全面、准确的理解与理智的思考。“朗诵”则是更高层次的朗读，是一种语言表述的艺术表现形式，要求对文章进行艺术处理，通过朗诵者借助语速、轻重、停顿等表达技巧，将朗诵材料转换为一种艺术表演，因此具有表演的成分。它呼唤的是听众的情感共鸣，追求的是使听众听之入耳、听之入心、听之动情的艺术感染力。

二、使用范围不同

朗读的使用范围较广，凡是文字读物都可以朗读。无论是诗、词、曲、赋，还是散文、小说、戏剧、相声；无论是记叙文、议论文、说明文，还是社论、新闻、打油诗、绕口令、家信、招聘广告、寻人启事、数学物理习题等等，无一不可读；而朗诵的使用范围则相对较窄，一般以诗歌和散文为主，少数的童话、小说和戏剧也可以朗诵。它对文稿的艺术特点有相对严格的要求，如寻人启事、数学物理习题可以朗读，但是如果是用来朗诵，听者就难以接受，并且会让人啼笑皆非。

三、所处的位置身份不同

朗读者所处的位置是本色化的，而朗诵者所处的位置是艺术化的。朗读进行时，朗读者所置身的位置没有变化，教室就还是教室，地头就还是地头。但是同样还是这些地方，朗诵者所置身的空间实际上发生了变化，有形无形地构成了一个“表演区”。这一块“表演区”的性质随着朗诵内容而发生“纵横千万里，上下数千年”的变化，并且听众往往自觉不自觉地避免进入“表演区”，以免干扰朗诵者的表演。因此，朗诵一般在舞台上，在大庭广众之中进行。朗读者的身份应该是朗读者自己，朗读者既不完全是文章作者的代表或化身，也不是演员；而朗诵作为一门表演艺术，朗诵者的身份是“演员”，是扮演成另一个“我”来抒情表意。

四、声音要求不同

朗读对声音再现的要求是接近自然化、本色化、生活化的，但它又不等同于日常生活中的日常口语。它比自然口语更准确、更生动、更典型、更具美感。它要求做到“不火不温、恰到好处”。过于夸张，容易给人装腔作势、假情假意的感觉；过于平淡，像“拉家常”一样，又显得乏味。正如齐越说“朗读要用接近于生活中自然谈话的语言，不要要求用一种不同于谈话的不自然的声音朗读，就是说，不要拿腔拿调”。徐世荣说“表情达意的语势有一定的限度，自然适当地读出轻重、疾徐、抑扬、顿挫等语调语气，却不过多做艺术夸张，是质朴平正，字字落实的朗读，而非意气纵横，声情起伏跌宕的表演”。而朗诵对声音再现的要求则应是风格化、个性化，甚至可以是戏剧化的。它要求朗诵者将自己对作品的体会，通过音量大小、音区高低、节奏张弛等方面的变化，正如叶圣陶所说“激昂处还他个激昂，委婉处还他个委婉”，凝结成一种独特的艺术感染力，深入并撼动听众的心灵。

五、规范程度不同

朗读以听者全面准确理解表述内容为即可，因此对朗读者的语音要求就没有那么严格。一般情况下，朗读者应当选用普通话，但在特定环境，在听众听得明白、能够准确理解的前提下方言朗读或穿插方言朗读是允许的。而朗诵注重以语言艺术魅力感染听众，一般要求必须用标准的普通话表达。这样才能够艺术地、完美地再现作品的内容。用方言朗诵，在绝大多数情况之下，听众是难以接受的。

六、态势不同

朗读一般是“念读”式的表达，可以手拿文稿进行，它对朗读者的形体、手势、眼神、表情等均无明确的要求。在态势上，可以站着读，可以走着读，可以坐着读，朗读的任务是传达而不是表演。而朗诵属于艺术性的表演，它要求在朗诵过程中，形体、手势、表情、眼神都应该和谐统一，协调配合，以强化艺术语言的艺术感染力，因此，朗诵必须脱稿站立表达，因为手持文稿不利于形态、体态与朗诵内容的协调配合，过多地看稿还会限制朗诵者的表情、眼神与听众之间的交流。

七、教育性不同

朗读的教育性主要体现在朗读的职能和使用的效果上。朗读作为一种教育形式，其主要作用是向听众传达作品的主要内容，通过作品中所蕴涵的思想性、知识性直接对听众进行思想教育和知识教育。而朗诵是一种“征服”的艺术，它借助于朗诵者独具魅力的音质音色、鲜明流畅的语流节奏、丰富熟练的语言技巧，为那些文学作品插上腾飞的翅膀，使它飞向听众的心中，震撼人们的心灵深处，产生一种勾魂摄魄的力量。这种强大的征服力，是朗诵的最高境界，也是朗诵艺术自身价值的充分体现。

沙场点兵

一、停顿练习

（一）朗读下面的句子，注意强调停顿。

（1）父亲，这个仇我一定要报。

（2）他使尽了全身的力气光荣地牺牲了。

（3）听到了这个不幸的消息，大家都难过得掉下泪来。

（二）朗读下面一段话，请注意强调停顿。

遵义会议纠正了在第五次反“围剿”斗争中所犯的“左倾”机会主义性质的严重的原则错误，团结了党和红军，使得党中央和红军主力胜利地完成了长征，转到了抗日的前沿阵地，执行了抗日民族统一战线的新政策。

（三）朗读郭小川《团泊洼的秋天》这首诗的最后三段，注意语法停顿和强调停顿。

请听听吧，这是战士一句句从心中掏出的话。

团泊洼，团泊洼，你真是那样静静的吗？是的，团泊洼是静静的，但那里时刻都会轰轰爆炸！

不，团泊洼是喧腾的，这首诗篇里就充满着嘈杂。

不管怎样，且把这矛盾重重的诗篇埋在坎下，它也许不合你秋天的季节，但到明春准会生根发芽！

二、重音练习

（一）根据括号内的要求，读出句子中的重音。

（1）我知道你爱看小说。（别以为我不知道）

（2）我知道你爱看小说。（爱不爱看诗歌我不知道）

（3）我知道你爱看小说。（别人爱不爱看我不知道）

（二）读出下列句子中词语的语法重音。

（1）设若单单是有阳光，那也算不了出奇。请闭上眼睛想：一个老城，有山有水，全在天底下晒着阳光，暖和安适地睡着，只等春风来把它们唤醒，这是不是个理想的境界？

（2）一切都像刚睡醒的样子，欣欣然张开了眼。

（3）豪迈粗犷的动作变化，刚劲奔放的雄浑舞姿，充分体现着陕北高原民众憨厚朴实、悍勇威猛的个性。安塞腰鼓是黄河文化的组成部分，是陕北汉子剽悍、虎劲、牛劲的体现，极具民族风格和地域特色。

（三）读出下面段落中的强调重音。

但是，我还有要说的话。

我没有亲见；听说，她，刘和珍君，那时是欣然前往的。自然，请愿而已，稍有人心者，谁也不会料到有这样的罗网。但竟在执政府前中弹了，从背部入，斜穿心肺，已是致命的创伤，只是没有便死。同去的张静淑君想扶起她，中了四弹，其一是手枪，立仆；同去的杨德群君又想去扶起她，也被击，弹从左肩入，穿胸偏右出，也立仆。但她还能坐起来，一个兵在她头部及胸部猛击两棍，于是死掉了。

始终微笑的和蔼的刘和珍君确是死掉了，这是真的，有她自己的尸骸为证；沉勇而友爱的杨德群君也死掉了，有她自己的尸骸为证；只有一样沉勇而友爱的张静淑君还在医院里呻吟。当三个女子从容地转辗于文明人所发明的枪弹的攒射中的时候，这是怎样的一个惊心动魄的伟大呵！中国军人的屠戮妇婴的伟绩，八国联军的惩创学生的武功，不幸全被这几缕血痕抹杀了。

但是中外的杀人者却居然昂起头来，不知道个个脸上有着血污……。

三、语速练习

下面是鲁侍萍回忆往事的话，鲁侍萍的怨愤之情由克制到逐渐显露，说话的语气和态度也起了变化，试用不同的语速加以表达。

周：梅家的一个年轻小姐，很贤慧，也很规矩。有一天夜里，忽然地投水死了。后来，后来——你知道吗？（慢速。周朴园故作与鲁侍萍闲谈状，以便探听一些情况。）

鲁：这个梅姑娘倒是有一天晚上跳的河，可是不是一个，她手里抱着一个刚生下三天的男孩，听人说她生前是不规矩的。（慢速，侍萍回忆悲痛的往事，又想极力克制怨愤，以免周朴园认出。）

鲁：我前几天还见着她！（中速）

周：什么？她就在这儿？此地？（快速。表现周朴园的吃惊与紧张）

鲁：老爷，您想见一见她么？（慢速。鲁故意试探）

周：不，不，不用。（快速。表现周朴园的慌乱与心虚。）

周：我看过去的事不必再提了吧。（中速）

鲁：我要提，我要提，我闷了三十年了！（快速，表现鲁侍萍极度的悲愤以至几乎喊叫）

四、语调练习

（一）朗读下面的句子，根据提示读出适当语调。

（1）当年毛委员和朱军长带领队伍下山去挑粮食，不就是用这样的扁担吗？（升调，表示疑问）

（2）盼望着，盼望着，东风来了，春天的脚步近了。（降调，表示肯定）

（3）我家的后面有一个很大的花园，相传叫百草园。（平调，叙述、说明）

（4）这真是所谓“你不说我还明白，你越说我越糊涂了”……（曲调，揶揄语气）

（二）朗诵叶挺的《囚歌》，注意语调的处理。

为人进出的门紧锁着，（→平调）（冷眼相看）

为狗爬出的洞敞开着（→平调）

一个声音高叫着：（曲调）（嘲讽）

——爬出来吧，给你自由！（曲调）（诱惑）

我渴望自由，（→）（庄严）

但我深深地知道——（→平调）

人的身躯怎能从狗洞子里爬出！（↑升调）（蔑视、愤慨、反击）

我希望有一天（→平调）

地下的烈火，（稍向上扬）（语意未完）

将我连这活棺材一齐烧掉（↓降调）（毫不犹豫）

我应该在烈火与热血中得到永生！（↓降调）（沉着、坚毅、充满自信）

附录：朗诵材料

一、现代诗歌

当你老了

威廉·巴特勒·叶芝

当你老了，白发苍苍，睡意朦胧，
在炉前打盹，请取下这本诗篇，
慢慢吟咏，梦见你当年的双眼
那柔美的光芒与青幽的晕影；

多少人真情假意，爱过你的美丽，
爱过你欢乐而迷人的青春，
唯独一人爱过你朝圣者的心，
爱你日益凋谢的脸上的哀戚；

当你佝偻着，在灼热的炉栅边，
你将轻轻诉说，带着一丝伤感，
逝去的爱，如今已步上高山，
在密密星群里埋藏着它的赧颜。

渡口

席慕容

让我与你握别
再轻轻抽出我的手
知道思念从此生根
浮云白日山川庄严温柔
让我与你握别
再轻轻抽出我的手
华年从此停顿
热泪在心中汇成河流
是那样万般无奈的凝视
渡口旁找不到一朵可以相送的花
就把祝福别在襟上吧
而明日
明日又隔天涯

雪花的快乐

徐志摩

假若我是一朵雪花
翩翩的在半空里潇洒
我一定认清我的方向
——飞扬，飞扬，飞扬
这地面上有我的方向
不去那冷寞的幽谷
不去那凄清的山麓
也不上荒街去惆怅
——飞扬，飞扬，飞扬
——你看，我有我的方向
在半空里娟娟的飞舞
认明了那清幽的住处
等着她来花园里探望
——飞扬，飞扬，飞扬
——啊，她身上有朱砂梅的清香
那时我凭藉我的身轻
盈盈的，沾住了她的衣襟
贴近她柔波似的心胸
——消溶，消溶，消溶
——溶入了她柔波似的心胸

旅行

汪国真

凡是遥远的地方
对我们都有一种诱惑
不是诱惑于美丽
就是诱惑于传说
即使远方的风景
并不尽如人意
我们也无需在乎
因为这实在是一个

迷人的错
仰首是春　俯首是秋
愿所有的幸福都追随着你
月圆是画　月缺是诗

雨巷

戴望舒

撑着油纸伞，独自
彷徨在悠长、悠长
又寂寥的雨巷
我希望逢着
一个丁香一样地
结着愁怨的姑娘

她是有
丁香一样的颜色
丁香一样的芬芳
丁香一样的忧愁
在雨中哀怨
哀怨又彷徨

她彷徨在这寂寥的雨巷
撑着油纸伞
像我一样
像我一样地
默默彳亍着
寒漠、凄清，又惆怅

她默默地走近
走近，又投出
太息一般的眼光
她飘过
像梦一般地
像梦一般地凄婉迷茫

像梦中飘过
一枝丁香地
我身旁飘过这女郎
她静默地远了、远了
到了颓圮的篱墙
走尽这雨巷

在雨的哀曲里
消了她的颜色
散了她的芬芳
消散了，甚至她的
太息般的眼光
丁香般的惆怅

撑着油纸伞，独自
彷徨在悠长、悠长
又寂寥的雨巷
我希望飘过
一个丁香一样地
结着愁怨的姑娘

沁园春·雪

毛泽东

北国风光，千里冰封，万里雪飘。
望长城内外，惟余莽莽；
大河上下，顿失滔滔。
山舞银蛇，原驰蜡象，
欲与天公试比高。
须晴日，看红装素裹，分外妖娆。

江山如此多娇，引无数英雄竞折腰。
惜秦皇汉武，略输文采；
唐宗宋祖，稍逊风骚。

一代天骄，成吉思汗，
只识弯弓射大雕。
俱往矣，数风流人物，还看今朝。

错误

郑愁予

我打江南走过
那等在季节里的容颜如莲花的开落

东风不来，三月的柳絮不飞
你底心如小小寂寞的城
恰若青石的街道向晚
跫音不响，三月的春帷不揭
你底心是小小的窗扉紧掩

我达达的马蹄是美丽的错误
我不是归人，是个过客……

风铃

余光中

我的心是七层塔檐上悬挂的风铃
叮咛叮咛咛
此起彼落　敲叩著一个人的名字
——你的塔上也感到微震吗？
这是寂静的脉搏　日夜不停
你听见了吗　叮咛叮咛咛？
这恼人的音调禁不胜禁
除非叫所有的风都改道
铃都摘掉　塔都推倒

只因我的心是高高低低的风铃
叮咛叮咛咛
此起彼落
敲叩著一个人的名字

二、散文

爱

张爱玲

这是真的。

有个村庄的小康之家的女孩子，生得美，有许多人来做媒，但都没有说成。

那年她不过十五六岁吧，是春天的晚上，她立在后门口，手扶着桃树。她记得她穿的是一件月白的衫子。对门住的年轻人同她见过面，可是从来没有打过招呼的，他走了过来，离得不远，站定了，轻轻的说了一声：“噢，你也在这里吗?”她没有说什么，他也没有再说什么，站了一会，各自走开了。

就这样就完了。

后来这女子被亲眷拐子卖到他乡外县去作妾，又几次三番地被转卖，经过无数的惊险的风波，老了的时候她还记得从前那一回事，常常说起，在那春天的晚上，在后门口的桃树下，那年轻人。

于千万人之中遇见你所遇见的人，于千万年之中，时间的无涯的荒野里，没有早一步，也没有晚一步，刚巧赶上了，那也没有别的话可说，惟有轻轻的问一声：“噢，你也在这里吗?”

匆匆

朱自清

燕子去了，有再来的时候；杨柳枯了，有再青的时候；桃花谢了，有再开的时候。但是，聪明的，你告诉我，我们的日子为什么一去不复返呢？——是有人偷了他们罢：那是谁？又藏在何处呢？是他们自己逃走了：现在又到了哪里呢?

我不知道他们给了我多少日子；但我的手确乎是渐渐空虚了。在默默里算着，八千多日子已经从我手中溜去；像针尖上一滴水滴在大海里，我的日子滴在时间的流里，没有声音也没有影子。我不禁头涔涔而泪潸潸了。

去的尽管去了，来的尽管来着，去来的中间，又怎样的匆匆呢？早上我起来的时候，小屋里射进两三方斜斜的太阳。太阳他有脚啊，轻轻悄悄地挪移了；我也茫茫然跟着旋转。于是——洗手的时候，日子从水盆里过去；吃饭的时候，日子从饭碗里过去；默默时，便从凝然的双眼前过去。我觉察他去的匆匆了，伸出手遮挽时，他又从遮挽着的手边过去，天黑时，我躺在床上，他便伶伶俐俐地从我身边跨过，从我脚边飞去了。等我睁开眼和太阳再见，这算又溜走了一日。我掩着面叹息。但是新来的日子的影儿又开始在叹息里闪过了。

在逃去如飞的日子里，在千门万户的世界里的我能做些什么呢？只有徘徊罢了，只有匆匆罢了；在八千多日的匆匆里，除徘徊外，又剩些什么呢？过去的日子如轻烟却被微风吹散了，如薄雾，被初阳蒸融了；我留着些什么痕迹呢？我何曾留着像游丝样的痕迹呢？我赤裸裸来到这世界，转眼间也将赤裸裸地回去罢？但不能平的，为什么偏要白白走这一遭啊？

你聪明的，告诉我，我们的日子为什么一去不复返呢？

青虫之爱

毕淑敏

大家不止一次地想法治她这个毛病。早春天，男生把飘落的杨花坠，偷偷地夹在她的书页里。待她走进教室，翻开书，眼皮一翻，身子一软，就悄无声息地瘫到桌子底下了。从此再不敢锻炼她。

许多年过去，各自都成了家，有了孩子。一天，她到我家中做客，我下厨，她在一旁帮忙。我择柿子椒的时候，突然钻出一条青虫，胖如蚕豆，背上还长着簇簇黑刺。我下意识地将半个柿子椒像着了火的手榴弹扔出老远。然后用杀虫剂将那虫子扑死，才想起酷怕虫的女友，未曾听到她惊呼，该不是吓得晕厥过去了吧？

回头寻她，只见她神态自若地看着我，淡淡说，一条小虫，何必如此慌张。我比刚才看到虫子还愕然地说，啊，你居然不怕虫子了？吃了什么抗过敏药？

女友苦笑说，怕还是怕啊。只是我已经练得能面不改色，一般人绝看不出破绽。你知道我为什么怕虫子吗？我撇撇嘴说，我又不是你妈，我怎么会知道啊！

女友说，你可算说到点子上了，怕虫就是和我妈有关。我小的时候，有一次叫虫蛰了。从此以后我妈只要看到我的身旁有虫子，就大喊大叫地吓唬我……一来二去的，我就成了条件反射，看到虫子，真魂出窍。

后来如何好的呢？我追问。

女友说别急，听我慢慢说。有一天，我抱着女儿上公园，那时她刚刚会讲话。我们在林荫路上走着，突然她说，妈妈……头上……她说着，把一缕东西从我的发上摘下，托在手里，邀功般地给我看。

我定睛一看，魂飞天外——一条五彩斑斓的虫子，在女儿的小手内，显得狰狞万分。

我第一个反应是要像以往一样昏倒，但是我倒不下去，因为我抱着我的孩子。如果我倒了，就会摔坏她。第二个反应是想撕肝裂胆地叫一声。但我立即想到，万万叫不得。我一喊，就会吓坏了我的孩子。于是我硬是把喷到舌尖的叫，咽了下去。如果我害怕，把虫子丢在地上，女儿一定从此种下了虫可怕的印象。在她的眼中，妈妈是无所不能无所畏惧的，如果有什么东西把妈妈吓成了这个样子，那这东西一定是极其可怕的。

我颤颤巍巍地伸出手，长大以后第一次把一只活的虫子，捏在手心，翻过来掉过去地观赏着那虫子，还假装很开心地咧着嘴，因为女儿正在目不转睛地看着我呢。那一刻，真比百年还难熬。女儿清澈无瑕的目光笼罩着我，我不能有丝毫的退缩，我不能把我病态的恐惧传给她……

不知过了多久，我把虫子轻轻地放在了地上，我对女儿说，这是虫子。虫子没什么可怕的。有的虫子有毒，你别用手去摸。不过，大多数虫子是可以摸的……

那只虫子，就在地上慢慢地爬远了。女儿还对它扬扬小手，说“拜……”。我抱起女儿，半天一步都没有走动。衣服早已被黏黏的汗浸湿。

女友说完，好久好久，厨房里寂静无声。我说，原来你的药，就是你的女儿给你的啊。

女友纠正道，我的药，是我给我自己的，那就是对女儿的爱。

冬天

朱自清

说起冬天，忽然想到豆腐。是一“小洋锅”（铝锅）白煮豆腐，热腾腾的。水滚着，像好些鱼眼睛，一小块一小块豆腐养在里面，嫩而滑，仿佛反穿的白狐大衣。锅在“洋炉子”（煤油不打气炉）上，和炉子都熏得乌黑乌黑，越显出豆腐的白。这是晚上，屋子老了，虽点着“洋灯”，也还是阴暗。围着桌子坐的是父亲跟我们哥儿三个。“洋炉子”太高了，父亲得常常站起来，微微地仰着脸，觑着眼睛，从氤氲的热气里伸进筷子，夹起豆腐，一一地放在我们的酱油碟里。我们有时也自己动手，但炉子实在太高了，总还是坐享其成的多。这并不是吃饭，只是玩儿。父亲说晚上冷，吃了大家暖和些。我们都喜欢这种白水豆腐；一上桌就眼巴巴望着那锅，等着那热气，等着热气里从父亲筷子上掉下来的豆腐。

又是冬天，记得是阴历十一月十六晚上，跟S君P君在西湖里坐小划子。S君刚到杭州教书，事先来信说：“我们要游西湖，不管它是冬天。”那晚月色真好，现在想起来还像照在身上。本来前一晚是“月当头”；也许十一月的月亮真有些特别吧。那时九点多了，湖上似乎只有我们一只划子。有点风，月光照着软软的水波；当间那一溜儿反光，像新砑的银子。湖上的山只剩了淡档的影子。山下偶尔有一两星灯火。S君口占两句诗道：“数星灯火认渔村，淡墨轻描远黛痕。”我们都不大说话，只有均匀的桨声。我渐渐地快睡着了。P君“喂”了一下，才抬起眼皮，看见他在微笑。船夫问要不要上净寺去；是阿弥陀佛生日，那边蛮热闹的。到了寺里，殿上灯烛辉煌，满是佛婆念佛的声音，好像醒了一场梦。这已是十多年前的事了，S君还常常通着信，P君听说转变了好几次，前年是在一个特税局里收特税了，以后便没有消息。

在台州过了一个冬天，一家四口子。台州是个山城，可以说在一个大谷里。只有一条二里长的大街。别的路上白天简直不大见人；晚上一片漆黑。偶尔人家窗户里透出一点灯光，还有走路的拿着的火把；但那是少极了。我们住在山脚下。有的是山上松林里的风声，跟天上一只两只的鸟影。夏末到那里，春初便走，却好像老在过着冬天似的；可是即便真冬天也并不冷。我们住在楼上，书房临着大路；路上有人说话，可以清清楚楚地听见。但因为走路的人太少了，间或有点说话的声音，听起来还只当远风送来的，想不到就在窗外。我们是外路人，除上学校去之外，常只在家里坐着。妻也惯了那寂寞，只和我们爷儿们守着。外边虽老是冬天，家里却老是春天。有一回我上街去，回来的时候，楼下厨房的大方窗开着，并排地挨着她们母子三个；三张脸都带着天真微笑地向着我。似乎台州空空的，只有我们四人；天地空空的，也只有我们四人。那时是民国十年，妻刚从家里出来，满自在。现在她死了快四年了，我却还老记着她那微笑的影子。

无论怎么冷，大风大雪，想到这些，我心上总是温暖的。

苦瓜

肖复兴

原来我家有个小院，院里可以种些花草和蔬菜。这些活儿，都是母亲特别喜欢做的。把那些花草蔬菜侍弄得姹紫嫣红，像是给自己的儿女收拾得眉清目秀，招人眼目，母亲的心里很舒坦。

那时，母亲每年都特别喜欢种苦瓜。其实这么说并不准确，是我特别喜欢苦瓜。刚开始，是我从别人家里要回苦瓜籽，给母亲种，并对她：“这玩艺儿特别好玩，皮是绿的，里面的瓤和籽是红的！”我之所以喜欢苦瓜，最初的原因是它里面瓤和籽格外吸引我。苦瓜结在架上，母亲一直不摘，就让它们那么老着，一直挂到秋风起时，越老，它们里面的瓤和籽越红，红得像玛瑙、像热血、像燃烧了一天的落日。当我掰开苦瓜，兴奋地将这两片像船一样而盛满了鲜红欲滴的瓤和籽的瓜时，母亲总要眯缝起昏花的老眼看着，露出和我一样喜出望外的神情，仿佛那是她的杰作，是她才能给予我的欧·亨利式的意外结尾，让我看到苦瓜最终具有了这一朝阳般的血红和辉煌。

以后，我发现苦瓜做菜其实很好吃。无论做汤，还是炒肉，都有一种清苦味。那苦味，格外别致，既不会传染给肉或别的菜，又有一种苦中蕴含的清香，和苦味淡去的清新。

像喜欢院子里母亲种的苦瓜一样，我喜欢上了苦瓜这一道菜。每年夏天，母亲经常都会从小院里摘下沾着露水珠的鲜嫩的苦瓜，给我炒一盘苦瓜青椒肉丝。它成了我家夏日饭桌上一道经久不衰的家常菜。

自从这之后，再见不到苦瓜瓤和籽鲜红欲滴的时候，是因为再等不到那个时候了。

这样的菜，一直吃到我离开了小院，搬进了楼房。住进楼房，依然爱吃这样的菜，只是再吃不到母亲亲手种、亲手摘的苦瓜了，只能吃母亲亲手炒的苦瓜了。

一直吃到母亲六年前去世。

如今，依然爱吃这样的菜，只是母亲再也不能为我亲手到厨房去将青嫩的苦瓜切成丝，再掂起炒锅亲手将它炒熟，端上自家的餐桌了。

因为常吃苦瓜，便常想起母亲。其实，母亲并不爱吃苦瓜。除了头几次，在我一再的怂恿下，勉强动了几筷子，皱起眉头，便不再问津。母亲实在忍受不了那股异样的苦味。她说过，苦瓜还是留着看红瓤红籽好。可是，每年夏天当苦瓜爬满架时，她依然为我清炒一盘我特别喜欢吃的苦瓜肉丝。

最近，看了一则介绍苦瓜的短文，上面有这样一段文字："苦瓜味苦，但它从不把苦味传给其他食物。用苦瓜炒肉、焖肉、炖肉，其肉丝毫不沾苦味，故而人们美其名曰，'君子菜'。"不知怎么搞的，看完这段话，让我想起母亲。

第二节 吟诵

一、吟诵概说

（一）吟诵的含义

吟诵简单来说就是依字调行腔韵来读诗文或散文。吟诵，是汉文化圈中的人们诵读汉语诗文的传统方式，有着两千年以上的历史，代代相传，人人皆能，在历史上起到过极其重要的社会作用，有着重大的文化价值。汉语的诗词文赋，大部分是使用吟诵的方式创作的，所以也只有通过吟诵的方式，才能深刻体会其精神内涵和审美韵味，因而吟诵也是汉语诗文的活态。吟诵的方法分两大类，有格律者（近体诗词曲、律赋、骈文、时文等）为一类，依格律而吟诵；无格律者（古体诗、古文等）为一类，多有上中下三个调，吟诵时每句或做微调，组合使用，以求体现诗情文气。

抛砖引玉

你能根据叶嘉莹先生的这两段话说一说你对吟诵的理解吗？

“吟诵是一种介于诵读与歌唱之间的汉语古典文学作品口头表现艺术方式，既遵循语言的特点，又根据个人的理解，依循作品的平仄音韵，把诗中的喜怒哀乐、感情的起伏变化，通过自己抑扬亢坠的声调表现出来，突出其中的逻辑关系、思想情感，比普通朗诵要细化、充分得多，是一种细读的、创造性的、回味式的读书方法和表达方式，是文学、音乐、语言的综合体，是我们宝贵的非物质文化遗产。”①

“吟诵本身即是一种美——古诗词文音律美的享受，由于古诗词文的语言非常讲究完美，声音的高下、长短、疾徐、抑扬、顿挫及其变化，所以原来就有一定的音乐性，用传统的方法吟诵，是根据作品音节安排的特点来行腔使调，能充分显示出作品原有的音乐性，人们称吟诵为‘美读’，就是这个道理。”②

（二）吟诵的价值

（1）吟诵是中国汉语古诗文的活态，是传承中国文化精神的重要手段。吟诵是传承中国文化精神的重要方式之一。在吟诵中，存在了很多语言本身所不具有的意义，这些意义是附着在诗文之中一起流传下来的。吟诵包含着中国文化精神的深层次精髓，无处不表达着中国文化对于世界和人生的理解和看法。古人所呈现出的心态、情感和意境，只有在吟诵的时候最为接近，也最能体味出来。不去吟诵古诗文，就无法体会感知到古诗文原有的魅力。吟诵的若干方法，以及经过吟诵所证明的诗文，都能够深层次地表现出中国文化的精神本质，对学生有潜移默化的作用。

（2）吟诵是中国诗乐传统的核心，具有极高的学术价值和研究价值。中国古代一直以诗乐为一家，因此被称为中国的诗乐传统。在中国的诗乐传统之中，最重要的一个部分就是吟诵传统。因为并不是所有的诗都是能够唱出来的，但所有的诗文在吟诵这里，都是入乐了的。它是语言、音乐和诗歌最

① 《著名学者叶嘉莹领衔中华吟诵活动》，《语文教学与研究》2011 年第 13 期。
② 《著名学者叶嘉莹领衔中华吟诵活动》，《语文教学与研究》2011 年第 13 期。

紧密结合的地方，能够恰到好处地解释“语言—音乐—诗歌”之间的关系。因此能够证明诗歌的意义与语言的意义到底有什么样的差异，为什么会有差异，怎样确定这种差异。在古代，诗人也是音乐家，每一个人都能够用音乐抒发自己的感情。而现代的西方文化将音乐变成了职业，大众只能够欣赏，而远离了创作，大家只会也只能唱别人的歌。因此，抢救和恢复中国吟诵传统，能够让大家回到古代那种气氛之中去，人人都能开口唱，并且每一个人都能唱出自己独特的曲调，和而不同。

（3）吟诵是培养个人道德情操行之有效的方法。吟诵的方法和内容之中都包含着中国文人优秀的品格，中国文人正直、自信、高尚、关注生命与社会的意识，都值得我们去学习。

二、吟诵基础知识①

（一）识字

识字为吟诵的第一要务。这里所说的识字，并不是蒙童的“初识文字”，而是从音节上认识其音乐属性，即辨别平仄、掌握韵字；从文义上和吟诵规矩上了解古今音异，即辨别古音、掌握破读等等。

1. 平仄

字音有声调变化是汉语的特征之一，现代汉语是这样的，古代汉语（至少是中古汉语）也是这样。古人把汉字高低长短的语音特点，概括为平、上、去、入“四声”。此四声与普通话的四声一个重要区别就是存在入声。汉语古今语音变化很大，由于古代的入声字，在普通话里很大一部分已经派入了阴平声、阳平声了，所以今天很多人已经不知道入声这样一个声调了。如果不分辨入声字，仅以普通话规定的读音来吟诵古代诗词，则诗词中很多仄声的音节就变成了平声字，就破坏了诗词原有的音律和谐之美。以杜甫七律《闻官军收河南河北》一诗的后四句为例：

白日放歌须纵酒，青春作伴好还乡。

即从巴峡穿巫峡，便下襄阳向洛阳。

其中的“白”、“日”“作”“即”“峡”是入声字。尾联“即从巴峡穿巫峡”一句的平仄格律为“平平仄仄平平仄”，是非常严整的律句，若用普通话标准音来读，则成了“平平平平平平平”的全平句，这对律诗来说是绝对不允许的，音节上也十分难听。

那么入声到底应该怎样读呢？《康熙字典》的卷首，录有明代真空和尚

① 张本义：《吟诵拾阶》，广西师范大学出版社2013年版，第13—43页。

《玉钥匙门法》，也就是区分四声法歌诀：

平声平道莫低昂，上声高呼猛烈强。

去声分明哀道远，入声短促急收藏。

据统计，派入普通话平声的入声字有四百多个，下面给大家介绍两个掌握这些入声字的规律。

（1）判断是入声字：

①b、d、g、j、zh、z 六个声母的阳平字都是古入声字。如白、泊、鼻、答、碟、各、国、及、节、决、直、炸、哲、杂、泽、昨等都是古入声字。

②fa、fo 音的字，不论属于哪一声调，都是古入声字。如伐、阀、罚、法、佛。

③d、t、z、c、s 与韵母 e 相拼，不论是哪一个声调的字，都是古入声字。如得、德、忑、特、乐、勒、侧、策、塞、啬、色等。

④zh、ch、sh、r 和韵母 uo 相拼，不论哪一声调的字，都是古入声字。如卓、桌、酌、戳、绰、说、硕、若、弱等。

⑤b、p、m、d、t、n、l 与韵母 ie 相拼，不论是哪一声调的字，都是古入声字（爹除外），如憋、别、瘪、撇、灭、蔑、跌、碟、叠、帖、铁、捏、聂、烈、列、裂等。

⑥韵母为 ue 的汉字，除了“嗟 juē”、“瘸 qué”“靴 xuē”外，都是古入声字。如虐、略、掠、绝、爵、缺、阙、缺、薛、雪、血、越、乐、月等。

⑦g、k、h、z、s、d 与韵母 ei 相拼，不论哪个声调的汉字，都是古入声字。如给、克、黑、贼、塞、得等。

（2）判断不是古入声字：

①普通话中凡带 －n、－ng 韵尾的字，都不是古入声字。

②z、c、s，与韵母 i 相拼，都不是古入声字。

③以 er 为韵母者，都不是古入声字。

④以 uei 为韵母者，都不是古入声字。

⑤鼻音 m、n，边音 l、r，这四个声母的阴平、阳平、上声字，不是古入声字。

2. 韵字

韵是指一个汉字的音节线性序列中除声母以外的部分。押韵是中国诗词形式上的一个特色。也就是让同韵母的字有规律地出现在诗词的每句、或隔句（甚至相隔数句）指定位置（一般在尾部），吟诵时产生回环往复和前后呼应的音乐之美。如明代张煌言的《将入武林》：

国亡家破欲何之？西子湖头有我师。

日月双悬于氏墓，乾坤半壁岳家祠。
惭将赤手分三席，敢为丹心借一枝。
他日素车东浙路，怒涛岂必尽鸱夷！

诗中“之”“师”“祠”“枝”“夷”都是押韵的。

在这里我们要特别强调的是叶音，也称为叶韵，是古代的一种特殊音注，是关于字韵的问题，对诗歌吟诵很重要。六朝时，有些学者因按照当时的语音读《诗经》，感到好多诗句韵脚不谐，便以为作品中某些字须改读，成为叶音。我们以杜牧的《山行》来解释一下这个问题。

远上寒山石径斜，白云深处有人家。
停车坐爱枫林晚，霜叶红于二月花。
——杜牧《山行》

“斜”若依普通话读音是“xié”，则与“家”、“花”不押韵，则须依传统叶读为“xiá”。

那么，当我们在吟诵时，如何判断哪个字该叶读呢？具体的判断方法是没有的，需要多多吟诵，在实践中积累。

3. 破读

破读又称异读、读破或勾破。有的汉字除了常见的音节之外，还有一种甚至多种读音。几千年来，中国读书人，都在用破读的方法写作和吟诵诗文、传承文脉。如《弟子规》中的“出必告，反必面”，中的“告”在这里不读常音 gào，而读作 gù，这就是所谓的破读。此处“告”字破读，则有了请求的意思。外出必先向父母请示，这才符合礼的要求，而不同于一般知照的“相告”。

古诗之破读，无规律可循。只要多加记诵，用心查阅，自然融会贯通，日积月累，即可了然于胸。

（二）用字

1. 依字行腔

所谓依字行腔，即要求吟诵者按照诗文字词的本音，以平长仄短，平低仄高的方式，还原诗文的音节。吟诵旋律的生发，也是由于字词固有音节的平仄组合，加上节奏与词义所致。换句话说，即字词是“母”，旋律是“子”。不能以字音去服从特定的音律，颠倒母子关系。也只有如此，才能做到字正腔圆。字正，是指在行腔时，不能为了行腔的需要，将字的本音随预先设定的声调旋律进行。如此以致所发出的音调根本不是字词原有的音节，听者无法知道吟诵和唱歌的内容是什么，也就是俗称的“倒字”。腔圆，即吟诵字词时，必须利用反切方法，将诗文字词的字头和字尾完全唱出。吟诵时若能做到“腔圆”，则其音节亦必然浑厚饱满，有韵味。要想把每个字唱得字正腔圆，达到“累累乎端如贯珠”的妙境，就得照顾到每个字的头、腹、尾，使这三个部分似断还连，融为一体。

2. 文读

古典诗词文赋都是文言作品。所谓文言，即是以古代汉语为基础，经过加工的书面语，不同于口语白话。文言的特点一是简洁，二是严谨，三是规范，四是美化。因此，按照传统文读的方法加以吟诵，格外高雅动听，被称为诵读。文读不仅讲究平仄音节，多用古音，强调节奏，还必须在行腔时“拿腔作调”。传统吟诵受语言因素制约，各地呈现不同的面貌，即使是旋律性较差的吟诵，在讲求格调上也一点不含糊，因为它是文人高雅的行事之一。但凡好的吟诵，必努力追求高古之气，而“文读”恰能体现冲和典雅的气象。

三、吟诵的要求

（一）吟诵的初级要求

（1）平长仄短。其中平声指一、二声，仄声是三、四声。平长仄短，即：近体诗、词、曲、文，吟诵的时候，偶位字的平声字和押韵的字要拖长，其余的字不拖长。比如：朝辞——白帝彩云——间——，千里江陵——一日还——，两岸猿声——啼不住，轻舟——已过万重——山——。具体来说，五言诗歌以四行为一组，若为平起诗（即第一行第二个字为平声），则第一、四行第二个字拖长，第二、三行第四个字拖长。若为仄起诗，则相反。七言诗歌以四行为一组，若为平起诗，则第一、四行二、六字拖长，第二、三行第四个字拖长。若为仄起诗，则相反。

需要注意的是：第一除入声字外所有行的尾韵拖长，第二入声字在古代有许多，例如月等，必须读的短而快。

（2）依字行腔。即按照字音的声调来决定旋律曲调，不能“倒字”。所谓“倒字”，就是听起来这个字的声调与它本来应该的声调不一致了。中国所有的传统音乐都称依字行腔，而唯有吟诵最严。吟诵力求把每个字的含义表达得最清楚，所以与字音最贴近。因此，吟诵调一般也是比较简单的结构，易学易记。

（3）文读语音。普通话吟诵基本上都是按照普通话的声、韵、调来吟诵的。但是，并不是所有的字音都按现代汉语的普通话来读，部分字音需要文读。文读是吟诵的传统，就是某些字要按照古音或者官话来读。普通话的文读分三种情况：一是入声字要读短音。二是韵字一定要押韵。因为古今语音的变化，某些句尾押韵的字已经不押韵了，但是吟诵的时候，要尽量参照古音使之押韵。三是个别字要文读，这种字都是传统上就要文读的，比如“秋思”的“思”读四声，“遥看瀑布”的“看”读一声等，这些读音往往与平仄格律有关，读错了就乱了格律，失了韵味。所以吟诵是必须文读的，这样才能最接近诗文的原貌。南方方言各有文读语音系统。北方也有，而又以入声字的处理最为突出。综合以往的情况，可知当代的新吟诵，也须文读。

符合此三条要求的，方为吟诵。掌握此方法的人，可以吟诵任何作品。

（二）吟诵的中级要求

（1）运气发声。吟诵当使用腹式呼吸，以丹田气发声，因而气度平和，意蕴深广，有彬彬君子之风。

（2）腔音唱法。腔音是中国音乐体系的特征，与西方音乐体系相反。吟诵时要学会控制自己的音量，随时变化大小，声断意连，以传情达意。同时，音高也要随时变化，一方面依字行腔，用这种腔音表示字音的声调，另一方面也是在表达情感。要想学好腔音，可以多听听自己喜欢的戏曲和说唱曲艺，他们都是腔音唱法。吟诵的发声是最自然的，怎么说话就怎么吟诵。千万不要学西方的美声式唱法，也不要学流行歌曲的平板式唱法，因为我们汉语是旋律型声调语言，汉语的传情达意，全在开合、声调、音量的婉转变化上。

（3）摇头摆身。吟诵者不可僵立不动，感情到处，自然有体态。摇摆不是匀速的，而是体现着吟诵者对声音的高低、强弱、疾徐、曲直的控制，如声音大时向后，声音小时向前。因为是腔音唱法，所以体态的变化多是柔和的，因而以摇为主。

做到这三条，其吟诵方有味道。

（三）吟诵的高级要求

（1）情通古人。吟诵就是反复琢磨作者的原意，体会诗文的含义。终有一天，豁然贯通，与作者之心越千百年而相通，此篇之吟诵始成。

（2）自成曲调。某些特别有感觉的篇目，才会反复吟诵，终至情通古人，而此时此篇的吟诵调，定与基本调有了比较多的差异，而只适用于此篇。

（3）修身养性。吟诵者把吟诵作为自娱、学习、健身的手段，成为生活的不可或缺的一部分，此时吟诵对于身心健康、养气养性，都有重要的作用。

做到这三条，吟诵方至化境，为人生一大乐事也。

资料超链接

一、吟诵与国学教育

一个民族的立身之本，在于语言、哲学、宗教。而目前中国的传统文化教育，于哲学和宗教几乎谈不上，不做系统传授，而系统传授的，往往是艺术、技术之类。对待西方文化也是同样，只教技能，不讲思想精神。只有一个汉语，还在代代相传，是为中国人的凝聚力之根。但是破坏汉语的现象也比比皆是。汉语语感的丧失，也是颇可担心之事。古典诗词文赋，而用西方现代的朗诵法读之，是为一例。古诗有音韵之美，有平仄、长短、高下、清浊、轻重、疾徐等等相间之妙；有平水一百零六韵各韵情绪之别；有唇、齿、舌、喉、鼻各声母风格之异；有平上去入各分阴阳八调神态之分，种种美妙神韵，如今有谁还讲？只把文学当文字看待，只解释语词的内容，分析社会的背景，于形式之意，全然不顾。那还是文学吗？试想为什么现代白话文很少有人背得过？如今信息爆炸，每天的白话文如尘埃满世，但哪个能让人记住？因为我们对汉语的音韵之美、文学的形式之妙已经不讲究了。

国学教育需要从耳学回到目学。要让学生背诵大量的经典。如今六部委联合下文在全国开展的“中华经典诵读”活动，就是非常好的尝试。只是如今的篇目，还不够系统，不能使思想精神完整传承。背诵的最好方法，就是吟诵。吟诵便于记忆，这是公认的经验。吟诵也便于理解。传统文化或者经典诗文，如果除了解释字义，还要分析主题、结构、写法、背景、意象、意境等等，会花费大量的时间，而学生年纪幼小，多半不能记住，更难得理解。而古代老师，除了解释字义以外，讲解不多，而多半通过吟诵把自己的理解灌注其中，教给学生。学生会记住吟诵，其中如句读、语气、声调、情绪等等，一起记下，等到年长，自有豁然开朗的一天。是以古人记的多，悟的也多。现在讲解太多，背诵太少，讲的记不住，背的无神韵，自然竹篮打水。

吟诵只论其神态，中正平和，精气内敛，可荡涤乖戾之气，养成君子之风。学习传统文化，最重要的是学习内在的精神。形式和内容不统一，精神自然难寻到。吟诵是为学习传统文化的有效手段。

二、吟诵的现状

如今年龄在100岁以上的读书人，都会吟诵。但今在世者凤毛麟角。今世最后一批会吟诵的先生，年龄基本上都在80岁以上，他们是因为有特殊机缘，在新学堂勃兴的时候，却去读了私塾，而得以学会的吟诵。这样的先生也极其寥寥了。据我们的经验，全国各地都有会传统吟诵的最后一批先生，大概每个市（包括各郊区县）有1~10名，北京有百名左右，也有的市已经没有会吟诵的人了。

会传统吟诵的先生中很多人只会部分文体的吟诵，少数学养深厚、书香世传的先生吟诵的文体比较全面。吟诵人比较多、吟诵保留尚比较系统的地区有江苏常州、福建漳州、广东广州、湖南长沙、河北河间、北京等地。很多老一辈的著名学者都会吟诵，如周有光、季羡林、霍松林、冯其庸、叶嘉莹、吴小如、戴逸、钱绍武等等。由于以前的私塾有义务教育的特征，某些地区也有年纪很大的农民或者家庭妇女会吟诵，如北京昌平、河北河间、江苏镇江等，但是他们的吟诵多为初级。这种情况很可能在全国各地都有。

总的来说，五至十年之后，传统吟诵将基本消失。由于社会环境的问题，最后一代学会了吟诵的先生，普遍没有把吟诵传给他们的学生和儿女。能否在这段时间内把传统吟诵系统地保留下来，对今后吟诵的发展至关重要。因为各地的吟诵调不一样，新吟诵需要传统吟诵作为基础，否则将成无源之水。

三、吟诵在学校

近些年来，越来越多的人开始对吟诵感兴趣，各地的吟诵活动逐渐开展起来。其中教育界也自发开始了恢复吟诵传统，把吟诵引回教育体系的探索。

在大学方面，陈少松先生1987年起在南京师范大学开设古诗文吟诵选修课至今，影响很大。叶嘉莹先生在南开大学常年传授吟诵。广州分春馆门人陈永正、吕君忾等先生一直在中山大学等传授粤语吟诵。2007年，北京师范大学、徐州师范学院、淮阴师范学院、台湾辅仁大学联合成立吟诵诗社。2007年，徐健顺在中央民族大学成立吟诵诗社——紫竹诗社，次年成立“首都高校吟诵传承研究联谊会”，有20多个大学的诗社参加。北京师范大学的王宁先生、首都师范大学的谢绥东先生、北京语言大学的王恩保先生等都传授过吟诵。

在中小学教育方面，语文界很早就开始吟诵教学的探索了。广州的陈琴老师创“素读经典”教学法，现已经推广到全国，其中已经使用了自创唱诗的手段。上海的戴建荣老师推行吟诵朗诵法，也已经在全国推广。上海的彭世强老师进行吟诵教学，效果显著，被评为特级教师，也在十几个省传授过经验。厦门的陈水龙老师也把闽南语吟诵引进教学，坚持了十多年，等等。

沙场点兵

一、请标出下面诗词的平仄，如果有入声字请找出。

（一）登鹳雀楼

王之涣

白日依山尽，黄河入海流。

欲穷千里目，更上一层楼。

（二）送元二使安西

王维

渭城朝雨浥轻尘，客舍青青柳色新。

劝君更尽一杯酒，西出阳关无故人。

（三）晚晴

李商隐

深居俯夹城，春去夏犹清。
天意怜幽草，人间重晚晴。
并添高阁迥，微注小窗明。
越鸟巢干后，归飞体更轻。

（四）江城子

乙卯正月二十日夜记梦

苏轼

十年生死两茫茫。不思量，自难忘。千里孤坟，无处话凄凉。纵使相逢应不识，尘满面，鬓微霜。

夜来幽梦忽还乡。小轩窗，正梳妆。相顾无言，惟有泪千行。料得年年肠断处，明月夜，短松冈。

二、先朗读下面的材料，找出其中押韵的字，并指出韵脚，然后试着吟诵。

（一）塞下曲

卢纶

月黑雁飞高，单于夜遁逃。
欲将轻骑逐，大雪满弓刀。

（二）赠孟浩然

李白

吾爱孟夫子，风流天下闻。
红颜弃轩冕，白首卧松云。
醉月频中圣，迷花不事君。
高山安可仰，徒此揖清芬。

（三）忆王孙

李重元

萋萋芳草忆王孙。柳外楼高空断魂。杜宇声声不忍闻。欲黄昏。雨打梨花深闭门。

三、请根据你掌握的吟诵的技巧，与同伴一起吟诵下面的作品。

（一）三字经（节选）

人之初，性本善，性相近，习相远。
苟不教，性乃迁，教之道，贵以专。
昔孟母，择邻处，子不学，断机杼。

窦燕山，有义方，教五子，名俱扬。
养不教，父之过，教不严，师之惰。
子不学，非所宜，幼不学，老何为？
玉不琢，不成器，人不学，不知义。
为人子，方少时，亲师友，习礼仪。
香九龄，能温席，孝于亲，所当执。
融四岁，能让梨，弟于长，宜先知。
首孝悌，次见闻，知某数，识某文。
一而十，十而百，百而千，千而万。
三才者，天地人，三光者，日月星。
三纲者，君臣义，父子亲，夫妇顺。

（二）记承天寺夜游

苏轼

元丰六年十月十二日夜，解衣欲睡，月色入户，欣然起行。念无与为乐者，遂至承天寺寻张怀民。怀民亦未寝，相与步于中庭。庭下如积水空明，水中藻、荇交横，盖竹柏影也。何夜无月？何处无竹柏？但少闲人如吾两人者耳。

（三）岳阳楼记

范仲淹

庆历四年春，滕子京谪守巴陵郡。越明年，政通人和，百废具兴。乃重修岳阳楼，增其旧制，刻唐贤今人诗赋于其上。属予作文以记之。

予观夫巴陵胜状，在洞庭一湖。衔远山，吞长江，浩浩汤汤，横无际涯；朝晖夕阴，气象万千。此则岳阳楼之大观也，前人之述备矣。然则北通巫峡，南极潇湘，迁客骚人，多会于此，览物之情，得无异乎？

若夫淫雨霏霏，连月不开，阴风怒号，浊浪排空；日星隐曜，山岳潜形；商旅不行，樯倾楫摧；薄暮冥冥，虎啸猿啼。登斯楼也，则有去国怀乡，忧谗畏讥，满目萧然，感极而悲者矣。

至若春和景明，波澜不惊，上下天光，一碧万顷；沙鸥翔集，锦鳞游泳；岸芷汀兰，郁郁青青。而或长烟一空，皓月千里，浮光跃金，静影沉璧，渔歌互答，此乐何极！登斯楼也，则有心旷神怡，宠辱皆忘，把酒临风，其喜洋洋者矣。

嗟夫！予尝求古仁人之心，或异二者之为，何哉？不以物喜，不以己悲；居庙堂之高则忧其民；处江湖之远则忧其君。是进亦忧，退亦忧。然则何时而乐耶？其必曰“先天下之忧而忧，后天下之乐而乐”乎。噫！微斯人，吾谁与归？

时六年九月十五日。

（四）项脊轩志

归有光

项脊轩，旧南阁子也。室仅方丈，可容一人居。百年老屋，尘泥渗漉，雨泽下注；每移案，顾视，无可置者。又北向，不能得日，日过午已昏。余稍为修葺，使不上漏。前辟四窗，垣墙周庭，以当南日，日影反照，室始洞然。又杂植兰桂竹木于庭，旧时栏楯，亦遂增胜。借书满架，偃仰啸歌，冥然兀坐，万籁有声；而庭堦寂寂，小鸟时来啄食，人至不去。三五之夜，明月半墙，桂影斑驳，风移影动，珊珊可爱。

然余居于此，多可喜，亦多可悲。先是庭中通南北为一。迨诸父异爨，内外多置小门，墙往往而是。东犬西吠，客逾庖而宴，鸡栖于厅。庭中始为篱，已为墙，凡再变矣。家有老妪，尝居于此。妪，先大母婢也，乳二世，先妣抚之甚厚。室西连于中闺，先妣尝一至。妪每谓余曰："某所，而母立于兹。"妪又曰："汝姊在吾怀，呱呱而泣；娘以指叩门扉曰：'儿寒乎？欲食乎？'吾从板外相为应答。"语未毕，余泣，妪亦泣。余自束发，读书轩中，一日，大母过余曰："吾儿，久不见若影，何竟日默默在此，大类女郎也？"比去，以手阖门，自语曰："吾家读书久不效，儿之成，则可待乎！"顷之，持一象笏至，曰："此吾祖太常公宣德间执此以朝，他日汝当用之！"瞻顾遗迹，如在昨日，令人长号不自禁。

轩东，故尝为厨，人往，从轩前过。余扃牖而居，久之，能以足音辨人。轩凡四遭火，得不焚，殆有神护者。

项脊生曰："蜀清守丹穴，利甲天下，其后秦皇帝筑女怀清台；刘玄德与曹操争天下，诸葛孔明起陇中。方二人之昧昧于一隅也，世何足以知之，余区区处败屋中，方扬眉、瞬目，谓有奇景。人知之者，其谓与坎井之蛙何异？"

余既为此志，后五年，吾妻来归，时至轩中，从余问古事，或凭几学书。吾妻归宁，述诸小妹语曰："闻姊家有阁子，且何谓阁子也？"其后六年，吾妻死，室坏不修。其后二年，余久卧病无聊，乃使人复葺南阁子，其制稍异于前。然自后余多在外，不常居。

庭有枇杷树，吾妻死之年所手植也，今已亭亭如盖矣。

附录：吟诵材料

一、格律诗

汾上惊秋

唐　苏颋

北风吹白云，万里渡河汾。
心绪逢摇落，秋声不可闻。

终南望余雪

唐　祖咏

终南阴岭秀，积雪浮云端。
林表明霁色，城中增暮寒。

杂诗

唐　无名氏

近寒食雨草萋萋，著麦苗风柳映堤。
等是有家归未得，杜鹃休向耳边啼。

枫桥夜泊

唐　张继

月落乌啼霜满天，江枫渔火对愁眠。
姑苏城外寒山寺，夜半钟声到客船。

题破山寺后禅院

唐　常建

清晨入古寺，初日照高林。
曲径通幽处，禅房花木深。
山光悦鸟性，潭影空人心。
万籁此都寂，但余钟磬音。

山居秋暝

唐　王维

空山新雨后，天气晚来秋。
明月松间照，清泉石上流。

竹喧归浣女，莲动下渔舟。
随意春芳歇，王孙自可留。

客至

唐　杜甫

舍南舍北皆春水，但见群鸥日日来。
花径不曾缘客扫，蓬门今始为君开。
盘飧市远无兼味，樽酒家贫只旧醅。
肯与邻翁相对饮，隔篱呼取尽余杯。

酬乐天扬州初逢席上见赠

唐　刘禹锡

巴山楚水凄凉地，二十三年弃置身。
怀旧空吟闻笛赋，到乡翻似烂柯人。
沉舟侧畔千帆过，病树前头万木春。
今日听君歌一曲，暂凭杯酒长精神。

二、古体诗

关雎

《诗经》

关关雎鸠，在河之洲。
窈窕淑女，君子好逑。
参差荇菜，左右流之。
窈窕淑女，寤寐求之。
求之不得，寤寐思服。
悠哉悠哉，辗转反侧。
参差荇菜，左右采之。
窈窕淑女，琴瑟友之。
参差荇菜，左右芼之。
窈窕淑女，钟鼓乐之。

河广

《诗经·卫风》

谁谓河广？一苇杭之。

谁谓宋远？跂予望之。
谁谓河广？曾不容刀。
谁谓宋远？曾不崇朝。

硕鼠

《诗经·魏风》

硕鼠硕鼠，无食我黍！
三岁贯女，莫我肯顾。
逝将去女，适彼乐土。
乐土乐土，爰得我所。
硕鼠硕鼠，无食我麦！
三岁贯女，莫我肯德。
逝将去女，适彼乐国。
乐国乐国，爰得我直。
硕鼠硕鼠，无食我苗！
三岁贯女，莫我肯劳。
逝将去女，适彼乐郊。
乐郊乐郊，谁之永号？

弹琴

唐　刘长卿

泠泠七弦上，静听松风寒。
古调虽自爱，今人多不弹。

登金陵凤凰台

唐　李白

凤凰台上凤凰游，凤去台空江自流。
吴宫花草埋幽径，晋代衣冠成古丘。
三山半落青天外，二水中分白鹭洲。
总为浮云能蔽日，长安不见使人愁。

观沧海

东汉　曹操

东临碣石，以观沧海。

水何澹澹，山岛竦峙。
树木丛生，百草丰茂。
秋风萧瑟，洪波涌起。
日月之行，若出其中。
星汉灿烂，若出其里。
幸甚至哉，歌以咏志。

茅屋为秋风所破歌

唐　杜甫

八月秋高风怒号，卷我屋上三重茅。茅飞渡江洒江郊，高者挂罥长林梢，下者飘转沉塘坳。南村群童欺我老无力，忍能对面为盗贼。公然抱茅入竹去，唇焦口燥呼不得，归来倚杖自叹息。俄顷风定云墨色，秋天漠漠向昏黑。布衾多年冷似铁，娇儿恶卧踏里裂。床头屋漏无干处，雨脚如麻未断绝。自经丧乱少睡眠，长夜沾湿何由彻！安得广厦千万间，大庇天下寒士俱欢颜！风雨不动安如山。呜呼！何时眼前突兀见此屋，吾庐独破受冻死亦足！

三、词

菩萨蛮

唐　李白

平林漠漠烟如织，寒山一带伤心碧。暝色入高楼，有人楼上愁。　玉阶空伫立，宿鸟归飞急。何处是归程？长亭连短亭。

浪淘沙·把酒祝东风

北宋　欧阳修

把酒祝东风，且共从容。垂杨紫陌洛城东。总是当时携手处，游遍芳丛。
聚散苦匆匆，此恨无穷。今年花胜去年红。可惜明年花更好，知与谁同？

水调歌头·明月几时有

北宋　苏轼

丙辰中秋，欢饮达旦，大醉。作此篇，兼怀子由。

明月几时有，把酒问青天。不知天上宫阙，今夕是何年？

我欲乘风归去，又恐琼楼玉宇，高处不胜寒。起舞弄清影，何似在人间！

转朱阁，低绮户，照无眠。不应有恨，何事长向别时圆？人有悲欢离合，月有阴晴圆缺，此事古难全。但愿人长久，千里共婵娟。

一剪梅·舟过吴江

南宋　蒋捷

一片春愁待酒浇。江上舟摇，楼上帘招。秋娘渡与泰娘桥，风又飘飘，雨又萧萧。　　何日归家洗客袍？银字笙调，心字香烧。流光容易把人抛，红了樱桃，绿了芭蕉。

四、蒙学韵文

千字文（节选）

天地玄黄，宇宙洪荒。日月盈昃，辰宿列张。
寒来暑往，秋收冬藏。闰余成岁，律吕调阳。
云腾致雨，露结为霜。金生丽水，玉出昆冈。
剑号巨阙，珠称夜光。果珍李柰，菜重芥姜。
海咸河淡，鳞潜羽翔。龙师火帝，鸟官人皇。
始制文字，乃服衣裳。推位让国，有虞陶唐。
吊民伐罪，周发殷汤。坐朝问道，垂拱平章。
爱育黎首，臣伏戎羌。遐迩一体，率宾归王。

声律启蒙（节选）

云对雨，雪对风，晚照对晴空。来鸿对去燕，宿鸟对鸣虫。三尺剑，六钧弓，岭北对江东。人间清暑殿，天上广寒宫。两岸晓烟杨柳绿，一园春雨杏花红。两鬓风霜，途次早行之客；一蓑烟雨，溪边晚钓之翁。

沿对革，异对同，白叟对黄童。江风对海雾，牧子对渔翁。颜巷陋，阮途穷，冀北对辽东。池中濯足水，门外打头风。梁帝讲经同泰寺，汉皇置酒未央宫。尘虑萦心，懒抚七弦绿绮；霜华满鬓，羞看百炼青铜。

贫对富，塞对通，野叟对溪童。鬓皤对眉绿，齿皓对唇红。天浩浩，日融融，佩剑对弯弓。半溪流水绿，千树落花红。野渡燕穿杨柳雨，芳池鱼戏芰荷风。女子眉纤，额下现一弯新月；男儿气壮，胸中吐万丈长虹。

入则孝

父母呼　应勿缓　父母命　行勿懒　父母教　须敬听　父母责　须顺承
冬则温　夏则凊　晨则省　昏则定　出必告　反必面　居有常　业无变
事虽小　勿擅为　苟擅为　子道亏　物虽小　勿私藏　苟私藏　亲心伤
亲所好　力为具　亲所恶　谨为去　身有伤　贻亲忧　德有伤　贻亲羞
亲爱我　孝何难　亲憎我　孝方贤

五、文言文章

子路、曾皙、冉有、公西华侍坐

《论语》

子路、曾皙、冉有、公西华侍坐。子曰："以吾一日长乎尔，毋吾以也。居则曰：'不吾知也。'如或知尔，则何以哉？"

子路率尔而对曰："千乘之国，摄乎大国之间，加之以师旅，因之以饥馑；由也为之，比及三年，可使有勇，且知方也。"

夫子哂之。

"求，尔何如？"

对曰："方六七十，如五六十，求也为之，比及三年，可使足民。如其礼乐，以俟君子。"

"赤，尔何如？"

对曰："非曰能之，愿学焉。宗庙之事，如会同，端章甫，愿为小相焉。"

"点，尔何如？"

鼓瑟希，铿尔，舍瑟而作，对曰："异乎三子者之撰。"

子曰："何伤乎？亦各言其志也！"

曰："莫春者，春服既成，冠者五六人，童子六七人，浴乎沂，风乎舞雩，咏而归。"

夫子喟然叹曰："吾与点也。"

三子者出，曾皙后。曾皙曰："夫三子者之言何如？"

子曰："亦各言其志也已矣！"

曰："夫子何哂由也？"

曰："为国以礼，其言不让，是故哂之。唯求则非邦也与？安见方六七十，如五六十而非邦也者？唯赤则非邦也与？宗庙会同，非诸侯而何？赤也为之小，孰能为之大？"

兰亭集序

东晋　王羲之

永和九年，岁在癸丑，暮春之初，会于会稽山阴之兰亭，修禊事也。群贤毕至，少长咸集。此地有崇山峻岭，茂林修竹，又有清流激湍，映带左右，引以为流觞曲水，列坐其次。虽无丝竹管弦之盛，一觞一咏，亦足以畅叙幽情。

是日也，天朗气清，惠风和畅。仰观宇宙之大，俯察品类之盛，所以游目骋怀，足以极视听之娱，信可乐也。

夫人之相与，俯仰一世。或取诸怀抱，悟言一室之内；或因寄所托，放浪形骸之外。虽趣舍万殊，静躁不同，当其欣于所遇，暂得于己，快然自足，不知老之将至；及其所之既倦，情随事迁，感慨系之矣。向之所欣，俯仰之间，已为陈迹，犹不能不以之兴怀，况修短随化，终期于尽！古人云："死生亦大矣。"岂不痛哉！

每览昔人兴感之由，若合一契，未尝不临文嗟悼，不能喻之于怀。固知一死生为虚诞，齐彭殇为妄作。后之视今，亦犹今之视昔，悲夫！故列叙时人，录其所述，虽世殊事异，所以兴怀，其致一也。后之览者，亦将有感于斯文。

岳阳楼记

北宋　范仲淹

庆历四年春，滕子京谪守巴陵郡。越明年，政通人和，百废具兴。乃重修岳阳楼，增其旧制，刻唐贤今人诗赋于其上。属予作文以记之。

予观夫巴陵胜状，在洞庭一湖。衔远山，吞长江，浩浩汤汤，横无际涯；朝晖夕阴，气象万千。此则岳阳楼之大观也，前人之述备矣。然则北通巫峡，南极潇湘，迁客骚人，多会于此，览物之情，得无异乎？

若夫淫雨霏霏，连月不开，阴风怒号，浊浪排空；日星隐曜，山岳潜形；商旅不行，樯倾楫摧；薄暮冥冥，虎啸猿啼。登斯楼也，则有去国怀乡，忧谗畏讥，满目萧然，感极而悲者矣。

至若春和景明，波澜不惊，上下天光，一碧万顷；沙鸥翔集，锦鳞游泳；岸芷汀兰，郁郁青青。而或长烟一空，皓月千里，浮光跃金，静影沉璧，渔歌互答，此乐何极！登斯楼也，则有心旷神怡，宠辱皆忘，把酒临风，其喜洋洋者矣。

嗟夫！予尝求古仁人之心，或异二者之为，何哉？不以物喜，不以己悲；居庙堂之高则忧其民；处江湖之远则忧其君。是进亦忧，退亦忧。然则何时而乐耶？其必曰"先天下之忧而忧，后天下之乐而乐"乎。噫！微斯人，吾谁与归？

滕王阁序

唐　王勃

豫章故郡，洪都新府。星分翼轸，地接衡庐。襟三江而带五湖，控蛮荆而引瓯越。物华天宝，龙光射牛斗之墟；人杰地灵，徐孺下陈蕃之榻。雄州雾列，俊采星驰。台隍枕夷夏之交，宾主尽东南之美。都督阎公之雅望，棨戟遥临；宇文新州之懿范，襜帷暂驻。十旬休假，胜友如云；千里逢迎，高朋满座。腾蛟起凤，孟学士之词宗；紫电青霜，王将军之武库。家君作宰，路出名区；童子何知，躬逢胜饯。

时维九月，序属三秋。潦水尽而寒潭清，烟光凝而暮山紫。俨骖騑于上路，访风景于崇阿；临帝子之长洲，得天人之旧馆。层峦耸翠，上出重霄；飞阁流丹，下临无地。鹤汀凫渚，穷岛屿之萦回；桂殿兰宫，即冈峦之体势。

披绣闼，俯雕甍，山原旷其盈视，川泽纡其骇瞩。闾阎扑地，钟鸣鼎食之家；舸舰迷津，青雀黄龙之舳。云销雨霁，彩彻区明。落霞与孤鹜齐飞，秋水共长天一色。渔舟唱晚，响穷彭蠡之滨；雁阵惊寒，声断衡阳之浦。

遥襟甫畅，逸兴遄飞。爽籁发而清风生，纤歌凝而白云遏。睢园绿竹，气凌彭泽之樽；邺水朱华，光照临川之笔。四美具，二难并。穷睇眄于中天，极娱游于暇日。天高地迥，觉宇宙之无穷；兴尽悲来，识盈虚之有数。望长安于日下，目吴会于云间。地势极而南溟深，天柱高而北辰远。关山难越，谁悲失路之人？萍水相逢，尽是他乡之客。怀帝阍而不见，奉宣室以何年？

嗟乎！时运不齐，命途多舛。冯唐易老，李广难封。屈贾谊于长沙，非无圣主；窜梁鸿于海曲，岂乏明时？所赖君子见机，达人知命。老当益壮，宁移白首之心？穷且益坚，不坠青云之志。酌贪泉而觉爽，处涸辙以犹欢。北海虽赊，扶摇可接；东隅已逝，桑榆非晚。孟尝高洁，空余报国之情；阮籍猖狂，岂效穷途之哭！

勃，三尺微命，一介书生。无路请缨，等终军之弱冠；有怀投笔，慕宗悫之长风。舍簪笏于百龄，奉晨昏于万里。非谢家之宝树，接孟氏之芳邻。他日趋庭，叨陪鲤对；今兹捧袂，喜托龙门。杨意不逢，抚凌云而自惜；钟期既遇，奏流水以何惭？

呜乎！胜地不常，盛筵难再；兰亭已矣，梓泽丘墟。临别赠言，幸承恩于伟饯；登高作赋，是所望于群公。敢竭鄙怀，恭疏短引；一言均赋，四韵俱成。请洒潘江，各倾陆海云尔：

滕王高阁临江渚，佩玉鸣鸾罢歌舞。画栋朝飞南浦云，珠帘暮卷西山雨。闲云潭影日悠悠，物换星移几度秋。阁中帝子今何在？槛外长江空自流。

第八章　演讲与辩论

第一节　演讲

演讲，也称演说或讲演，是演讲者就某个话题以口头言语为主、态势言语为辅，当众发表讲话的言语行为。“演”指说话者的面部表情、手势、身姿等形体动作，是体态言语作用于听众的视觉；“讲”是说话者的口语，是有声言语作用于听众的听觉。演讲者从“演”和“讲”两方面表情达意，听众从视觉和听觉两方面吸取信息，所以演讲具有极高的表现力和感染力。

演讲是学校教育工作者的必备本领。教师课堂上的授课，就是一种特殊的演讲活动。此外，师生集会、团队活动、知识讲座、经验交流、学术活动、家长会等，都离不开演讲。

抛砖引玉

阅读下面的演讲，思考一下，演讲的特点是什么，它又有哪些要求呢？

（一）下面是某大学党委副书记在一次大学生晚会上的即兴演讲《矮子的风采》。

老实说，在我年轻的时候，我并不觉得“矮”有什么问题，直到这几年，在舆论压力之下，才感觉成了问题。其实，白鹤腿长，鸭子腿短，都是生来如此，何必自寻烦恼！现在要问，矮子能有风采吗？答曰：高个儿不见得都有风采，矮个儿不见得都不风采。矮个儿怎样才能具有风采呢？我有几点心得可供参考：

第一，要有自信。论个子，我比他低一头，而论觉悟、学识和才能，可能比他更胜一筹！这也叫“以长补短”吧。

第二，不忌讳。大凡麻子怕说坑人，秃子怕说灯泡，其实越犯忌讳越尴尬，不如自己说了反而没事。我常有机会跟北方汉子在一起开会聊天，我跟他们开玩笑：我不如你高你可别怪我，怨只怨我们那山上的猴子就个子小。

第三，把胸脯挺起来，但也用不着踮脚尖。衣着讲究适当，比方不穿横条、方格的衣服，但也用不着老穿高跟鞋，我主张矮要矮得有骨气，还是脚踏实地好。

第四，最重要的还是本人的德学才识，有修养，有风度，对社会有贡献，自然受人爱戴。

趁着晚会的高兴劲儿，解开这个“矮子”问题，不知台下的某些同学心里是否踏实一些？

这篇演讲，语言风趣幽默，比喻生动贴切，而又蕴含哲理，发人深省，因而深受听众欢迎，博得满堂喝彩。

（二）某位教师在授奖大会上的答谢演讲

在一个很大的很大的瓜田里，有无数的西瓜。它们有很多很多，有的很大，而且很好。有一个西瓜恰好生长在路边。于是，它很容易地被人发现了。和瓜田的其他西瓜比起来，这个生长在路边的西瓜或许并不算大，并不算最好。但是，由于它被人发现了，所以受到了一连串的称赞：“好瓜！好瓜！”

那么，这个西瓜应该怎么想呢？如果它在赞扬声中飘飘然起来，真以为是“老子天下第一”，那么，它便是一个大傻瓜；如果它以为自己的成长完全是凭自己，而忘却了园丁们的培养、浇水、施肥，那么它也是一个大傻瓜；如果它在赞扬声中保持清醒，继续生长，力追同伴，那么，它才真正是一个“好瓜”。

我，就是这个生长在路边的，已被人发现的很大的瓜田中的瓜。

这篇演讲虽短，但通篇是用比喻来说道理的，演讲者将获得第一名的谦虚谨慎、戒骄戒躁的思想生动形象地表现出来，而且比喻新奇，说理深刻。

（三）孙中山的《在广州农民联欢会的演说》

大家知道现在民国没有皇帝，究竟什么人做皇帝呢？从前是一个人做皇帝，现在是四万万人做主，就是四万万人做皇帝。换句话说，就是在帝国时代只有一个人做皇帝，到民国时代四万万人都是皇帝。这就叫做以民为主，这就是实行民权。这些事实，中国几千年来虽然没有见过，但是老早便有了这种理想。譬如孔子就“天下为公”。又有人说：“天下者，天下人之天下也。”就是这种理想。我们革命党要实行三民主义，也是这个意思。

正确使用引用修辞格，不仅可使演讲论据充分，更足以说服人，而且可以使语言简洁、典雅、耐人寻味。

（四）下面是胡适在1929年给中国公学18年级学生的毕业赠言，你能总结一下胡适演讲内容中的要点吗？

各位毕业同学：

你们现在要离开母校了，我没有什么礼物送给你们，只好送你们一句话罢。

这句话是：“不要抛弃学问。”以前的功课也许一大部分是为了这张毕业文凭，不得已而做的。从今以后，你们可以依据自己的心愿去自由研究了。趁现在年富力强的时候，努力做一种专门学问。少年是一去不复返的。等到精力衰老的时候，要做学问也来不及了。即为吃饭计，学问也决不会辜负人的。吃饭而不求学问，三年五年之后，你们都要被后进少年淘汰的。到那时候再想做点学问来补救，恐怕太晚了。

有人说："出去做事之后，生活问题急须解决，哪有功夫去读书？即使要做学问，既没有图书馆又没有实验室，哪能做学问？"

我要对你们说：凡是要等到有了图书馆方才读书的，有了图书馆也不肯读书。凡是要等到有了实验室方才研究的，有了实验室也不肯做研究。你有了决心要研究一个问题，自然会撙衣节食去读书，自然会想出法子来设置仪器。

至于时间，更不成问题。达尔文一生多病，不能多做工作，每天只能做一点钟的工作。你们看他的成绩！每天花一点钟看10页有用的书，每年可看3600多页书，30年读11万页书。

诸位，11万页书足可以使你我成为一个学者了。可是，每天看三种小报也得费你一点半钟的功夫，四圈麻将也得费你一点半钟的光阴。看小报呢？还是打麻将呢？还是努力做一个学者呢？全靠你们自己的选择！

易卜生说："你的最大责任是把你这块材料铸成器。"

学问便是铸器的工作。抛弃了学问便是毁了你自己。

再会了！你们的母校眼睁睁地要看你们10年之后成什么器！

知识仓库

一、演讲的类型和特点

（一）演讲的类型

演讲的类型，从不同的角度可以作出不同的划分。

按演讲意图划分，有传播性演讲、说服性演讲、鼓动性演讲、论辩性演讲、礼仪性演讲。

按演讲内容划分，有政治演讲、学术演讲、宗教演讲、军事演讲、经济演讲等等。

按演讲形式划分，有即席发言、致辞、报告、讲故事和专题讲演等等。

（二）演讲的特点

1. 活动的现实性

当众说话作为一种客观的现实活动，所说的话题都要有一定的意图，要么是解决听众必须面对的问题，要么是要告知听众一些情况，要么就是通过演讲这座桥梁与听众进行沟通和交流。一般情况下，人们普遍关注的热点、国内外关注的焦点以及公众的迷茫和困惑等现实问题会成为演讲的主题。因此，一个好的演讲者不能沉醉于个人的感情天地里，而是能够把个人命运置于时代背景之下，去探索社会人生的理想和意义，并且通过自己的行为对整个社会产生积极的影响，唤醒人们内心的真善美。如马丁·路德·金在《我有一个梦想》中，关于美国白色人种对于黑色人种的种族歧视问题进行了慷慨激昂的演讲。在演讲中，我们感受到了他对于种族歧视这个社会现象的抨击。演讲中的大多材料都来自于真实的社会，而从这些准确的数字和鲜活的事例中，概括出的观点和思想，也自然具有现实性和说服力。

2. 方法的艺术性

演讲是将“演”与“讲”进行有机的结合，是将听众听觉的“口头言语”与听众视觉的“体态言语”以及人类信息传递的其他手段进行综合运用的活动。演讲的艺术性主要体现在整体感和协调感两个方面。演讲中的言语、声音、体态等因素会形成互相依赖的美感。而一个优秀且有效的演讲则需要遵循一定的美学原则，这样才能将艺术性能最优化。因而，演讲者必须十分注重演讲的艺术性，要想使演讲具有强烈的表现力、吸引力和感染力，那么演讲者就要巧妙地组织内容以及安排结构，并且使用得体的口语和体态语等辅助手段，这样才能使之适应即情即境表达的需要。

3. 情感的交流性

演讲不仅是演讲者个人的独白，更是表达演讲者思想情感、影响听众情绪以及实现某种诉求的途径。演讲的实质，就是用能够带动人的感情艺术语言，对听众进行情感诱导或者行为诱导的实践活动。所以，活动的现实性、方法的艺术性以及强烈的情感交流性是成功演讲的基本要求。富有经验的演讲者，在演讲的过程，特别是在关键环节，总是要通过各种方式与听众进行直接的情感交流；并且能够根据听众的反馈，及时调整演讲内容和方式，以确保自己的演讲能够入耳、入心地被听众所理解和接受。在这个意义上，情感交流性是演讲效果好坏的决定性因素。

4. 演讲的综合性

演讲还是一种综合性的口语表达活动。演讲犹如一个系统性的工程，总是以思想内容的表达为主体工程，同时辅以思维、语言、声音、形象以及时空系统等多个“子工程”。在演讲的过程中，这些辅助的“子系统”既要有自己的特点，遵循自己的规律，又要默契配合，相互协调，最终出色地完成任务。

二、演讲的作用

（一）自我完善

没有天生的演讲家，任何一个演讲者都是从不断地学习和演讲实践中逐步成长起来的。演讲不仅需要演讲学的一些理论知识，更需要哲学、美学、逻辑学、心理学、教育学、语言学和写作学相关方面的综合性的知识。因而，学习演讲和从事演讲实践可以促进演讲者不断成长、不断自我完善。因为在演讲中可以不断提高口语表达能力、综合素质能力、敏锐的观察能力、深刻的分析能力、敏捷的思维能力、准确的判断能力、超人的想象能力、机智的应变能力以及良好的记忆能力。

（二）培养良好人际关系

演讲是十分重要的表达方式。现代社会中，人们的交往日益密切，信息的交换和传播日益广泛。因此，演讲者不仅需要在台上有悬河之口和文雅之举，更需要在台下注意自己的一言一行，并且起到表率的作用。演讲者的言谈要谦虚、高雅，举止要大方、得体。并且，在演讲中所锻炼出的高超的口语表达能力和敏捷的应对能力，以及积累下来的丰富的学识都会给演讲者的交往带来优势，对于扩大交际面和建立良好的人际关系都有很大帮助。

（三）鼓动宣传的手段

演讲是一种有效的宣传手段。人类社会的文明史，就是真善美与假恶丑的斗争史。古今中外一切正义的演讲家，他们都是在历史转折的紧要关头，运用演讲手段，进行声情并茂、富于哲理的演说去唤醒和鼓舞人心、捍卫真理，从而将社会向前推进。正义的演讲可以启发心智，传播文化，宣传真理，倡导正确的舆论，促进社会文明发展，把人类社会推向理想的境界。

三、演讲的基本要求

（一）内容正确，观点鲜明，主题突出，平易近人

演讲的内容必须是积极正确的，要具有科学性和真实性，最基本的是不能出现知识性错误，更不可以宣传迷信、错误和反动的东西。演讲要做到观点鲜明地阐发各种思想，无论是赞成什么、提倡什么，还是反对什么、否定什么，都要力求做到能够使听众作出明确的选择。主题是演讲的中心思想，是演讲的灵魂。演讲的主题决定着演讲者在选材立意、结构布局、论证方式与语言表达上的取舍。一般来说一篇演讲只能有一个主题，如果主题过多会很难说服和打动听众，因为演讲的中心不突出，观点也会模糊松散，很难分辨出演讲者真正的演讲意图。因而，主题要贯穿于全篇，能够给听众留下深

刻的印象，引起强烈的反响。同时，演讲所阐发的思想观点，要在人们现有的知识、认识水平和认识方法上有所突破创新，给人以启发教益。演讲切忌用真理吓唬人或是板着脸说教甚至是用名人的观点压人，相反，平易近人地阐述先进和重要的思想才能事半功倍。

（二）材料充实，论据确凿，论证严密，逻辑性强

演讲必须依靠事实说话。演讲所占有的材料，一是要充分地引用名人名言和广泛流传的名言警句，还要讲述生动感人的故事传说，同时辅以列举图表、数字、图画或实物来说明问题；二是要确凿地说明问题，不能总是“大概”“估计”，而是要准确、肯定。演讲中选用的各种材料，既应该是新鲜、有用的，又应该是典型的、有力的，并且能够说明问题的。将材料与观点结合后所产生的那种不可辩驳的逻辑力量是材料发挥其应有作用的关键要素。

（三）语言通俗，生动流畅，声音清晰

演讲的语言还应该是直白的大众化的语言。演讲不是书面文章，可以反复阅读、研磨，演讲是靠语音来传递消息，它稍纵即逝。因此，演讲的语言必须口语化，且通俗易懂、形象生动，这样才能保证听众听懂。鲁迅先生说，我们要说现代的、自己的话，用活着的白话，将自己的思想感情直白地说出来。马克思说得更干脆：你怎么说就怎么写，怎么写就怎么说。所以，除了一些惯例性的演讲要讲究措辞和固定的表达方式外，一般演讲的语言都要力求做到通俗易懂、简洁明了、深入浅出、生动活泼。要想做到这些，要注意以下三点：一是要句式短，句型灵活，节奏感强；二是要多用那些音节流畅、直接性和渗透性好，而又表述庄重、简洁、明确的口语词汇，尽量少用专门术语；三是演讲者的声音，必须清晰明亮，以适应“大庭广众”特定场合的需要。

（四）感情真挚，态势自然，精神饱满

演讲中的感情流露，要做到真挚和朴素自然，前者是演讲成功的决定性因素，切忌装腔作势，要有真情实感，而后者则要随着演讲的节奏、内容与进程的需要，自然而然地流露，切忌不合时宜地铺陈张扬，虚张声势。演讲中的态势语，要服从内容表达的需要，切忌过多过滥。演讲时要照顾大多数的听众，可以将目光平视而略向下看着全场中后部的听众，不可抬眼看天花板，也不可只盯一人或一处。演讲的仪表和风度是演讲魅力的重要一部分，演讲时要精神饱满，身体挺直，双脚微分，自然站立。总体来说，演讲体态语的要求是：准确适度，自然优雅，整体协调，简洁得体。

四、演讲稿的要求[①]

演讲稿就是演讲者在演讲之前准备演讲时使用的文稿。演讲稿可以很好地梳理演讲思路、提示演讲内容并且有效地约束演讲的时间。要想使演讲有目的、有计划地进行，就必须注重演讲稿的质量，因为它对于演讲的成败起着决定性的作用。

（一）话题具有针对性

其一，贴近社会生活。演讲的话题应该涉及现实生活问题、时代精神问题、社会热点以及校园生活问题。无论是议论新近发生的政治、经济、文化、教育等方面的重大事件或特殊情况，还是议论工作、生产、科研、学习、生活等方面的新情况、新问题，都要具有较强的相关性和“可言说性”。

其二，适合听众口味。演讲的话题要与听众产生“共鸣”，既要适应听众们的精神生活，又要符合他们的文化品位、审美情趣和心理基础，这样才会使听众产生听下去的欲望。

其三，便于自己驾驭。演讲选用的话题应是自己熟悉并且有一定心得体会的话题。这样才能有话可说，容易“讲”出深意，“演”出特色，收到较好的效果。

（二）立意要新颖

立意，就是解决“确立什么主题”的问题。主题是演讲时演讲者要表达的中心思想，是演讲的灵魂所在。一个演讲的内容再多，如果没有明确具体的主题和新颖感人的观点，那也是没有意义的。而立意新颖就是指所立之意不仅仅要正确鲜明，更要有创新之处，最好可以另辟蹊径。当然，如果可以以全新的视角去谈论老话题，提炼出不同寻常的主题，也可以收到很好的效果。

（三）选材要精当

材料是演讲者根据演讲的需要从各个方面收集、汇集起来，用以提炼主题、表现主题的一系列的事实和道理。选择材料必须在充分占有材料的基础上进行。立意的新颖有赖于材料的精当。这就要求，演讲者在选择包括事实、形象、知识、道理和情感在内的表现主题的材料时，必须做到精益求精，要使其真实、准确、典型、新颖，这样的材料才能与观点相得益彰，辅助观点，吸引听众。对于那些写入文稿的材料，要求要更加严格，必须认真研究，准确把握，做到了如指掌，运用自如。

---

① 李海涛：《教师语言行为研究》，四川大学出版社 2004 年版，第 247—251 页。

（四）结构要合理

一篇好的演讲稿，在结构的安排，即谋篇布局上要合理。首先，要做到观点鲜明、重点突出、主次分明，不可多头并进、面面俱到，这样才有利于表现和突出演讲的主题。其次，结构的谋划要讲求临场效果，要做到内容安排既紧凑、严密，又波澜起伏；表述层次既眉目清晰，又错落有致，观点提炼既顺理成章，又出人意料。无论是开头和结尾、段落和层次、过渡和照应、主次和详略，都要整体统筹，精心策划，使之恰到好处地为演讲的总目标服务。这样才便于演讲艺术技巧的有效发挥。最后，讲求演讲的完整、统一和精练。最好一篇演讲只针对一个问题，说明一个道理，突出一个重点，达到一个目的。同时，还应针对可能的情况，设计好临场机动调整的预案，确保演讲的顺利进行。

（五）表达要生动

演讲稿是讲话的底稿，言语表达的设计直接影响和制约着演讲的临场发挥，因而，言语的使用必须适合有声言语的特点，力求口语化、通俗化，充满生活气息。要做到用平常人的说话方式讲出哲学家的思考，即用浅显的语言表达高深的道理。并且为了听众方便接受和理解，演讲时使用的口语和体态语也要根据特定的听众对象的文化状况、身心特点、语言习惯、职业身份等进行选择。

（六）使用要方便

演讲稿是演讲者演讲时使用的底稿，所以在写作时，要思路清晰并且突出要点。同时，讲稿的内容要有很大的灵活性，留有余地，从而方便演讲者根据现场情况临场发挥、适当调整。演讲者在演讲之前可以根据自己对已准备好的演讲稿的熟悉度将讲稿逐渐简化，如将详稿缩写成简稿，将简稿缩写成提纲，将提纲缩写成几个小标题等等。除此之外，写作形式和文面安排、字体的大小和字体颜色等，也要便于阅读，便于使用。

五、演讲的技巧①

（一）表达的技巧

演讲需要依靠有声语言来表达思想感情，同时可以借助表情、眼神、手势等无声语言进行辅助，共同完成信息传递的任务。

1. 有声语言表达技巧

有声语言的表达技巧，主要表现为注重停连、重音、节奏和句调等基本

① 欧阳友权、朱秀丽：《口才学教程》，高等教育出版社2004年版，第150—153页。

语音技巧。

（1）停连技巧。演讲时巧妙设置语音的停顿和延续，既能给演讲者换气润喉留有充足的时间，又能够使演讲的内容层次分明，产生一种节奏鲜明的韵律之美。在标点符号处、长句的语法成分界线处，应按其需要作逻辑性停连。提出问题后稍停顿，可引起听众思考；情感变化时稍停顿，可让听众回味；举出事例后稍停顿，可激起听众共鸣。

（2）重音技巧。重音主要有重音重说和重音轻说两种表达方式，词语要根据其上下文具体语境来看是重读还是轻读。每个词语在句中的表意作用各不相同，我们把关键词语说得比一般词语重些或轻些，从而通过声音轻重强弱的对比来强调语言的情感内涵。

（3）节奏技巧。演讲的节奏应快慢结合、急缓有致。当描述事件的发展变化或是表达情感的慷慨激昂时，一般要用快节奏；当进行抒情、回忆、憧憬、议论时，一般要用慢节奏；而一般性的叙述则是使用中速节奏。一味的快节奏只会令人喘不过气来，而一味的慢节奏又会显得拖沓沉闷。因而，节奏要快慢有致。

（4）句调技巧。一般情况下，句调的变化都会发生在句末，演讲者应该根据句调的特点和变化规律，使演讲的语言跌宕起伏、抑扬顿挫。升调多用于疑问句、祈使句，表示惊异、疑问、号召等语气；降调则多用于感叹句、陈述句，表感慨、怀念、赞叹之情；平调多用于陈述句，表严肃、平淡、叙述等语气；曲调多用于句意复杂的长句，表复杂、深沉的情感。

2. 无声语言表达技巧

演讲者通过表情、眼神、站姿、手势等态势，深化语意，加强语势，可以使有声语言表现得更为生动、传神。

（1）表情技巧。演讲者的表情应与演讲内容相协调，要尽量显得自然、亲切、生动。表情不宜夸张也不可呆板，前者过于矫揉造作，后者则显得平淡乏味。当然，表情更不能错位，如对悲伤内容作出欢快的表情，或对喜庆的事件作出严厉的表情，从而使人感到滑稽可笑。

（2）眼神技巧。运用眼神的技巧有前视法、环视法、点视法和虚视法等四种方法。前视法要求演讲者目光向前，面对前方观众，这样有利于保持庄重的姿态去传达信息的主要情绪。点视法是指要有重点地选择不同方向的几个点，与反响强烈的观众进行现场的情感交流。虚视法则是在进行回忆或憧憬等想象性内容时，目光要投向远方，引导观众进入演讲者所营造的氛围之中。在演讲的过程中，眼神的运用要根据实际需要，将多种方法结合起来。

（3）站姿技巧。演讲时正确的站立姿势应该是：首先站稳脚跟、昂首挺胸，这样才能表现出良好的精神面貌；其次脚可呈微八字叉开状自然站立，也可丁字步站立，两腿要并拢；最后手可以自然下垂在体侧两旁，也可以交叉放在胸前，或者双手握稿置于胸前。切忌驼背缩肩，搔头弄耳，或手足无措，无精打采，那样都会影响演讲的效果。

（4）手势技巧。手势应大方自然，其幅度、方向要根据演讲者的情感和现场气氛进行自然选择。如果说完话后再补手势或者手势过多且夸张，都会使人感到不舒服。

（二）控场技巧

演讲的时空环境比一般情况更加复杂，演讲者如果想要在现场正常发挥，很好地处理偶发事件，控制局面并取得良好的演讲效果，就必须掌握一定的控场技巧。

1. 消除怯场

演讲者在陌生的演讲环境里，经常会因为信心不足或是心理压力过大等因素而产生怯场的情况。这时，演讲者应进行自我调节，可以通过深呼吸使自己镇定下来，同时，自己在脑海中回忆一下演讲大纲。这样，便可逐渐缓解紧张状态。

2. 衔接内容

在演讲的过程中有可能会出现记忆中断的情况，所以演讲者应该采取一些手段和方法进行弥补和掩饰。对内容进行衔接的方法主要有三种，插话衔接法、重复衔接法、跳跃衔接法。插话衔接法，就是指临时插话，即对上面的内容加以发挥；重复衔接法，就是加重语气并且重复最后几句；跳跃衔接法，即后话前说或前话后补，从而为自己赢得时间，回忆忘记的内容，恢复思维链条，控制会场气氛。

3. 补救失误

反问法可以对演讲者的讲话失误加以掩饰，如“我这样说对吗？不对！因为……”，这样就很巧妙地避免了听众对于失误的察觉，而且还有可能会认为这是演讲者有意强调，从而加深对所提问题的理解。

4. 调整气氛

如果演讲时间过长会使听众产生疲劳感，注意力不集中，无法注意演讲内容。演讲者可以采用悬念法、幽默法、穿插法等方法来调整演讲内容，可以围绕演讲的中心举例子、讲故事或是提问题，这样就可以把听众的思绪拉回到演讲当中。

控场技巧是难度较大的技巧，它需要演讲者在实践中不断摸索，巧妙运用。

沙场点兵

一、请将下面的这段话改为通俗易懂的演讲言语。

不时有风自湖的彼岸蹑足而至，自爬满青青藤萝的篱笆攀援而至，并泄来如许芳香。我悄悄拽过一袭惠风的衣角，问它这些馥郁的香气，都是些什么花儿吐放，它们来自哪里，还要去什么地方。而且，我亦隐隐听见那片树林里，轻盈地溢出一曲又一曲佳籁。是鸟鸣？是笛吹？是林子深处那栋小屋之檐下悬垂的风铃摇响？泠泠然颇费猜。好在这并不重要，重要的是它给我们带来了鲜有的快乐。那刻，我只恨不能变成一只鸟雀同声欢啼。

二、加体态语。

（一）下面是一位同学的演讲的开场语，请你结合自己的理解，给下面的这段话加上体态语。

也许你们还记得，去年的今天，也是在这个讲台上，出现了一个刚刚开了头就卡了壳，在紧张慌乱和难堪的静默中不得不退下场去的失败的演讲者，那就是我。今天，我又作为一名参赛者走上了讲台。此时此刻，我的自我感觉良好。我虽然不敢肯定这次演讲会获得成功，但是，请相信，我会努力朝着成功的目标迈进，因为，挫折和失败告诉我，自信是通向成功的阶梯。

（二）下面是一位教师在学生毕业会上的发言，请你以老师的身份，在全班同学面前发表这篇演讲。需要适当的体态语。

开辟崭新的生活

亲爱的同学们：

今天，你们要告别几年的师范生活离我们而去了。“别时容易见时难”，这在我难免有几许凄凄，几许依恋。然而，当我想到你们告别了母校将走向高山，走向平原，走向碧波荡漾的水乡，去开辟你们崭新生活的时候，我又有几分释然，几分激动。我祝福你们走向新的生活。

几年来，同学们在教室的摇篮里，在老师们的辛勤培植下，刻苦学习，成了德、智、体、美全面发展的新人。我永远忘不了你们运动场上龙腾虎跃的英姿，忘不了你们挑灯夜战的摇曳的烛光，忘不了你们展现在母校的美好心灵。此时此刻，我想起了你们被白色领奖台托起的健美的身躯；想起了变幻的彩灯下，你们踏出的青春的旋律；想起了你们在奖学金领奖大会上，送给校领导羞赧而自豪的一笑；想起了更多的同学，那默默无闻却沉稳有力的身影。我还想起了你们有时候皱起眉头，我更想起了你们渴求未来的闪着异彩的眼神。啊，一切都过去了，一切都那么刻骨铭心。亲爱的同学们，你们的汗水浇灌过母校美丽的广玉兰，你们的脚印深深地刻在母校厚实的土地上。

作为母校的老师，我祝贺你们取得的成绩，也感谢你们为学校做出的贡献。

同学们喜欢唱“我们今天是桃李芬芳，我们明天是国家的栋梁”。我亲眼看到你们从带着泥土的气息的农村娃变成了健壮的小伙子，变成了亭亭玉立的大姑娘。变化的不仅是你们的外表，知识的琼浆玉液滋润了你们的心灵，使它日益成熟，日益深邃。你们将给广袤的无垠大地，带去青春的朝气和时代的气息。新的事业在召唤你们，千百双渴求的眼睛在企盼着你们。你们像天上的明星。在这片闪烁的星光里，你们将找到清澈如山泉的真、善、美。你们像那饱满的种子，将播在无为县的山山水水。我敢相信，春风化雨，你们会生根、发芽、开花、结果。征程漫漫，我不能廉价地断言你们的未来一切如意。也许校舍是破旧的，桌椅是粗糙的。但我要说：坐享其成，只能是纨绔子弟的品性，在没有路的地方最容易踩出令人惊奇的新路。让我们坚信：艰难困苦，玉汝于成。

这几天同学们忙着写毕业留言，字里行间，流动着行将离别的缠绵悱恻。作为刚送走一届学生的我，其心情又何止惘然若失呢？但我知道羽翼已丰的小鸟是属于蓝天白云的。我深情地目送你们离去，我更盼望着听到你们成功的喜讯。最后送大家两句诗：“莫愁前路无知己，天下谁人不识君。”

三、下面的两篇演讲分别是美国黑人民权运动领袖马丁·路德·金的《我有一个梦想》以及美国前总统奥巴马《命运就掌握在你自己手中》。阅读这两篇演讲，请分析一下，这两篇演讲从内容上来说，其相同之处是什么，不同点又表现在哪里。

我有一个梦想

马丁·路德·金

100 年前，一位伟大的美国人签署了解放黑奴宣言，今天我们就是在他的雕像前集会。这一庄严宣言犹如灯塔的光芒，给千百万在那摧残生命的不义之火中受煎熬的黑奴带来了希望。它之到来犹如欢乐的黎明，结束了束缚黑人的漫漫长夜。

然而 100 年后的今天，我们必须正视黑人还没有得到自由这一悲惨的事实。100 年后的今天，在种族隔离的镣铐和种族歧视的枷锁下，黑人的生活备受压榨。100 年后的今天，黑人仍生活在物质充裕的海洋中一个穷困的孤岛上。100 年后的今天，黑人仍然萎缩在美国社会的角落里，并且意识到自己是故土家园中的流亡者。今天我们在这里集会，就是要把这种骇人听闻的情况公之于众。

就某种意义而言，今天我们是为了要求兑现诺言而汇集到我们国家的首都来的。我们共和国的缔造者草拟宪法和独立宣言的气壮山河的词句时，曾向每一个美国人许下了诺言，他们承诺给予所有的人以生存、自由和追求幸福的不可剥夺的权利。

就有色公民而论，美国显然没有实践她的诺言。美国没有履行这项神圣的义务，只是给黑人开了一张空头支票，支票上盖着“资金不足”的戳子后便退了回来。但是我们不相信正义的银行已经破产，我们不相信，在这个国家巨大的机会之库里已没有足够的储备。因此今天我们要求将支票兑现——这张支票将给予我们宝贵的自由和正义的保障。

我们来到这个圣地也是为了提醒美国，现在是非常急迫的时刻。现在决非侈谈冷静下来或服用渐进主义的镇静剂的时候。现在是实现民主的诺言时候。现在是从种族隔离的荒凉阴暗的深谷攀登种族平等的光明大道的时候，现在是向上帝所有的儿女开放机会之门的时候，现在是把我们的国家从种族不平等的流沙中拯救出来，置于兄弟情谊的磐石上的时候。

如果美国忽视时间的迫切性和低估黑人的决心，那么，这对美国来说，将是致命伤。自由和平等的爽朗秋天如不到来，黑人义愤填膺的酷暑就不会过去。1963 年并不意味着斗争的结束，而是开始。有人希望，黑人只要撒撒气就会满足；如果国家安之若素，毫无反应，这些人必会大失所望的。黑人得不到公民的权利，美国就不可能有安宁或平静，正义的光明的一天不到来，叛乱的旋风就将继续动摇这个国家的基础。

但是对于等候在正义之宫门口的心急如焚的人们，有些话我是必须说的。在争取合法地位的过程中，我们不要采取错误的做法。我们不要为了满足对自由的渴望而抱着敌对和仇恨之杯痛饮。我们斗争时必须永远举止得体，纪律严明。我们不能容许我们的具有崭新内容的抗议蜕变为暴力行动。我们要不断地升华到以精神力量对付物质力量的崇高境界中去。

现在黑人社会充满着了不起的新的战斗精神，但是不能因此而不信任所有的白人。因为我们的许多白人兄弟已经认识到，他们的命运与我们的命运是紧密相连的，他们今天参加游行集会就是明证。他们的自由与我们的自由是息息相关的。我们不能单独行动。

当我们行动时，我们必须保证向前进。我们不能倒退。现在有人问热心民权运动的人，“你们什么时候才能满足?”

只要黑人仍然遭受警察难以形容的野蛮迫害，我们就绝不会满足。

只要我们在外奔波而疲乏的身躯不能在公路旁的汽车旅馆和城里的旅馆找到住宿之所，我们就绝不会满足。

只要黑人的基本活动范围只是从少数民族聚居的小贫民区转移到大贫民区，我们就绝不会满足。

只要密西西比仍然有一个黑人不能参加选举，只要纽约有一个黑人认为他投票无济于事，我们就绝不会满足。

不！我们现在并不满足，我们将来也不满足，除非正义和公正犹如江海之波涛，汹涌澎湃，滚滚而来。

我并非没有注意到，参加今天集会的人中，有些受尽苦难和折磨，有些刚刚走出窄小的牢房，有些由于寻求自由，曾在居住地惨遭疯狂迫害的打击，并在警察暴行的旋风中摇摇欲坠。你们是人为痛苦的长期受难者。坚持下去吧，要坚决相信，忍受不应得的痛苦是一种赎罪。

让我们回到密西西比去，回到亚拉巴马去，回到南卡罗来纳去，回到佐治亚去，回到路易斯安那去，回到我们北方城市中的贫民区和少数民族居住区去，要心中有数，这种状况是能够也必将改变的。我们不要陷入绝望而不可自拔。

朋友们，今天我对你们说，在此时此刻，我们虽然遭受种种困难和挫折，我仍然有一个梦想，这个梦想是深深扎根于美国的梦想中的。

我梦想有一天，这个国家会站立起来，真正实现其信条的真谛："我们认为这些真理是不言而喻的，人人生而平等。"

我梦想有一天，在佐治亚的红山上，从前奴隶的后嗣将能够和奴隶主的后嗣坐在一起，共叙兄弟情谊。

我梦想有一天，甚至连密西西比州这个正义匿迹，压迫成风，如同沙漠般的地方，也将变成自由和正义的绿洲。

我梦想有一天，我的四个孩子将在一个不是以他们的肤色，而是以他们的品格优劣来评价他们的国度里生活。

我今天有一个梦想。我梦想有一天，亚拉巴马州能够有所转变，尽管该州州长现在仍然满口异议，反对联邦法令，但有朝一日，那里的黑人男孩和女孩将能与白人男孩和女孩情同骨肉，携手并进。

我今天有一个梦想。

我梦想有一天，幽谷上升，高山下降；坎坷曲折之路成坦途，圣光披露，满照人间。

这就是我们的希望。我怀着这种信念回到南方。有了这个信念，我们将能从绝望之岭劈出一块希望之石。有了这个信念，我们将能把这个国家刺耳的争吵声，改变成为一支洋溢手足之情的优美交响曲。

有了这个信念，我们将能一起工作，一起祈祷，一起斗争，一起坐牢，一起维护自由；因为我们知道，终有一天，我们是会自由的。

在自由到来的那一天，上帝的所有儿女们将以新的含义高唱这支歌："我的祖国，美丽的自由之乡，我为您歌唱。您是父辈逝去的地方，您是最初移民的骄傲，让自由之声响彻每个山冈。”

如果美国要成为一个伟大的国家，这个梦想必须实现。让自由之声从新罕布什尔州的巍峨的崇山峻岭响起来！让自由之声从纽约州的崇山峻岭响起来！

让自由之声从科罗拉多州冰雪覆盖的落基山响起来！让自由之声从加利福尼亚州蜿蜒的群峰响起来！不仅如此，还要让自由之声从佐治亚州的石岭响起来！让自由之声从田纳西州的瞭望山响起来！

让自由之声从密西西比的每一座丘陵响起来！让自由之声从每一片山坡响起来。

当我们让自由之声响起来，让自由之声从每一个大小村庄、每一个州和每一个城市响起来时，我们将能够加速这一天的到来，那时，上帝的所有儿女，黑人和白人，犹太教徒和非犹太教徒，耶稣教徒和天主教徒，都将手携手，合唱一首古老的黑人灵歌：“终于自由啦！终于自由啦！感谢全能天父，我们终于自由啦！”

命运就掌握在你自己手中

——纪念美国有色人种促进会成立100周年的演讲

奥巴马

来到这里我很荣幸，这座城市是美国有色人种促进会成立的地方，也是纪念美国有色人种促进会成立100周年的地方。今晚我们庆祝的不仅是美国有色人种促进会所走过的旅程，而且是我们美国人在过去百年里所走过的旅程。

沿着这个旅程我们返回到一个我们当中大多数人尚未出生的年代，那是一个远远早于《投票权法案》、《民权法案》以及布朗诉教育委员会案的时代，一个美国刚刚脱离奴隶制社会30年的时代，在那个时代，种族歧视是常态，对黑人施以私刑也是司空见惯的事情，在种族隔离盛行的地方，种族骚乱搅动着每一个城市。

就是在那个时候的美国，有一位来自亚特兰大名叫W. E. B. 杜波伊斯的学者挺身而出，他是一位杰出的知识分子，也是一个充满正义感的人，他通过建立一个名为“尼亚加拉运动”的组织点燃了美国黑人争取民权的星星之火。该组织不以肤色为标准而是以事业为号召汇集了一批改革者。从该组织里孵化出了一个协会，正如该协会的宪章所倡导的那样，它以促进人人平等和根除美国公民间存在的偏见为己任。

一开始，那些创始人就明白如何才能使社会发生变革——正如所有民权巨擘后来所做的那样，他们明白不公平的法律必须予以废除，公平的立法必须予以通过，总统必须施以压力而有所动作，他们知道奴隶制度的污点以及种族隔离的罪过必须在法庭、在立法机构、在美国人的心灵及脑海里予以清除。

他们也知道在美国这儿变革必须来自人民，变革来自人民对滥用私刑的抗议，变革来自人民反暴力的集会，变革来自那些宁可步行也不坐公交车的妇女们，尽管一整天给别人洗衣服给别人看孩子她们已经疲惫不堪，变革来自不分年龄和信仰，不分种族和宗教的男男女女乘灰狗长途车的自由乘车运动，变革来自学生们在格林斯博罗市餐馆里的静坐示威，变革来自密西西比农村那些争取登记投票的人，他们知道自己将会受到骚扰，知道自己会遭到毒打，甚至知道他们中的一些人很可能会一去不返。

因为他们的所作所为，我们的联邦才更加完善。因为《吉姆·克劳法》被推翻，今天财富500强的企业里才有了黑人CEO。因为《民权法案》的通过，市长、州长和国会议员里才出现了黑人的面孔，否则他们不要说投票权，就连在某些地方喝口水都不可能。因为普通人做出了如此不普通的事情，因为他们把民权运动当做了自己的事情，尽管可能没人为他们树碑立传——因为他们的努力，我才有可能在两年前到达林肯曾居住过并且曾爆发过种族骚乱的伊利诺伊州斯普林菲尔德市，在那里踏上我竞选美利坚合众国第44任总统的征程并最终于今晚站在了这里。

因为他们，今晚我才站在了这里，我是站在巨人们的肩膀上。因此在此我要对那些先行者说声谢谢你们，对美国有色人种促进会说声谢谢你们。

附录：演讲材料

最后一次演讲

闻一多

这几天，大家晓得，在昆明出现了历史上最卑劣最无耻的事情！李先生究竟犯了什么罪，竟遭此毒手？他只不过用笔写写文章，用嘴说说话，而他所写的，所说的，都无非是一个没有失掉良心的中国人的话！大家都有一支笔，有一张嘴，有什么理由拿出来讲啊！有事实拿出来说啊！（闻先生声音激动了）为什么要打要杀，而且又不敢光明正大来打来杀，而偷偷摸摸的来暗杀！（鼓掌）这成什么话？（鼓掌）

今天，这里有没有特务？你站出来！是好汉的站出来！你出来讲！凭什么要杀死李先生？（厉声，热烈地鼓掌）杀死了人，又不敢承认，还要诬蔑人，说什么“桃色事件”，说什么共产党杀共产党，无耻啊！无耻啊！（热烈地鼓掌）这是某集团的无耻，恰是李先生的光荣！李先生在昆明被暗杀，是李先生留给昆明的光荣！也是昆明人的光荣！（鼓掌）

去年“一二·一”昆明青年学生为了反对内战，遭受屠杀，那算是青年的一代献出了他们最宝贵的生命！现在李先生为了争取民主和平而遭受了反动派的暗杀，我们骄傲一点说，这算是像我这样大年纪的一代，我们的老战友，献出了最宝贵的生命！这两桩事发生在昆明，这算是昆明无限的光荣！（热烈地鼓掌）

反动派暗杀李先生的消息传出以后，大家听了都悲愤痛恨。我心里想，这些无耻的东西，不知他们是怎么想法，他们的心理是什么状态，他们的心怎样长的！（捶击桌子）其实简单，他们这样疯狂的来制造恐怖，正是他们自己在慌啊！在害怕啊！所以他们制造恐怖，其实是他们自己在恐怖啊！特务们，你们想想，你们还有几天？你们完了，快完了！你们以为打伤几个，杀死几个就可以了事，就可以把人民吓倒了吗？其实广大的人民是打不尽的，杀不完的！要是这样可以的话，世界上早没有人了。

你们杀死一个李公朴，会有千百万个李公朴站起来！你们将失去千百万的人民！你们看着我们人少，没有力量？告诉你们，我们的力量大得很，强得很！看今天来的这些人都是我们的人，都是我们的力量！此外还有广大的市民！我们有这个信心：人民的力量是要胜利的，真理是永远是要胜利的，真理是永远存在的。历史上没有一个反人民的势力不被人民毁灭的！希特勒，墨索里尼，不都在人民之前倒下去了吗？翻开历史看看，你们还站得住几天！你们完了，快了！快完了！我们的光明就要出现了。我们看，光明就在我们眼前，而现在正是黎明之前那个最黑暗的时候。我们有力量打破这个黑暗，争到光明！我们光明，恰是反动派的末日！（热烈地鼓掌）

现在司徒雷登出任美驻华大使，司徒雷登是中国人民的朋友，是教育家，他生长在中国，受的美国教育。他住在中国的时间比住在美国的时间长，他就如一个中国的留学生一样，从前在北平时，也常见面。他是一位和蔼可亲的学者，是真正知道中国人民的要求的，这不是说司徒雷登有三头六臂，能替中国人民解决一切，而是说美国人民的舆论抬头，美国才有这转变。

李先生的血不会白流的！李先生赔上了这条性命，我们要换来一个代价。“一二·一”四烈士倒下了，年青的战士们的血换来了政治协商会议的召开；现在李先生倒下了，他的血要换取政协会议的重开！（热烈地鼓掌）我们有这个信心！（鼓掌）

“一二·一”是昆明的光荣，是云南人民的光荣。云南有光荣的历史，远的如护国，这不用说了，近的如“一二·一”，都属于云南人民的。我们要发扬云南光荣的历史！（听众表示接受）

反动派挑拨离间，卑鄙无耻，你们看见联大走了，学生放暑假了，便以为我们没有力量了吗？特务们！你们看见今天到会的一千多青年，又握起手来了，我们昆明的青年决不会让你们这样蛮横下去的！

反动派，你看见一个倒下去，可也看得见千百个继起的！

正义是杀不完的，因为真理永远存在！（鼓掌）

历史赋予昆明的任务是争取民主和平，我们昆明的青年必须完成这任务！

我们不怕死，我们有牺牲的精神！我们随时像李先生一样，前脚跨出大门，后脚就不准备再跨进大门！（长时间地鼓掌）

在马克思墓前的讲话

恩格斯

3月14日下午两点三刻，当代最伟大的思想家停止思想了。让他一个人留在房里不过两分钟，当我们进去的时候，便发现他在安乐椅上安静地睡着了——但已经是永远地睡着了。

这个人的逝世，对于欧美战斗的无产阶级，对于历史科学，都是不可估量的损失。这位巨人逝世以后所形成的空白，不久就会使人感觉到。

正像达尔文发现有机界的发展规律一样，马克思发现了人类历史的发展规律，即历来为纷繁芜杂的意识形态所掩盖着的一个简单事实：人们首先必须吃、喝、住、穿，然后才能从事政治、科学、艺术、宗教等等。所以，直接的物质的生活资料的生产，从而一个民族或一个时代的一定的经济发展阶段，便构成基础，人们的国家设施、法的观点、艺术以至宗教观念，就是从这个基础上发展起来的。因而，也必须由这个基础来解释，而不是像过去那样做得相反。

不仅如此。马克思还发现了现代资本主义生产方式和它所产生的资产阶级社会的特殊的运动规律。由于剩余价值的发现，这里就豁然开朗了，而先前无论资产阶级经济学家或社会主义批评家所做的一切都只是在黑暗中摸索。

一生中能有这样两个发现，该是很够了，即使只要能作出一个这样的发现，也已经是幸福的了。但是马克思在他所研究的每一个领域，甚至在数学领域，都有独到的发现，这样的领域是很多的，而且其中任何一个领域他都不是浅尝辄止。

他作为科学家就是这样。但是这在他身上远不是主要的。在马克思看来，科学是一种在历史上起推动作用的、革命的力量。任何一门理论科学中的每一个新发现——它的实际应用也许还根本无法预见——都使马克思感到衷心喜悦，而当他看到那种对工业、对一般历史发展产生革命影响的发现的时候，他的喜悦就非同寻常了。例如，他曾经密切地注视马赛尔·德普勒的发现。

因为马克思首先是一个革命家。他毕生的真正使命，就是以这种或那种方式参加推翻资本主义社会及其所建立的国家设施的事业，参加现代无产阶级的解放事业，正是他第一次使现代无产阶级意识到自身的地位和需要，意识到自身解放的条件。斗争是他的生命要素。很少有人像他那样满腔热情、坚韧不拔和卓有成效地进行斗争。最早的《莱因报》(1842 年)，巴黎的《前进报》(1844 年)，《德意志－布鲁塞尔报》(1847 年)，《新莱茵报》(1848－1849年)，《纽约每日论坛报》(1852－1861 年)，以及许多富有战斗性的小册子，在巴黎、布鲁塞尔和伦敦各组织中的工作，最后，作为全部活动的顶峰，创立伟大的国际工人协会，——老实说，协会的这位创始人即使别的什么也没有做，单凭这一结果也可以自豪。

正因为这样，所以马克思是当代最遭嫉恨和最受诬蔑的人。各国政府——无论专制政府或共和政府，都驱逐他；资产者——无论保守派或极端民主派——都竞相诽谤他，诅咒他。他对这一切毫不在意，把它们当做蛛丝一样轻轻拂去，只是在万不得已时才给以回敬。现在他逝世了，在整个欧洲和美洲，从西伯利亚矿井到加利福尼亚，千百万革命战友无不对他表示尊敬、爱戴和悼念。而我可以大胆地说：他可能有过许多敌人，但未必有一个私敌。

他的英名和事业将永垂不朽！

第二节　辩论

辩论，也称论辩。它主要是指双方持有不同的立场和观点，就一个问题进行针锋相对的争论。辩论作为特殊的言语交流形式，不仅可以帮助人们活跃思想、增长见识、发现真理，还能够增强思辨能力和口语即兴表达能力。

辩论是一门古老的学问。无论是在古希腊还是古代中国，辩论都十分盛行。早在公元前 5 世纪，古希腊就产生了专门以讲授辩论术为业的学派（史称“智者学派”）。同样的，在春秋战国时代 500 年间，我国也出现了很多能言善辩的学者和思想家。不仅如此，辩论在现代社会也十分重要，几乎贯穿于各个领域，与人们的日常生活、工作和学习也息息相关。无论是一个小家庭还是大的社会利益集团，都离不开各种思想的接触和碰撞，而这当中的各种是非利害得失的明辨与质疑，都离不开辩论。辩论不仅可以分辨谬误，找到真理，还可以磨砺思想，锤炼口才。辩论可以帮助人们活跃思想、拓展思维，在如今这个提倡民主多元、推崇和平和谐的社会十分适用。辩论训练，不仅可以帮助人们开拓视野、活跃思想、增长见识，不断提高创造性的思维能力，还可以训练思维的灵活性、敏捷性以及应变能力，不断增强思辨和批判的能力。

抛砖引玉

阅读下面的片段，说一说他们是怎样进行机智反驳的。

（一）作为大国总理，周恩来时常处于记者的包围之中，面对来自四面八方的各种提问，有些甚至是带有侮辱性的提问，他都能泰然处之，巧妙地给予回答。

一位美国记者问："你们走的路为什么叫马路?"周总理诙谐地说："因为我们走的是马列主义的道路，简称就叫马路。"这个记者又问："我们美国人总爱仰着头走路，你们中国人为什么总是低着头走路?"周恩来略加思索后回答："走下坡路的人总是仰着头走路，走上坡路的人自然是低着头的了。"这个记者听后，羞得无地自容。

上面的案例，周总理通过风趣含蓄的方式，回答了难以回答并带有挑衅的问题，使人在笑声中对提问暗含的用意予以否定，并给人以温和友善之感，既摆脱了困境，又体现了泱泱大国总理的从容风度。

（二）林肯在一次演讲时，有人递给他一张纸条：

他一看上面只有两个字："傻瓜。"

他脸上掠过一丝阴云，但很快镇静地说："我收到过许多匿名信，全都只有正文，不见署名。而今天正好相反，刚才有位傻瓜先生只署上了自己的名字，却忘了给我写信。"

说完，听众大笑，林肯便继续演讲。

（三）一天，德国大诗人歌德在公园散步，在一条狭窄的小路上遇到了一位反对他的批评家：

这位傲慢的批评家说："你知道吗？我这个人从来不给白痴让路!"歌德却笑着说："我则恰恰相反。"说完闪身让批评家过去。批评家顿时面红耳赤，走也不是，不走也不是，极为尴尬。

对于这位傲慢的批评家，歌德若和他较真争吵起来，反倒效果不佳。而歌德的对答简洁机智，犀利幽默。"我则恰恰相反"，潜台词即是说：我和你不一样，我不和白痴一般见识，我会给白痴让路的。言简而意无穷，让对方无言以对。

知识仓库

一、辩论的种类

辩论按其目的来分，通常有两大类，即应用辩论和赛场辩论。

（一）应用辩论

应用辩论是针对现实生活中某个特定需要而进行的辩论。它多以分清某一特定问题的是非、曲直、真伪、优劣为目的，分为日常辩论和专题辩论。日常辩论是日常工作学习生活中随时随地可能遇到的一种即兴的无准备的辩论。专题辩论可分为法庭辩论、外交辩论、学术辩论、决策辩论等。

（二）赛场辩论

赛场辩论也叫辩论比赛。这种辩论比赛，实际上是演讲比赛的一种特殊形式。它是在论辩比赛主持者的组织下，围绕一个事先拟定的辩题，由扮演观点截然相反的双方，即正题方（正方）和反题方（反方），各寻论据，各施技法，进行辩论，以决胜负。双方通过辩论，可以加深人们对辩题的理解和认识。观众通过观看辩论比赛，既可以学到辩论的技法，也可以启迪思想，陶冶情操，获得愉悦。

二、辩论的特点和要求

（一）辩论的特点

1. 观点的对立性

辩论是建立在对立之上的。辩论双方的立场要有鲜明的对立性才有辩论的需要，因此，辩论双方的观点总是截然对立或存在明显分歧。辩论者需要使用各种办法来证明并让对方承认自己观点的正确性，同时，也要竭尽全力地批驳对方的观点，直至对方放弃这种观点。辩论双方为了达到自己的目的，证明自己观点正确，双方都要力求言语和措辞犀利明快，并且能够及时抓住对方在概念、判断或推理过程中的某些悖论，指出其中的逻辑矛盾，从而彻底地击倒对方。因此，辩论中要切忌含混不清、模棱两可。

2. 策略的灵活性

辩论就好像在战场上排兵布阵，要适当地运用策略才能取得胜利。在辩论中，可以选择正面进攻，长驱直入；也可以选择侧面迂回，步步紧逼；也可以巧设疑云，投石问路。在真正的辩论过程中，这种策略性主要表现在辩论的准备阶段，要求做到知己知彼，在摸清敌我双方各种条件的情况下，制定好防御、攻击、配合以及攻心策略等，而后在辩论开始后逐步实施，并且随机应变、随时调整。

3. 反应的机敏性

辩论在更多的时候需要打无准备之仗，尽管在赛场辩论中都各有准备，但辩论情况变幻莫测，很多时候都需要临场发挥。因此，辩论双方必须思维敏捷、反应迅速并且举重若轻、机智幽默。前者需要准确记住对方要点，及时发现漏洞，伺机一举击中其要害；后者则要做到言简意赅、豁达机智。这样，不仅会在心理上打赢对方，还会赢得听众的兴趣和赞同，并使得表情达意更为含蓄、深沉、犀利，取得特殊的论证和反驳效果。

4. 语言的简洁性

语言是辩论得失成败的关键。因此，辩论时要字斟句酌，以防给对方留下把柄。辩论时要做到语言简洁犀利，一针见血，击中要害。切忌做无谓的啰嗦，词不达意，这样不仅会削减自己的辩驳力，还会漏出破绽，给对方更多的机会进行反驳。

（二）辩论的要求

1. 立论的要求

辩论的立论要鲜明，论据要真实。辩论一开始，双方就要明确地亮出自己的观点。所述观点，务必明了清晰，不可暧昧模糊，难以捉摸。同时，用来论证论点的材料，要确凿可靠。如果刚开始就让对方抓住把柄，不堪一击，这场论辩也就没有了意义。

2. 听辩要求

辩论的关键是反驳，而反驳中最重要的则是听辨。要进行冷静专注的听辨才能透过层层迷雾追寻到对方的实质。同时，还要从对方的观点、材料以及论证中发现纰漏和不足，从而做出快速的反映。听辨不仅要听懂，更要听出问题，前者是指要全面准确地理解对方的意思，绝不可以抓住一点不放；后者则是指听出对方无理的地方，从而抓住要害，进行有理反驳。

3. 思维要求

辩论在思维方面主要有四点要求。第一，要快速敏捷。辩论双方要迅速地理解、判断并做出陈述和反驳，过程中容不得犹豫和迟疑。如果说话不及时或无话可说也就意味着思维无法跟上辩论的过程，也就意味着失败。第二，要全面辩证，既要纵览全局又要发现问题。第三，要审慎严密。要做到明察秋毫，于细处揭露问题；也要做到滴水不漏，不给对方留有把柄。第四，思路要开阔灵活。不仅要从多个角度去应对和阐述问题，更要出其不意、见缝插针，保证自己的不败地位。

4. 语言要求

对于辩论的语言要做到严密、准确、简洁并且可以把握好分寸。严密可以防止留下漏洞；准确可以避免思想的分歧；简洁可以确保不给对手思考反驳的机会；把握好分寸可以防止语言失了分寸，“过犹不及”，不仅失了风度还成为对方的攻击目标。

5. 心理素质要求

辩论的心理素质主要表现在两点：自信和敢辩。前者要做到相信自己有理，自信己方必胜。这样，才能做到主动出击、正常发挥，语言才能有气势和力量，也只有这样，才能消除怯场的心理。后者则要求双方做到敢于成功、敢于理直气壮的讲话、敢于频频出击并向权威挑战。只有敢辩，才能做到主动出击并在气势上压倒对方。

三、辩论的技巧

辩论是一门艺术，一门高超的口才艺术，其中蕴含了大量的智慧和技巧。

（一）进攻技巧

辩论的本质在于进攻，无论是实用性的还是表演性的，只有进攻才能对对方进行有效的打击，从而取得胜利。

进攻时，首先要找准突破口，只有解决了从什么地方进攻的问题，找准了最佳的进攻点，才能顺利进攻并取得胜利。进攻时会碰到两种情况：对方防守严密以及对方的论证极不严密。前者会无从下手而后者则随处都有可乘之机。而攻其要害是解决这些问题的关键。下面介绍几种常见的进攻技巧。

1. 指斥法

这是最简便也最有效的方法之一，要求做到直截了当地指出对方的错误所在，或是论点和事实相违背，或者是对方论证中自相矛盾，或者对方“偷换概念”。

2. 双刀法

即二难推理。在辩论中，将对手置于左右为难的境地是绝佳的战术，而双刀法就是这样一种技巧性较强的战术。善于运用此法的人，可以使论敌进入自己预先布置好的陷阱。也就是说，对手必须在给定的两次结论中选定或陷入其中一项，而任何一项都于他不利。

3. 归谬法

辩论的过程中，如果面对一个荒谬的论题，不予正面的直接揭露、反驳，而是以它为起点，遵循“由此必有彼”的必然联系，引申出一个更为荒谬的论题，这就是“归谬法”。由于得出的结论荒谬至极，一目了然，对方的观点可以不攻自破。运用归谬法抓住对方理论逻辑的错误，对对方的打击十分沉重。

（二）防守技巧

有进攻就要有防守，在辩论中，防守是一种很好的自我保护措施，可以有效地抵挡对方进攻、巩固己方阵地。进攻和防守既对立又统一，可以攻守互换，所以高明的防守也可以主动进攻，而不是一味的死守。

1. 反证法

反证法就是用证明与原论点相矛盾的反论点的虚假，来确定原论点正确的方法。如要为“求神拜佛不能治病”这一论点辩护，可以设反论点“求神拜佛能治病”为真，但是事实却是和尚生病也要去医院治疗，更何况一般人呢。而通过证明这一论点的不成立和虚假，也就证明了“求神拜佛不能治病”这一命题的正确。

2. 淘汰法

淘汰法是指就某一个论题列举出存在的各种可能情况，然后对论题以外的可能情况进行论证，证明这些以外的情况不成立，从而论证了原论题的成立。淘汰法是一种必然性推理，它给人以“不得不这样”、“舍此别无他途”的印象，因而是一种有力的辩护方法。

沙场点兵

一、阅读下面的片段，请根据辩论的相关知识，为下面的人物补充反驳语，要体现机智和巧妙。

(1) 德国诗人海涅是犹太人，因而常受歧视。一次，一位旅行家对海涅讲述他在旅行过程中发现的一个小岛。他对海涅说：“你猜猜看，这个小岛上有什么现象最使我感到惊奇？”海涅问：“什么现象？”旅行家说：“这个小岛上竟然没有犹太人和驴。”海涅听后不动声色地说：“……”

(2) 道格拉斯竞选总统失败之后，对林肯怀恨在心，总想找机会报复一下。一天道格拉斯在一个公共场合遇见林肯，他不冷不热地说：

“林肯先生，我初次认识你的时候，好像你是一家杂货店的老板，站在一大堆杂物中卖雪茄和威士忌。真是个有风度的酒店招待呀！”林肯面向在场的众人，回答说：“先生们，道格拉斯说的一点也不假，我确实开过一家杂货店。……”

二、春秋战国时期，是辩论艺术的繁荣时期，下面请阅读《战国策·晏子使楚》的资料，请回答晏子一共几次反驳了楚王，每一次反驳的技巧是什么。

晏子使楚

晏子使楚。楚人以晏子短，为小门于大门之侧而延晏子。晏子不入，曰：“使狗国者从狗门入。今臣使楚，不当从此门入。”傧者更道，从大门入。见楚王，王曰：“齐无人耶？使子为使。”晏子对曰：“齐之临淄三百闾，张袂成阴，挥汗成雨，比肩继踵而在，何为无人？”王曰：“然则何为使子？”晏子对曰：“齐命使各有所主。其贤者使使贤主，不肖者使使不肖主。婴最不肖，故宜使楚矣。”

晏子将使楚。楚王闻之，谓左右曰：“晏婴，齐之习辞者也。今方来，吾欲辱之，何以也?”左右对曰：“为其来也，臣请缚一人，过王而行，王曰：‘何为者也?’对曰：‘齐人也。’王曰：‘何坐?’曰：‘坐盗。’”

晏子至，楚王赐晏子酒，酒酣，吏二缚一人诣王。王曰：“缚者曷为者也?”对曰：“齐人也，坐盗。”王视晏子曰：“齐人固善盗乎?”

晏子避席对曰：“婴闻之，橘生淮南则为橘，生于淮北则为枳，叶徒相似，其实味不同。所以然者何?水土异也。今民生长于齐不盗，入楚则盗，得无楚之水土使民善盗耶?”

王笑曰：“圣人非所与熙也，寡人反取病焉。”

后　记

目前师范类高校对师范生的培养，在课程设置上更多倾向于理论课，而对于如何提高师范生教学技能的实践课程却不够重视，甚至有的学校根本就没有开设关于教学技能的课程。师范生作为教师队伍的储备军，将来是要走上教学岗位的，然而他们却不具备教学要求的基本技能，就如同士兵不会使用武器而直接上战场，后果是很严重的。当缺乏基本教学技能的师范生走上教师岗位，成为新手教师时，他们只能在教学工作中一步一步去摸索，一步一步去学习。正是因为看到许多学生装着一肚子教学理论却缺乏教学技能，在工作岗位上经历痛苦的转变，深感编写一本通俗易懂、具有操作性的技能书是多么重要。本书在编写过程中，一直遵循着实践性、操作性强的原则，使师范类学生和新手教师可以通过自学进行言语技能的训练。本书希望能够给师范类学生和新手教师进行言语技能训练提供指导，有所帮助。

本书在整理、选取和研究教学语言材料的过程中，有几位研究生参加了有关的工作和书稿的编写工作，其中刘金霞参与编写第二章和第七章，姚未参与编写第三章，王泓博参与编写第五章。姚未和王泓博还参与了最后的统稿工作。这几位研究生的参与，为本书稿增色不少。

需要说明的是，本书在编写过程中，搜集了大量的案例，根据需要选取了部分案例。由于案例较多，编写时间较长，选入本书的很多案例不能准确确定出处，无法进行注释说明。在此编者对这些资料的编撰者表示深深的谢意和歉意！

编者

2017 年 10 月

参考文献

［1］吉春亚．新理念与语文教学设计［M］．北京：方志出版社，2004.

［2］高名凯．普通语言学教程［M］．北京：商务印书馆，1980.

［3］李幼燕．理论符号导论［M］．北京：中国社会科学出版社，1993.

［4］赖华强，杨国强．教师口才艺术［M］．广州：暨南大学出版社，2005.

［5］谢文举．教师语言艺术手册［M］．济南：山东大学出版社，2003.

［6］茅海燕．教师言语表达学（第二版）［M］．合肥：中国科学技术大学出版社，2012.

［7］蒋同林，崔达送．教师言语纲要［M］．北京：华语教学出版社，2001.

［8］邢福义．现代汉语［M］．武汉：华中师范大学出版社，2003.

［9］杨吉星．语言表达技能训练指导［M］．北京：中国林业出版社，2001.

［10］高万祥．名师最具渲染力的口才细节［M］．重庆：西北师范大学出版社，2009.

［11］赛格．话说幽默的学问［M］．北京：石油工业出版社，2007.

［12］唐涤非，黄兰，唐树芝．教师口语技能［M］．长沙：湖南师范大学出版社，2016.

［13］陈涵平．教师言语美［M］．广州：中山大学出版社，2004.

［14］乐爱国．教师口才［M］．北京：海潮出版社，2002.

［15］范国睿，程灵．诗意的追求——教师实践智慧案例导引［M］．上海：华东师范大学出版社，2007.

［16］《人民教育》编辑部一编室．班主任工作一百例［M］．福州：福建教育出版社，1985.

［17］刘敬瑞等．新编教师书写技能与书面表达训练［M］．上海：华东师范大学出版社，2007.

［18］李建刚．小学教育大全［M］．济南：山东教育出版社，1987.

［19］王松泉．语文教育板书学［M］．大连：大连出版社，1990.

［20］李冲锋．教学技能应用指导［M］．上海：华东师范大学出版社，2007.

［21］庄锦英，李振村．教师体态语言艺术［M］．济南：山东教育出版社，1993.

［22］贝思德教育机构．教师口才训练教程［M］．西安：西北大学出版社，2002.

［23］陈向春．吟诵与诗教［M］．长春：东北师范大学出版社，2015.

［24］周彬琳．实用口才艺术［M］．大连：东北财经大学出版社，2002.

［25］傅明善等．口才学通论［M］．杭州：浙江大学出版社，2007.

［26］李海涛．教师语言行为研究［M］．成都：四川大学出版社，2004.

［27］欧阳友权，朱秀丽．口才学教程［M］．北京：高等教育出版社，2004.

［28］韩宝育．语言与人的意义世界［M］．北京：中国社会科学出版社，2002.

［29］李明宇．语言学概论（第2版）［M］．北京：高等教育出版社，2008.

[30] 申小龙. 语言学纲要［M］. 上海：复旦大学出版社，2003.

[31] 叶蜚声，徐通锵. 语言学纲要［M］. 北京：北京大学出版社，2010.

[32] 易匠翘等. 教学口才［M］. 长沙：湖南人民出版社，2001.

[33] 张本义. 吟诵拾阶［M］. 桂林：广西师范大学出版社，2013.

[34] 陈向春. 吟诵与诗教（第2版）［M］. 长春：东北师范大学出版社，2015.

[35]［美］巴拉克·奥巴马著. 王瑞泽编译. 奥巴马演说集之白宫岁月（第2版）［M］. 南京：译林出版社，2011.

[36] 王桂波，赵海宝. 教师语言［M］. 北京：高等教育出版社，2014.

[37] 郭启明，赵林森. 教师语言艺术（第2版）［M］. 北京：语文出版社，1998.

[38] 孙惠欣，赵玉霞. 教师语言［M］. 北京：高等教育出版社，2016.

[39] 韩承红. 教师语言［M］. 北京：北京师范大学出版社，2013.

[40] 杨霞，李园. 教师语言文字表达与应用［M］. 北京：北京师范大学出版社，2013.

[41] 陈之芥. 教学语言艺术［M］. 太原：山西人民出版社，2009.

[42] 陈玉华. 现代教育技术背景下板书设计的现状调查及策略研究——以小学数学高年级为例［D］. 上海：上海师范大学，2016.

[43] 朱克峰. 美学视域下的中学化学教学板书设计研究［D］. 福州：福建师范大学，2016.

[44] 郝媛媛. 试论教学言语的特点［J］. 太原：中共太原市委党校学报，2011.

[45] 李印久. 论教师的态势语的运用［J］. 长沙：湖南农业大学学报（社会科学版），2008.